JN094431

Actor Network Theory
Perspective

人的資源管理論

李炳夏 · 朴祐成

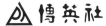 博英社

人は、その制服通りの人間になる

― ナポレオン ―

はじめに

ANTベースの人的資源管理論と新しいタイプの教科書を目指して

　長い間、人的資源管理関連の仕事を担当してきた筆者たちは、人的資源（Human Resources）という言葉があまり好きではない。経営の三大要素と言われている「ヒト・モノ・カネ」のなかで、物や金とは違って「人格」や「意志」のある生身の人間を単なる「リソース」として扱うことに抵抗を感じていたからだ。

　しかし、法律的に経済主体として人間と同じ人格を認められた法人企業の立場からすると、労働力としての人間はやはり単なる経営リソースに過ぎない。人間の意志は目に見えないし、客観的な証明もできない。日常的なマネジメントにおいては、モノである機械の動作と同じく、人間の行動のみが意味を持つ。もちろんそういった行動を生み出す共通の何かが裏にあることも考えられる。特に、意思決定権者の価値観によって選択肢が変わる可能性はいくらでもある。しかし、それでもマネジメントの対象として大事なのは、当事者の行動と、その結果である。「良い・悪い」の判断基準である価値観というものは、幼いころに形成され、大人になってから変えることはほぼ不可能に近いので、マネジメントの対象としては不適切だからである。

　要するに、企業の人的資源管理において重要なのは、なかなか変えることができない従業員個人の持っている哲学や思想、価値観などではなく、従業員が高い成果を上げるために取るべき行動とその行動の結果なので

ある。

　一方で、第4次産業革命と言われたほど、IoT・Big Data・AIの進化は目まぐるしく、社会に大きな影響を与えるようになった。いずれは人間と同じ能力を持つAIの誕生も予測されている。既にAIを同僚（仲間）として認めて一緒に仕事をしていくべきだという議論も出ている。つまり、企業が必要とする労働力（人間の行動とその結果）が人間固有のものに限定されなくなったのである。近未来に多くの人間の仕事がAIに代替されるだろうという予想は誰にでも納得できる時代になり、企業としてもそれに対応していかなければならない。新しい観点の人的資源管理論が必要な理由である。

　数年前のことだが、こういった状況に適切な理論フレームを一つ見つけた。フランス発のANT（Actor Network Theory）である。モノにも人間と同じく行為能力（Agency）があるというANTは、新たな人的資源管理論の切り口になるのではないかと思われたのである。本書は、既存の人的資源管理論のフレームにANTの色を少し付けてみたいという筆者たちの無謀な意欲のもとで書かれたものである。まだまだ未熟ではあるが、この本は、ANTの視点を取り入れた新しい人的資源管理論を展開している点で、既存の教科書とは一線を画していることは事実である。

この本は、基本的には大学受講生たちのために初めて作ったテキストであるが、企業の人事管理実務担当者にも役に立つことを期待しながら書いたものである。特に注意を払ったのは、概ね次のような5つのポイントである。

（1）人事部の役割にフォーカシング

人的資源管理論の教科書は、人的資源管理の機能的部分（人事制度）に関連する内容が主流であるが、本書は、その人的資源管理機能を担っている「人事部とその役割」をメインテーマにしている。人的資源管理（機能）を行う主体は人事部だけではないが、一定の規模以上の企業であれば、専門部署としての人事部の役割によってその会社の人的資源管理のあり方が変わることに違いはない。本書では人事部の形成と発展の歴史を踏まえて、これからの人事部の役割変化に焦点を合わせてみた。具体的には、ANTの言う「アクター」として、人事制度やシステムという「ネットワーク構築者」の役割、若しくは「翻訳代理人」としての役割にフォーカシングする。

（2）理論と実務の連携

現在、企業人事管理実務の世界では「HR Tech」という流行り言葉のもとで、さなざまな試みが行われており、関連サービスを提供する企業も雨後の筍のように増えている。経営学は、そもそも理論ありきではなく、実務の世界で起こった様々なケースが、後にまとめられ体系化されたものなので、第4次産業革命の時代であると言われれた今の状況についても何か新しいフレームが必要ではないかと思われる。本書でANTという、まだ一般には馴染みのない理論をベースに比較的新しい観点の人的資源管理論を展開してみようと試みた所以である。

（3）読者目線のテキスト

紙媒体よりスマホやタブレットに馴染んでいる近年の若者たちの特性を考慮し、電子媒体で読みやすい電子書籍の判型を選択した。また、ビジュアル世代向けに相応しく、文字だらけの説明よりは、なるべく図表や箇条書き形式を多く活用したことも特徴である。

（4）考える力の涵養

グーグリングで簡単に入手できる短編的な知識の伝達ではなく、体系的な思考と考える力を身に付ける訓練になるよう、それぞれの章末（Discussion部分）に、授業内でグループ討議のテーマとして活用できる論題を提示した。学習仲間との議論やプレゼン練習を通じて実際に自分の立場や考え方を確立していってほしい。

（5）日本型人的資源管理論の再評価

人的資源管理という言葉自体が日本生まれではないので仕方ない部分もあるが、第三者である外国人の目からすると、日本企業には戦前はもちろん戦後の高度成長期を経て、グローバル経済を牽引しながら独自に発展させてきた優れた人事組織マネジメントの伝統がある。アメリカンスタンダードの対せき点にある日本型の経営や人的資源管理は、今後もその潜在力を失うことはないと考えられる。筆者たちの今までの経験から得られた知見で書いた本書が日本の大学生たちに日本型人的資源管理のこれまでと、これからを考えるきっかけになることを願いたい。

一つ、断っておきたいのは、企業労働力の主流になりつつある非正規労働力についてはあまり議論していないことである。それは、非正規雇用や女性雇用に対する筆者の勉強不足のためでもあるが、まだ、人事部のマネ

ジメント対象はあくまでも正社員がメインであると考えたからである。

　最後に、この本は、筆者たちの知っている限り ANT を人的資源管理論に導入する初めての試みなので、当初の意図がどれくらい実現できたか心配である。足りない部分については、これから読者や同じ立場にある先生方の指導鞭撻を受けながら少しづつ発展させていきたい。

2021 年 7 月、李炳夏・朴祐成

〔本書のデータファイル利用について〕

　本書は、元々必要な時に自由に修正可能な電子ブックを目指して書いたもので、紙媒体の本としては相応しくない判型の原稿である。しかし、当初の趣旨は生かすべく、原稿のデータファイルを利用できるように、電子ブック用の判型をそのまま維持することにした。次のサイトから原稿のデータファイルをダウンロードし、タブレットなどで利用してほしい。

QR：

URL：http://m.site.naver.com/0P6aS

目次

第1章　人的資源管理の意義

学習目標

1. 企業経営における人的資源管理の位置づけを確認する
2. 人的資源管理の重要性について説明できるようになる
3. 人的資源管理の対象を理解する

01 なぜ、今、人的資源管理論なのか

これからの時代における人間と組織を考える

　2015年12月、野村総合研究所が、イギリスのオックスフォード大学のマイケル・A・オズボーン及びカール・ベネディクト・フレイなどとの共同研究結果を発表して以来、日本社会に「AIと労働」をめぐる議論が盛んになった。同研究所によると、日本国内601種類の職業について、それぞれ人工知能やロボット等によって代替される確率を試算した結果、10〜20年後には日本の労働人口の約49%が就いている職業において、それらに代替される可能性があることが明らかになった。職業別の特徴からみると、芸術、歴史学・考古学、哲学・神学など抽象的な概念を整理・創出するための知識が要求される職業、他者との協調や他者の理解、説得、ネゴシエーション、サービス志向性が求められる職業は、人工知能等での代替は難しい傾向がある一方、必ずしも特別の知識・スキルが求められない職業に加え、データの分析や秩序的・体系的操作が求められる職業については、人工知能等で代替できる可能性が高い傾向が確認できたという。

　AIと労働の関係において、もう一つの注目すべき議論は、シンギュラリティの問題である。グーグル出身のレイ・カーツワイル（Raymond Kurzweil）などによって提起され世界的に話題になったこの問題は、2045年がシンギュラリティ出現時点として予言されたことから「2045年問題」としても知られている。つまり、人間の能力を凌駕する「超AI」の登場により、2030年ごろには現在の労働の半分がAIによって代替され、2045年になると人間の労働はほとんど要らなくなるという話なのである。こういった議論が本当に実現するかどうかの問題はさて置き、そういう方向に技術革新が進み、実際に、企業社会が「AIと労働」の問題で大きく揺れていることは否定できない。代表的なケースは「HR Tech」という、所謂「デジタル人事マネジメント」の登場と拡散である。シンギュラリティの出現による完全な労働代替が行われない限り、いや、もし、そういう状況になった場合でも、企業という組織の中で人的資源管理の意義がなくなるとは思えない。それは、おおよその結果が決まっていると言われてもそれに関わる人間と組織の行動次第でその結果も違ってくる可能性を信じるからだ。

　成果主義人事や働き方改革などの影響で、日本でも結果を重視する雰囲気が広がっているが、だからといって過程（プロセス）を疎かにしてはいけない。つまり、インプットとアウトプットの関係だけではなく、そのインプットからアウトプットを引き出すスループットにもっと注目すべきである。特に、AIなどモノの力が浮上する今の時代こそ、モノと関わる人間と組織の在り方が問われる。要するに、マネジメント次第でAI時代における人間と組織の役割や仕事の結果が変わることに人的資源管理の意義があるのではないだろうか。

02 人的資源管理の位置づけ、定義

ビジネス・マネジメント・人的資源管理

人的資源管理（Human Resource Management）を理解するためには、その上位概念であるマネジメントと、マネジメントの目標であるビジネスを理解する必要がある。規模の大きさとは関係なく、多くの現代人は企業組織の中で生活している。人的資源管理とは、企業という組織がビジネスの目的を達成するために必要とする様々なマネジメント活動の一つなのである。（劉奎昌・朴祐成、2019）

マネジメント（Management）とは、一般的に「経営」に訳されるが、語源を辿ってみると、人々（Man）が、歳（Age）を取ることによって、わかること（Ment）を意味するという。言い換えれば、人間が経験の蓄積を通じてわかった普遍的な知識を活用し、特定の問題を解決する知恵のことである。

ビジネス（Business）とは、広く解釈すると、あらゆる組織が追求する営利・非営利の多様な目的を達成するための活動を意味するが、ここでは、企業という組織に限定し、その根本的な目的である「利潤創出」のために行う活動として定義する。なぜなら、経営学は、企業組織のマネジメントを研究対象とする学問であり、経営学の一分野としての人的資源管理論は、企業という組織のビジネス目標達成のために必要な人的資源というリソースのマネジメント活動になるからである。

企業がビジネスをするためには、多様な要素を必要とする。いわゆる経営資源（リソース）のことだが、これには、人的資源、物的資源、有形資源、無形資源などがある。こういった資源の多くは、企業が外部からお金を払って購入することになる。問題は、ほとんどの資源が無限ではないし、競争相手企業もそういった資源を必要としていることにある。企業組織におけるマネジメントとは、その企業が掲げたビジネス目標を達成するために、制限されている資源（Limited Resources）を効率的及び効果的に獲得、活用することである。要するに、マネジメントは、費用を最小限に抑えようとする効率性（Efficiency）と、アウトプットを最大限にしようとする効果性（Effectiveness）の問題と密接な関係があると言えよう。

以上のことを踏まえて、このテキストで考える人的資源管理を定義すると、「企業が自社のビジネス目的（主に営利活動）を達成するために、限られた人的資源を効率的かつ効果的に活用するための活動」になる。具体的な活動には、競合企業より優秀な人材を確保するための採用管理から始まり、従業員の成果や評価管理、労働者個人のモチベーションに繋がる賃金やキャリア管理、異動（配置転換と昇進昇格）管理など、社員の入社から退職までのあらゆる人事マネジメント活動が含まれる。

03 人的資源管理の流れと ANT

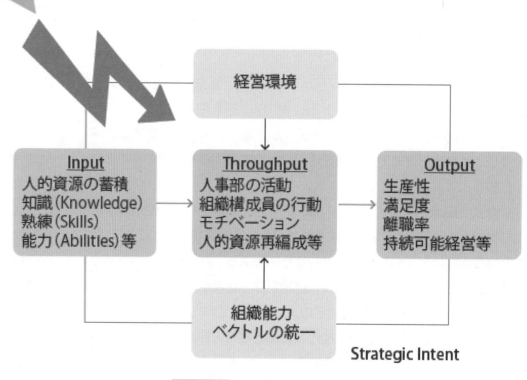

企業のマネジメントにおいて効率性と効果性を保つためには、あらゆる経営資源を「戦略的意図（Strategic Intent）」に合わせて動員する必要がある。企業がリソースを調達することと、製品やサービスというアウトプットの間に存在することが、付加価値をを生み出す諸活動（スループットプロセス）である。

このテキストで ANT の観点をベースにするということは、インプットやアウトプットより、スループットに焦点をあてるという話である。主に、人事部の活動に注目しながら人事制度（組織内ルールであり、人的資源管理のツール）という「人工物」も一つの行為者（アクター）であるとみなして議論を展開していきたい。

ANT
（アクターネットワークセオリー）

経営環境

Input	Throughput	Output
人的資源の蓄積	人事部の活動	生産性
知識（Knowledge）	組織構成員の行動	満足度
熟練（Skills）	モチベーション	離職率
能力（Abilities）等	人的資源再編成等	持続可能経営等

組織能力
ベクトルの統一

Strategic Intent

図表 1-1　人的資源管理の流れ

04 人的資源管理の対象と人事機能

　企業の人事機能は人事部の専有物ではない。会社によっては、人事部という公式組織を置かない場合もある。もちろん、それぞれの企業が定義する人事機能もバラバラである。したがって、多くの場合、人事部の業務領域をみると、その会社の人事機能に対する位置づけが見えてくる。

　例えば、ある会社の人事部は、自分たちの仕事について「人・組織・組織力」を管理することだと定義している。それは、その企業の人事部が人のマネジメントだけではなく、組織を作り、その組織の責任者まで決める（正確には決定ではなくCEOへの提案だが）権限も持っていたからである。しかし、他の企業では、組織改編などの作業は企画チームの仕事にして、その組織への人員配置だけ人事部が行う場合がある。要するに、人事部という組織のミッションは、会社の風土や最高経営責任者の性向によって変わる可能性が高い。

　ともあれ、二人以上が共通の目的を持って、互いにコミュニケーションをとりながら組織力を発揮するのが組織の本質なので、人事部という組織の形に関係なく、「人・組織・組織力」すべてが人事組織マネジメントの対象になると考えた方がいいだろう。図表1-2で示したように、それぞれの管理対象ごとに学問の領域も分けられるが、本書では、人的資源管理論の領域を中心に述べていきたい。

図表 1-2　人事組織マネジメントの対象と学問領域

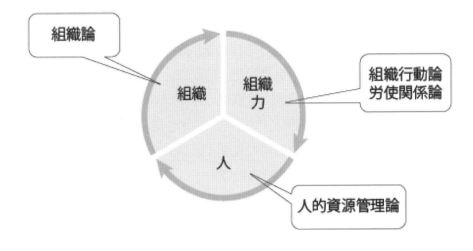

05 この本の構成

　本テキストは、比較的新しい理論的枠組みである ANT ベースの人的資源管理論を目指しているので、既存の教科書とは少し違うアプローチを用いている。もちろん、この本は大学の教科書として使うことを前提にしているものなので、タッチすべきテーマは入れているつもりであるが、大きくみると、概ね次の5つのことを柱として重視しながら作成した。

　第一に、人的資源管理を企業目標の達成、あるいは戦略実行の手段として捉えながら、日本の事情に適合した人的資源管理論を目指した。周知のように、多くの日本企業の場合、仕事（Job）に人を合わせるのではなく、人に仕事を合わせる傾向が強い。つまり、日本企業では欧米のような精緻な職務分析と、それに対応する形のスタッフィングは考えられない。したがって、このテキストでは、人と仕事のマッチングよりは「労働力の調整と動機づけ」にフォーカシングした。第2章でみるように、経営戦略との関係性から HRM の諸領域を改めて定義した所以である。

　第二に、研究史的観点から ANT と人的資源管理の関連性を明らかにし、人的資源管理の主体的存在（ANT のいう翻訳の代理人）として人事部の役割を明確にした。ジョブ（職務）そのものより人を大事にする傾向のある日本企業の場合、他の国の企業に比べて人事部の力が強いような気がする。第3章と第4章では、比較的強い人事部が変革へのリーダーシップをとって積極的に自ら定義した役割を果たす様子を描いてみた。

　第三に、日本労働市場の特徴と日本型人的資源管理の発展にフォーカシングしながら、AI の進化によって変わる雇用関係、そして、近年急激に普及している「HR Tech」の動向を探ってみた。人間のバイオデータをベースにしたビックデータや AI は既に日本企業で多く活用されており、その波及効果は破壊的である。第5章と第6章で日本企業の人的資源管理における今までとこれからについて整理してみた。

　第四に、「労働力調整と動機づけ」の具体策として、既存の教科書で人的資源管理の機能として分類されてきた「採用、配置転換（異動）、雇用調整（退職）、労働時間、労働環境、賃金、福利厚生、昇進昇格、人事考課、教育訓練」などのテーマについて、それぞれ第7章から第13章で解説を加えてみた。

　最後に、労使関係と企業のビジネスがグローバル化していく中で発生する人的資源管理上の問題について触れてみたのが第14章、第15章である。

　AI 時代の人的資源管理は、人のマネジメントに留まってしまったら意味がないかもしれない。人的資源だけではなく、行為能力を持つ全てのアクター資源を視野に入れてマネジメント方法を考えないといけないような気がする。筆者が ANT にこだわっている理由である。

Discussion

自分の人間観を確かめてみよう。

　主流派経済学での人間は、経済的な打算の上、自分の利益を極大化しようとする合理的な存在だが、サイモン流の経営学での人間は、合理的な選択をできるほどの情報処理能力がなく、せいぜい自分の満足のいくレベルの選択肢を並べて選ぶ程度の不完全な存在である。この不完全な人間を経営の現場でどうのように扱うかによってマネジメント・スタイルは大きく変わる。テイラーリズムと人間関係論の話もそうだが、不完全な人間には考えさせない、不完全な人間だから考えさせるという全く違う考え方が可能な世界が経営学である。企業経営のスタイルは、経営者がどのような人間観の持ち主なのかによって大きく変わる可能性が高い。古くは、性善説・性悪説とも繋がる話しであるが、マクレガーの古典的な「X・Y理論」でみるように、組織の構成員をどのように見るかによって、統制や自律のような、それぞれ対極にあるマネジメント・スタイルの構築が可能なのである。

受動的、機械的人間観
（コントロールする）

vs.

能動的、主体的人間観
（自由に任せる）

　みなさんは、自分がどちらの人間観の持ち主に近いと思いますか。自らの経験や成功モデルの人間像についてグループで議論しながら、経営・経済的人間に対する自分の見解をまとめてみよう。

第2章　戦略的人的資源管理

学習目標

1. 経営戦略と人的資源管理の関係を理解する
2. 戦略的人的資源管理の特徴について説明できるようになる
3. 戦略実現手段としての HRM について説明できようになる

01 戦略と人的資源管理

（1）戦略論と競争戦略

　誕生（Birth）と死（Death）の間に、選択（Choice）があるという。法律的に人格が認められている企業も単なるモノではなく生き物だとみなして考えると、企業経営も人生と同じく選択の連続である。

　スマホの時代である今でもガラケーで十分満足している人もいるし、パソコンやモバイルなどのデジタル機器なしで何の不便を感ることなく生きている人もいる。これからの時代に備えて何かを準備するかしないかも個人の選択問題かもしれない。しかし、選択には責任が付き物である。自分の選択による責任の重さを感じる人であれば、簡単な選択でも戦略的に行っていく可能性が高い。

　伝統的、歴史的観点からみた「戦略」という言葉は、軍事的意味である。筆者の気に入る戦略に対する定義は、Pitts＆Lei（2000）によるものである。軍の世界で司令官の戦略的な責任は、自分の軍隊の持つ強みに有利であり、敵には不利な戦争場（battle field）を選択することであるという。例えば、騎馬部隊の場合、彼らが持っているスピードと機動性を活かせる平坦で解放的な場所を選択しなければならない。企業の戦略を考える場合、会社全体、ビジネス（事業）単位、機能別など、企業組織のレベルによって様々な形の定義が可能である。なので、経営戦略についても多様な定義がなされているが、おおむね「企業が実現したいと考える目標と、それを実現させるための道筋を、外部環境と内部資源とを関連付けて描いた、将来にわ

たる見取り図」（網倉・新宅、2011）と似ているものになっている。

　ミンツバーグ他（2009）は、少し変わった形で、戦略の定義に関わる5つのPを提示している。彼らによると、戦略は、プラン（Plan）で、パターン（Pattern）で、ポジション（Position）で、パースペクティブ（Perspective）で、策略（Ploy）である。つまり、将来を見据える「プランとしての戦略」、過去の行動を見る「パターンとしての戦略」、特定の製品の位置づけである「ポジショニング戦略」、企業の基本的な理念に関わる「パースペクティブとしての戦略」、競争相手の裏をかこうとする特別な「計略としての戦略」のことである。

　実際のビジネスに関わる競争戦略論のベースになっている議論は、大きくみると、5要因理論として知られている外部環境に注目するマイケル・ポーター流（ポジションのP）と、VRIOモデルとして知られている内部資源に注目する議論（パースペクティブのP）に分けられる。図表2-1は、この2つの理論のキー・コンセプトを整理したものである。ミンツバーグの言うポジションのPとパースペクティブのPが、5要因とVRIOだけの議論ではないが、ともあれ、競争戦略論は、結局「差別化（Differentiation）」の話になると考えられる。

図表 2-1　　競争戦略論の代表的な理論モデル

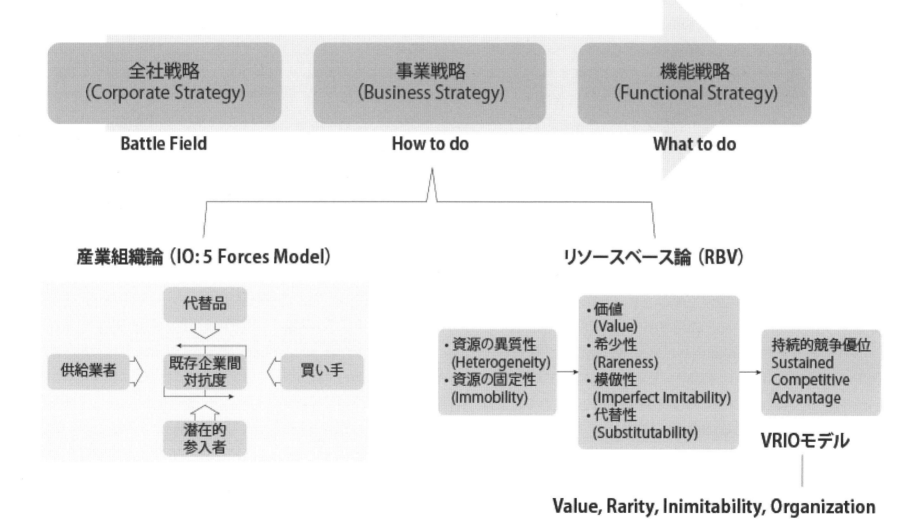

（2）競争戦略論と HR の位置づけ

戦場で「絶対優位」、あるいは「比較優位」の位置が取られる企業競争力の要素とは何か。それに対する議論も様々であるが、以下では、最終製品の観点からみる「産業組織論、IO：Industrial Organization Theory」の観点と、その企業の持つ資源の観点から見る「リソースベース論、RC (Resources & Capability) based view」の観点に焦点を当てて考えていきたい。

例えば、最終製品の観点からみると、「本田技研」という会社は「オートバイ」会社から「自動車」、「飛行機」会社に変身したと考えられるが、リソースベース論の観点からみると、ホンダは依然として「ガソリン・エンジン」に強い会社とみなされる。

産業組織論では、ある企業の成果はその企業が参加している産業の構造的な魅力度（Structural Attractiveness）によって決定される。すなわち、構造的に魅力のある産業に進出すれば企業は成功するということであるが、その構造的な魅力度を決める要素に関しては、ポーターの5要因モデル（Five Forces Model）がよく知られている。これによると、「供給者の交渉力：Bargaining power of suppliers、購買者の交渉力：Bargaining power of buyers、現在の競争者：Rivalry among existing competitors、新規参入者の脅威：Threat of new entrants、代替サービスや製品の脅威：Threat of substitute products or services」などの5つの要素がその産業での競争力（Inherent profit potential）を決める（Porter、1980）。

しかし、実際には同じ産業内でも企業によってその成果に大きな差が出てくることについて IO モデルだけでは説明ができない。そのような観点から、Wernerfelt 他（1984）は、企業において資源（Resources）と製品（Products）は、同じコインの両面であると前提にしたリソースベース論を展開している。つまり、ポーター他（1981）の産業組織論とは異なり、同じ産業内でも企業の成果はバラバラであるところに注目し、ある企業の競争力は、その企業が特定のビジネスを成功させるために必要となる核心的な資源と能力を、どの程度備えているかによって決定されると主張したのである。

要するに、ある事業部の競争力は、そのビジネスが属する産業が構造的に魅力的であるほど、そして、その事業部の持っている核心的な資源と能力が他の競合企業に比べて強ければ強いほど高くなる。また、幾つかの事業部から構成されている企業の競争力は、事業単位ごとに要求されている核心的な資源と能力の相互関連性が高い時、そして、その資源と能力の事業部間共有や移転を円滑に調整する能力が高い時に大きくなる（朴哲洵、1999）。

産業組織論では、外部の環境に焦点が当てられているのに対し、リソースベース論では、企業内部での核心的な力量が重視されている。したがって、競合企業のない場合は産業組織論の立場が有用であり、競争の激しい状況ではリソースベース論が有用である（Porter、1991）。

一方で、リソースベース論の言う核心的に要求される資源と能力の区分基準、すなわち、持続的な競争優位を維持できる核心的な資源と能力の特性は何かという問題がある。これに対して、バーニーは、①価値のあること（Valuable）、②希少性のあること（Rare）、③模倣性のないこと（Imperfectly Imitable）、④代替性ないのこと（No-substitutability）などの4つの基準を提示している（Barney、1991）。

以上のような競争戦略論の中で、人的資源管理（HR）の役割が提示されたのは、ポーターのバリューチェーンモデル（図表 2-2）からである。

このモデルで人的資源管理は、ビジネスのメイン活動を支える支援活動として、全社管理（インフラストラクチャ）や技術開発と同じような位置づけになっている。

図表 2-2　Value Chain Model

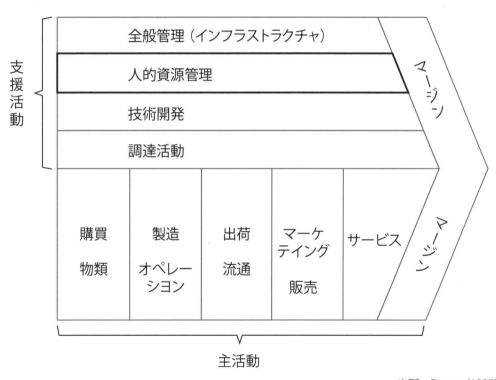

出所：Porter（1985）

（3）企業の生存と持続的競争優位

　企業は、それなりの付加価値を生みだすために何らかのユニークさを夢見る。類似した製品やサービスを提供している同じ業界の企業同士でも競争相手より差別化される何かを求めて努力している。それは、顧客から自社の製品やサービスを競争相手のそれより優先的に選択してもらうためである。そのためには、自社の製品やサービスが市場価格より高い価値を顧客に提供しなければならない。

　企業は、下請け会社、部材会社、従業員、政府など、様々なリソース供給者に費用を払ってリソースを調達し、製品やサービスを作り出す。企業が払う費用は供給者の利益に繋がるものである。図表2-3の「C」は、企業とリソース供給者との交渉力によって決まるもので、企業の目的達成のために発生する犠牲の部分である。「P」は、市場で売れる価格なので企業が生み出した「リアル価値：お金で換算された価値」になるので、「P - C」は、企業の利益になる。「V」は、消費者が企業の製品やサービスに対して感じる価値であり、経済学的には顧客が支払っても良いと思う最高価格（Maximum Price）なので、「V - P」部分が大きいほど、消費者から選択される可能性は高くなる。企業がただの生存を求めるのであれば、「V＝P＝C」のレベルでとどまってもいいが、成長や持続的な発展のためには、「V＞P＞C」という条件が必要になる。

　「P - C」の部分は、効率性（Efficiency）が求められる管理的次元の問題であり、「V - P」の部分は、効果性（Effectiveness）が求められる戦略的次元の問題でもある。効率性の問題はコスト・リーダーシップ戦略に、効果性の問題は差別化戦略に繋がる。つまり、企業が最大限の「ユニークさ」を夢見るのであれば、「P - C」より「V - P」の部分を高めるために努力しなければならないのである。

　企業の目的は利潤の追求ではなく顧客創造であるというドラッカーの話は、「V - P」の部分を考えると理解できる。もちろん、企業のユニークさや製品・サービスの差別化を生み出すことには効率化に関連する「P - C」の部分も関わっているので、「V - P」の部分に関する話だけが戦略的次元の問題であるとは言い切れない。また、ユニークさや差別化を追求することだけが経営戦略論の目標でもない。結局、利潤を含めた企業の成長や自由度の向上は、費用（C）の低減と価値（V）の向上にかかっているとも言えよう。

　多くの経営戦略論の教科書では、ポーター流の差別化戦略、コスト・リーダーシップ戦略、フォーカシング戦略などをビジネスの「基本戦略」としており、特に、差別化戦略とコスト・リーダーシップ戦略を同時に追求することは禁物であるという。異なる性格のものにおいて競争優位を追求しているため中途半端になって板挟み（Stuck in the middle）状況に陥ってしまい、一方の優位のみを追求する競争相手に負ける可能性があるからだ。しかし、大きく見ると、コスト・リーダーシップ戦略もフォーカシング戦略も競争相手とは違う価値優位、即ち、図表2-3の消費者余剰（V）の差別化を図るものである。つまり、最終価値とそれを生み出す仕組み、最終コストとそのプロセスなど、あらゆる経営活動において、「差別化」が競争戦略のコアなのである。

図表 2-3　企業の生存条件

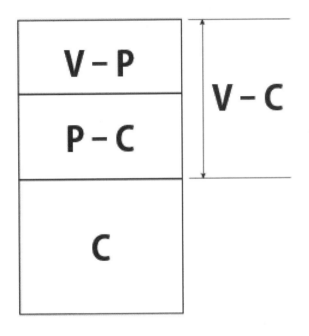

V : Value

P : Price

C : Cost

図表 2-4　持続的競争優位の条件

出所：Barney（2002）から筆者作成。

ある企業が競争相手との差別化に成功したとしても、その競争優位が持続できる保障はない。リソースベース論の観点で、持続的競争優位の条件とを示したのが図表2-4である。

第一に、「歴史性」とは、経営資源の獲得や蓄積と関連して、「先行者利益（first mover advantage）があったり、そのプロセスにおいて避けて通れない経路依存性（path dependent）があったりする場合、後発企業がそれを模倣することが困難であり、長い時間がかかるということである。

第二に、「因果関係の曖昧性」とは、競争優位の源泉になっている経営資源が複数あって、その個々の経営資源と競争優位との因果関係が曖昧である場合、後発企業が何を模倣すべきかよくわからなくなることを意味する。

第三に、「社会的複雑性」とは、競争優位の源泉であると思われる経営資源が、組織内外のネットワークや目に見えない組織文化的な要素がある場合、模倣が難しくなることである。

第四に、「制度的条件」とは、特許などの制度や法律によって後発企業の模倣が制限されるケースである。

以上の持続的競争優位の条件は、図表2-3における「V-C」の大きさを維持することに関係がある。先行する企業がこれらの条件を長く維持できれば、つまり、後発企業が模倣できない状況が続く限り、先行企業は差別化による利益を享受できる。ただし、新技術の導入や試行錯誤時間の節約が可能な後発企業の優位性もあるので、時代に合わせて競争優位の条件を改めて整備していくことも不可欠である。

（4）ブルーオーシャン戦略とHR

昔は「二兎を追う者は一兎をも得ず」という話のように、コスト削減と品質向上の問題がパラドックスとして認識されることが多かったが、近年は、コスト削減につながる効率化も価値の向上につながる効果性も捨てられないということで、統合モデルが登場した。「両効き（Ambidextrous）マネジメント」というものもあるが、優れた価値の創出と低コストを同時に追求する方法として提示されたブルー・オーシャン戦略もこれにあたる。そのキーコンセプトの1つが「ERCR」モデルとも言われるものである。つまり、自社が属している業界内で当たり前のこととされている要素の中で除去（Eliminate）すべきものは何か、業界標準より縮小（Reduce）すべき要素は何か、業界内で提供されたことのない創造（Create）すべき要素は何か、業界標準より向上（Raise）すべき要素は何かなどのことである。

ブルー・オーシャン戦略の成功事例としてよく語られているサウスウェスト・エアーラインの場合、業界標準であった機内食の除去、空港への移動時間や搭乗待機時間の節約などを通した旅行費用と時間の縮小、機内娯楽（乗務員の漫才）などによる楽しさの創造、搭乗手続きの簡素化や手荷物運搬効率の向上などが指摘されている。

ERCRの論理は、人的資源管理論で「賃金鉄則」として知られている「高賃金低人件費」の考え方につながる部分がある。優れた論理はどの分野にでも応用できるコアのポイントがあるのではないだろうか。

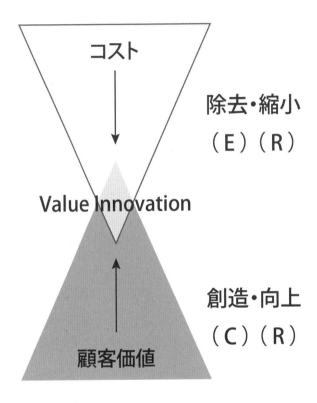

出所：W. Chan Kim、Renée A. Mauborgne（2005）から作成

（5）VRIO モデルと HR

　リソースベース論として知られた VRIO モデルは、その「資源」という言葉に縛られがちだが、企業の内部に注目した理論の本質を見極める必要がある。つまり、資源と資源の結合やその運用方式、または経営管理のプロセス等も VRIO モデルの枠組みとして理解すべきなのである。運用・管理能力を伴わない、ただの「資源」だけで、持続的な競争力を生み出す源泉になりうるとは考えられないだろう。したがって、人的資源管理の側面から企業競争力を考える場合も、良質の人的資源そのものの蓄積（Resources）と、多様な人的資源の結合または再編成できる人的資源管理能力の両方の側面から検討すべきである。実際に、Barney and Wright（1998）は、この VRIO モデルを人的資源管理にも適用しており、それを整理したのが次の図表 2-6 である。

　図表 2-6 の組織（Organization）変数に対する説明からもわかるように、VRIO モデルは、産業組織論（IO モデル）とは違って、企業競争力の源泉を外部からではなく内部の要因から求めている。企業競争力に関わる内部の要因としては、単なる資源だけではなく、その資源を運営する能力、つまり、組織能力のようなものも考えられる。人的資源管理が企業競争力として機能するためには、幾つかの条件をクリアする必要がある。つまり、企業が持続的に競争力を維持していくためには、人的資源管理部門も、コスト削減と収益拡大に貢献しながら、競争相手がすぐには真似できない希少な人的資源を蓄積し、それを組織的にサポートしていく必要があるということである。

　グローバルに広がる市場の中で業種を問わず競争の激しい状況にさらされている現代企業において、人的資源管理という仕事は価値のあるものなのか、自社の人的資源管理は希少性のあるもので、他の競争相手がすぐには真似できないものなのか、または、アウトソーシングなどで代替可能な機能ではないのか。こういった検討はリソースベース戦略論の観点を人的資源管理に取り入れ、環境変化とその対応という側面から改めて人的資源管理問題を考えるという試みに繋がる。そして、ある会社の大胆な経営革新やリストラ、会社戦略の遂行に必要な人的資源の蓄積と再編成などが他の競争相手がすぐには模倣できないのであれば、または、同じ人的資源管理制度を導入してもそれを実際に上手く実行する部分に差が出てくるとすれば、人的資源管理の問題も、リソースベース論のいう、企業が持続的に成長するための核心的な資源と能力（Resources & Capabilities）になりうるのではないだろうか。

　従業員の立場からすると、自分たちの努力で会社の競争力が変わってくるという話には捨て難い魅力がある。もし、そうでなかったら努力する意味がないからである。つまり、日々企業の各部門で行われている日常的な業務活動に取り組んでいる組織や従業員たちの存在意義を支えているのがリソースベース論なのである。人や組織を単なる経営資源ではなく、変化をもたらす行為能力のあるアクターとしてみなすべき理由がここにもある。

図表 2-6 VRIO モデルと人的資源

	VRIO モデル	HR 関連
経済価値 Value	その企業の保有する経営資源やケイパビリティは、その企業が外部環境における脅威や機会に適応することを可能にするか。	環境の変化に直面して従業員が革新を起こしたり、意思決定を通じて新たな価値を創造したりしている。
希少性 Rarity	その経営資源を現在コントロールしているのは、ごく少数の競合企業だろうか。	従業員の訓練、または企業の特殊な技能や能力の開発により、転職の防止が可能である。
模倣可能性 Inimitability	その経営資源を保有していない企業は、その経営資源を獲得、あるいは開発する際に、コスト上の不利に直面するだろうか。	独特で、より良い顧客サービスを可能にする企業文化を模倣するには、深刻な組織変化の覚悟が必要である。
組織 Organization	企業が保有する、価値があり希少で模倣コストの大きい経営資源を活用するために、組織的な方針や手続きが整っているだろうか。	人的資源管理政策、制度などのマネジメントにより、従業員同士の協力を引き出し、仕事の効果的な遂行を可能にしている。

出所：Barney（2002）、Barney & Wright（1998）から作成

（6）戦略実行のドライバー、HR

　ミンツバーグ他（1985）が指摘したように、戦略が立てられたからといって、それがそのまま実行される保障はない。図表 2-7 で示されているように、当初意図された戦略と実際に実現された戦略の間にはギャップがあり、それは、計画の中で実現されなかった部分戦略と、戦略を実行に移す途中で新たに出来上がった創発戦略が存在するからである。上手くマネジメントされている HR（HRM・HRD、組織風土など）は、まともな戦略の実行可能性を高くし、また、より良い成果を上げるための創発戦略を生み出すことに貢献できると考えられる。人事部がアクターとしての自分の役割を自覚し、望ましいアクターネットワークの建設や行為能力の発揮が可能な場合に限ってであるが。

図表 2-7　　戦略実行のドライバーとしての人的資源管理

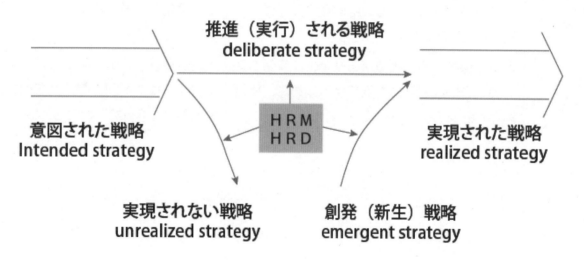

Mintzberg & McHugh（1985）から修正

02 戦略的人的資源管理

（1）人的資源管理の発展

　戦略的人的資源管理（SHRM）は、1980年以降の競争戦略論の登場によってその概念が具体化された。簡単に言うと、人事管理を戦略的に行うという話だが、問題は、どのようにするか（how to）である。当時は、既存のHRMと区別するよう、俯瞰的な観点や費用ではなく資産としての人材などが強調されたが、だからといって伝統的なHRMに意味がないとは言えない。現在のデジタル文明の基盤がアナログであることと同じく、SHRMも別物として考える必要はない。経営環境が不確実性を増している中、人事機能も企業内外の環境と独立して存在できなくなったと理解していいだろう。中身はどうであれ、「戦略」という響きのいい言葉だけが一人歩きしている部分も否定できない。

図表 2-8　人的資源管理の発展

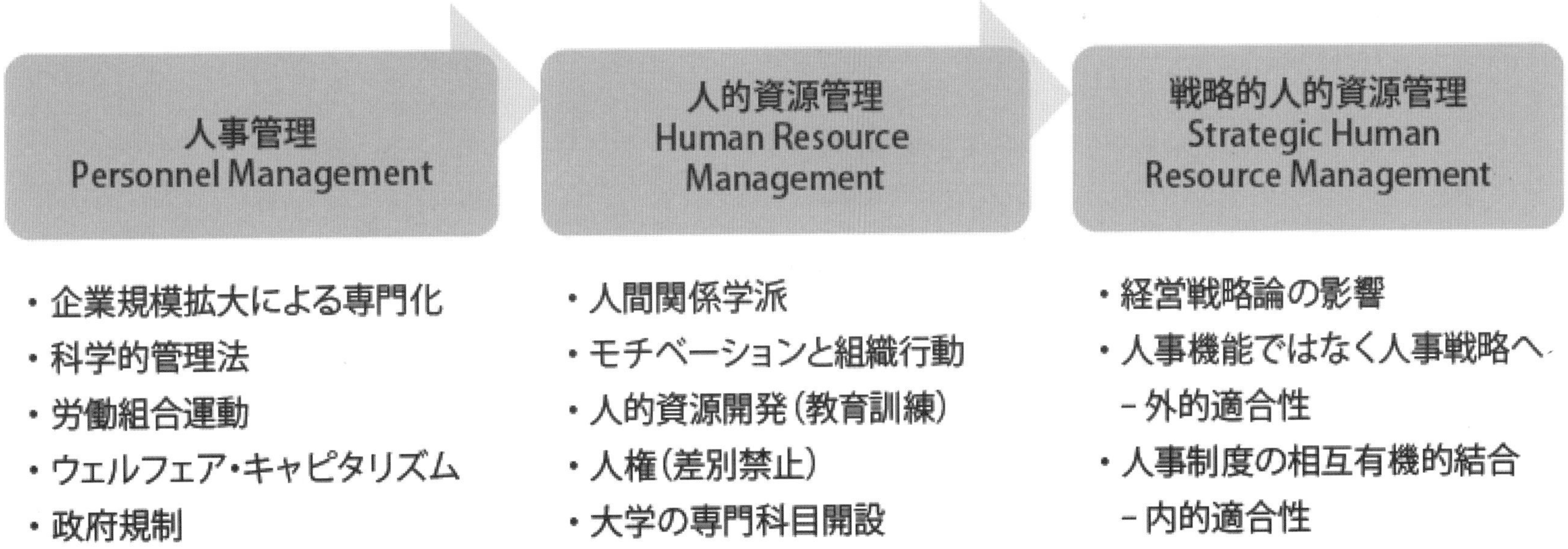

人事管理 Personnel Management	人的資源管理 Human Resource Management	戦略的人的資源管理 Strategic Human Resource Management
・企業規模拡大による専門化	・人間関係学派	・経営戦略論の影響
・科学的管理法	・モチベーションと組織行動	・人事機能ではなく人事戦略へ
・労働組合運動	・人的資源開発（教育訓練）	－外的適合性
・ウェルフェア・キャピタリズム	・人権（差別禁止）	・人事制度の相互有機的結合
・政府規制	・大学の専門科目開設	－内的適合性

（2）戦略的人的資源管理のイメージ

　バリューチェーンモデルで確認したように、人的資源管理の戦略的意義とは、経営の支援機能にある。企業の戦略的目標の達成のための機能戦略として人事戦略（HR Strategy）が存在するわけで、ビジネス戦略に連動した人的資源計画の立案が必要になる。欧米で発展した人的資源管理論は仕事を明確に区分してそれらに人をマッチングさせることに焦点をあててきた

が、日本企業の場合、そもそも担当業務の区分が曖昧で人に仕事がついていくケースが多い。したがって、日本企業では精緻な人的資源計画や人と仕事のマッチング問題は欧米企業ほど重要性をもっていない。むしろ、大量の新入社員をいっきに採用して定年まで一緒に仕事をしていくことを前提に、ビジネスの変化に対応できる労働力の調整と、メンバーのモチベーション維持がもっとも大事であったといえよう。

図表 2-9　戦略的人的資源管理モデル

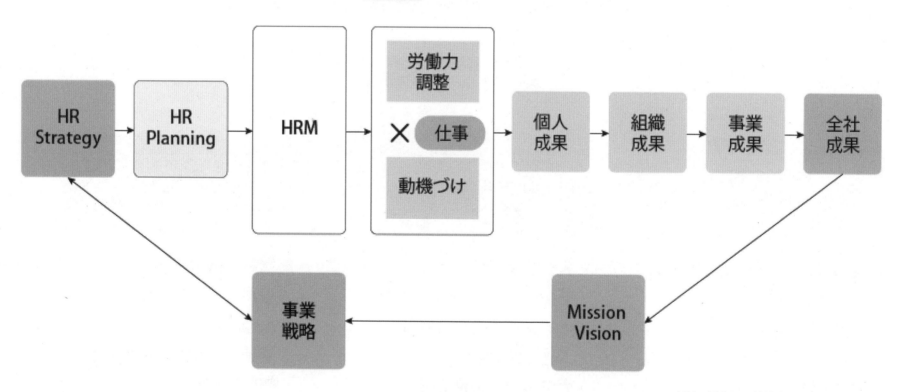

出所：劉奎昌・朴祐成（2019）から修正

（3）戦略実行手段としての HRM

　戦略的人的資源管理は企業ごとに異なることが多いが、本拠地である国の社会経済システムや文化の影響から逃れることはできない。したがって、企業の戦略的目標の達成手段は国独自の事情を無視できない。

　日本の場合、いわゆる日本的経営の特徴として、ジョブより人を優先する考え方がいまだ健在である。人をちゃんと育てあげれば、その人がジョブを見つけて成果を出すという組織の雰囲気の中では、欧米式人的資源管理手段の適用には無理がある。とういうことで、本書では日本独自の人的資源管理の課題が「労働力調整」と「モチベーション」にあると前提して、それにふさわしい形で関連人事制度を図表 2-10 のように整理してみた。比較的新しい観点の人的資源管理論である。

図表 2-10　日本における HRM の多様な手段

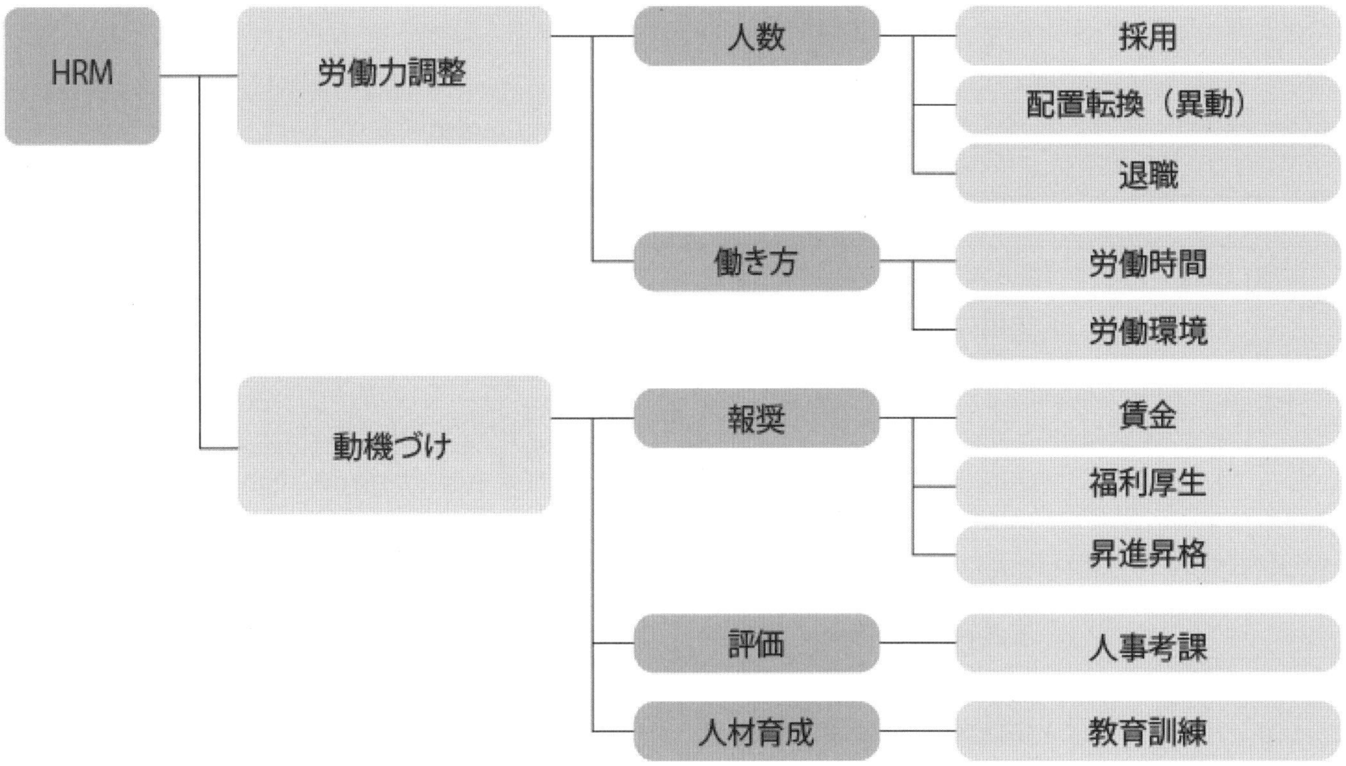

03 企業独自の人事戦略

　人事戦略は、同じ産業であっても企業の戦略によって大きく違ってくる可能性が高い。図表 2-11 で示すように、長い間グローバル飲料市場を両分してきたコカコーラとペプシコーラは全く違う人事戦略をとっている。市場先導者として安定的な成長をしてきたコカコーラの家族的企業風土や生え抜きを大事にする人的資源管理は日本企業のそれに近い。後発者として攻撃的なマーケティングを主導してきたペプシコーラは成果主義や外部人材を重用するベンチャー企業のようである。

　本書でも「日本型」という表現をよく使ってはいるが、あくまでも概念的な話で、国共通の人事管理や人事戦略は前提にしていない。国の伝統や文化が一色でないのと同じく、企業がそれを活かす方法もバラバラなのである。

図表 2-11　Coca Cola vs. Pepsi Cola の人事戦略

	Coca Cola	Pepsi Cola
創立	1886 年	1902 年
戦略と文化	・市場先導、安定的成長 ・保守的、伝統的	・市場追従、急速成長 ・攻撃的マーケティング ・フレッシュイメージ
コアバリュー	・忠誠心、長期雇用 ・チームワーク ・組織市民行動	・成果主義（high risk, high return） ・素早い環境対応 ・起業家精神
HR 戦略	・生涯職場、家族的人事管理 ・新入社員採用、内部昇進 ・年功序列、基本給	・成果主義人事管理 ・経歴社員採用、引き抜き ・年俸制、成果給

劉奎昌・朴祐成（2019）から修正引用

04 人的資源管理の「見える化」

　戦略的人的資源管理、言い換えると、人事部が戦略的な役割を遂行するためには、人事部自らの努力だけではなく、社内の関係者たちから信頼を受けることも大事である。問題は、人事部の活動、つまり、人的資源管理活動の成果を客観的に示すことが難しい点にある。人的資源管理の科学化（見える化）が問われる所以である。

　Becker, Huselid and Ulrich (2001)　は、Kaplan and Norton (1992) の「BSC(Balanced Score Card)」という概念を活用し、人事部が創出した業績を測定する方法として「HR Scorecard」のコンセプトを提案した。彼らによると、人的資源管理の科学化というのは、人事部の戦略的な役割、またはビジネス・パートナーとしての役割を果たす方法であり、人事部が単純なコスト・センターではなく、付加価値をも創出していると主張できる良いツールになるという。また、彼らは「BSC」から「戦略資産」という概念を引き出している。「戦略資産は企業の競争優位をしっかりと長期にわたって維持し、その定義によって模倣することが難しい。企業の戦略に対する人的資源管理のインパクトを測定するのが難しいという問題点は、裏返せば人的資源管理を持続可能な競争力の源にしてしまうのである」とし、それを実現するためには、人的資源管理担当のマネージャーは企業戦略、つまり、市場における自社の優位を確立し維持するための計画を理解すべきで、また、その戦略が人的資源管理にどのように関係するかを理解すべきだとしている。

　ここで注目したいのは、企業の戦略に対する人的資源管理のインパクトの測定の難しさがむしろ持続可能な経営のための競争力の源になりうるという見解である。つまり、人的資源管理は、やり方しだいによっては測定しきれないほど大きな戦略資産になる可能性もあり、または、測る価値すらないほどの小さな役割に留まる可能性もあるのである。

　それでは、なぜ実際に多くの企業で人事部が戦略的な役割の遂行に成功しているとは言えないのだろうか。それは、人事部の行う人的資源管理が現場の実際の仕事との連携プレーになっていないからである。周知のように企業における人的資源管理は大量生産体制の台頭とともに始まり、科学的管理法などの「仕事に関するマネジメント」、つまり、労働生産性のマネジメントと、人間関係論などからみる「人のマネジメント」という両方の側面から発展してきた。しかし、仕事に関するマネジメントは、いつのまにか生産管理などの領域にいってしまい、人的資源管理論とは別の道を歩むことになったのである。特に、様々な職務が分業化されている大手企業において、人事部の伝統的な役割は、労働者の仕事における生産性の向上という問題より、採用から退職までの労働力のマネジメント、もっと具体的には、現場に配属された労働者に対する給料支給や昇進昇格制度の運営など日常的なマネジメントに重点が置かれたといわざるを得ない。これからは、目に見える形で、持続可能な経営のための競争戦略の枠組みのなかで人的資源管理を行う必要がある。

Discussion

1. 日本企業の人的資源管理戦略における普遍性と独自性ついて考えてみよう

　丸山真男氏の「歴史の古層」という論文の中に、日本の変化についてクラシック音楽の「通奏低音」に喩えた一節がある。戦後の日本が変わっていく中で、依然として変わらないことを指す内容であるが、人的資源管理においても同じことが言えるだろう。新しい人事制度の導入や経営革新などのプロセスで必ず直面するのが、既得権益者たちとの戦いであるが、その場合、よく耳にする話が、何か変えないといけないことについては異論がない（総論賛成）が、それでも残すべき（現状維持）ことがある（各論反対）という議論である。問題は、どこまでを変えるべきであり、どこまでが残すべきものなのかについての意見の食い違いである。

　みなさんは、新酒は新しい瓶に入れるべきであると思いますか、あるいは、既存の瓶を使ってもいいと思いますか。既存の瓶と新しい瓶を見分ける基準は何だと思いますか。日本企業の人的資源管理戦略に日本共通の普遍的なものがあるとすれば何だと思いますか。それは、これからも維持すべきものなのでしょうか。例えば、日本企業で根強く残っている「年功序列」の慣行は、維持した方がいいと思いますか、変えるべきだと思いますか。

2. 自分自身と、所属している集団の「VI」を考えてみよう

　今でもよく使われている戦略ツールの1つに「SWOT」分析というものがある。要するに、強み（Strengths）と弱み（Weaknesses）、機会（Opportunities）と脅威（Threats）になる要素を洗い出すもので、戦略的方向性の判断材料にはなるが、具体策までの道のりは半端ではない。ということで、このSWOT分析をブルーオーシャン戦略の「ERCR」モデルと合わせて考えてみることも面白いような気がする。

　①まずは、自分と自分の所属している組織に対するSWOT分析を行う（内外の状況整理）

　②自分の人生と組織のビジョンイメージを考える

　③SWOT分析結果をベースにビジョンの実現のための具体策としてERCRを行う

　④組織のビジョンとERCRについてはグループで議論しながらまとめてみる

第3章　ANTと人的資源管理

01 ANTの意義

技術革命時代の代替案、行為者ネットワーク理論（Actor Network Theory）

　DX（Digital Transformation）という言葉が溢れている現在、新しい革命的な技術が、我々が適応できないくらいの速さで、社会、労働、生活を変えている。IoT、ビックデータ、AI、ブロックチェーン、遺伝子工学、３Dプリンターなどは、経済、金融、医療、農水産業など、産業全般に革命的な変化を起こしている。ここにクラウドが結合し形成された仮想物理システム（Cyber Physical System）は、サイバー世界と物理的な世界を全地球的観点で統合する。まさに、仮想が現実で、現実が仮想になる世界である。

　歴史的に新しい技術は常に衝撃として受け入れられ、大きな社会変化をもたらしてきたが、現在、我々が直面している技術革命は過去とは桁違いの特徴を見せている。IoTとAIで繋がる技術を通じて、モノとモノが疎通しているのである。つまり、人の介在を必要としないモノ同士の疎通は、我々が過去に経験しなかった状況である。これに、ビックデータと機械学習で武装したAIは、自律性や価値判断など、人間の固有の領域であるとみなされていた部分まで侵食している。このような技術変化は、機械や技術がもはや道具的位置や役割に留まらないことを意味する。つまり、これからは、機械を単純な手足ではなく、協力者、パートナーとして認めざるを得ない時代になったと言えよう。このような状況を伝統的な組織理論で説明するには無理がある。そこで筆者が注目したいのがANTである。ANT、つまり、行為者ネットワーク理論は行為者（アクター）という中立

的存在を仮定する。人、技術、人工物の全ては各自の自律性を持つ主体になり、互いに相手を解釈し連結するプロセスを通じて一つのネットワークを構成する。一つの技術は独立的に存在せず、人、機械、人工物が互いに結合するネットワークとして存在する。技術の発展は、人と技術から成る一つの異種混合のネットワークが他のネットワークに代替されていくプロセスである。

　第４次産業革命の時代と言われている今の時点でANTの効用性と価値は大きい。しかし、そのような重要性にもかかわらず、ANTは経営学や人的資源管理論の分野であまり注目されてこなかった。それは、経営者の戦略的な選択が重視される経営学の学問的特性や雰囲気とも関係がある。本章では、ANTが組織と組織の中の人間をどのように把握し、それが今後の組織・人事マネジメントにどのような含意を提供するのかについて検討する。まずは、技術についての既存組織理論の観点を検討する一方で、それらの議論が現在の技術変化を十分に説明できない限界を見ていく。そして、技術が組織と人のマネジメントにどのようにして影響を与えるのかについて、ANTの可能性を考えていく。最後に、そのような理論的な観点が、組織と人事管理に示唆をもたらす点について述べておきたい。

02 技術と組織理論

（1）技術と古典的組織理論

　技術は、経営学理論の発展過程で現れた古典的初期理論で制限的な位置に置かれていた。ウェバーとテイラーに代弁される古典的組織理論は、基本的に、技術への関心ではなく人間の合理性に対する信念に基づいていたからだ。古典的組織理論では、課業（Task）を完遂するための効率的で合理的手段が公式組織であり、組織の設計と構成員の啓発を通じて持続的にその効率性を高めることができると考えた。

　フォードのベルトコンベアシステムを通じて、人間の労働は機械に代替可能であることが明確になり、特定の業務遂行の観点だけで見る限り、機械が人間と同じ役割を遂行していることを認めざるを得ない状況になった。科学的管理論（テイラーリズム）が想定した人間、特に「計画」ではなく「実行や生産」を担当する労働者の場合、ロボットと変わりのない存在であった。しかし、当時の技術や機械は、変化を引き起こす動因として考えられたのではなく、合理性と効率化のための組織設計の一要素として考えられ、導入されたという側面で、あくまでも受動的な位置付けであった。

　AI時代に向かってテイラーリズムが再び復活する可能性もある。現在進んでいる技術発展とその結果を見ると、テイラーリズムに似ている部分がある。テイラーリズムがブルーカラー労働の自動化を招いたとすれば、AIはブルーカラーはもちろんホワイトカラー労働まで自動化を可能にする。100年前にはテイラーリズムの訓練を受けたエンジニアたちが作業方式を設計したが、現在はデータサイエンティストや人工知能専門家が作業プロセスや方式を設計する。労働に対する観察、監視は監督者の代わりに機械（AI）によって常時行われる。このような様子は、AI時代の「新テイラー主義」であると言える。人間を排除し、効率性や効果性を極限的に追求する技術戦略を選択する企業の場合、テイラーリズムは依然として組織マネジメントに意味のある示唆を提供する。

（2）状況理論と技術決定論

　技術が組織管理の前面に登場するのは状況理論（コンティンジェンシー）からである。状況理論は、組織を設計し、マネジメントする多様な代替案は、組織が置かれている環境との適合性によって評価されるべきだという。Woodward（1965）は、イギリスのある地方で異なる産業に属する100程度の企業を調査する過程で、生産技術と組織構造の間に相関関係があり、技術と組織構造の適合性が組織の成果と関係があることを見出した。つまり、特定の組織構造や管理方式は、産業や技術によって影響されることを実証で（帰納的）明らかにしたのである。

　Perrow（1967）も組織の技術的特徴が組織構造を決定する重要要因であるとみなした。彼は、技術的特性を「分析可能性」と「例外的可能性」に区分し、分析可能性は意思決定の集権化に影響を与え、例外の発生可能性は組織構造の柔軟性に影響を与えるという側面から、技術が組織構造に

及ぼす影響を細分化した。また、Thompson（1967）は、技術の類型を連携型（Long-linked）、仲介型（Mediating）、集約型（Intensive）技術に区分し、その技術的特徴により適合する組織も違うと主張した。

　しかし、環境要因として技術の重要性を強調する状況理論的アプローチは、Child（1972）の経営者の戦略的選択を強調する研究と、Chandler（1962）の戦略が構造を決定するという主張が力を得ることにより、その影響力が衰退することになる。にもかかわらず、技術の影響力を重視する状況理論の主張はAI時代にも依然として有効である。技術の包括性や影響力が過去よりはるかに大きくなったからだ。

（3）技術と社会技術システム

　社会技術システムとは、1960年代、ロンドン所在Tavistock研究所のコンサルタントたちによって作られた用語で、スウェーデンVolvo自動車の工場作業組織を構成する原理を提供し、米国のQWL運動にも影響を与えた議論である。社会技術的というのは、組織及び社会の現象を説明するにあたって社会的側面と技術的側面の相互関連性を考慮することである。後続研究により明らかになった社会技術システムによる組織設計の主要原理は次のようである（정승국、2019）。

① 技術は人的資源の役割を積極的に支援する方式で使われるべきである。技術は、分業を減らし、作業内容を改善するために動員される。
② 作業者が自分の知識や経験に基づいて職務の遂行ができる裁量的勤務環境の造成に努力すべきである。そのためには、最小限の核心業務のみを具体化する職務設計に努力しなければ

ならない。
③ 多機能の原理により、労働者は多様な範囲の職務を遂行すべきである。そのためには、教育訓練に対する投資や多機能とチーム成果に対する報奨体系などが重要である。
④ 人間の価値を極大化する組織設計原則をベースに、多様な福祉政策を通じて、作業者の労働生活の質を高め、職位や命令に依存するのではなく、知識と専門性に基づいた参加的リーダーシップが必要である。

　このように、社会技術システムの議論は、技術という変数の影響や重要性を認めながら人間中心的な観点で技術と人間の適正な結合を追求している。しかし、ここでも技術はあくまで一つの客体であり、技術や機械の自律性までは想定されていない。こういった側面はAIが登場する前の議論としての限界であると考えられるが、技術と組織についての重要な理論的観点であることは確かである。

（4）技術と社会構成主義

　技術、人間、組織の間の相互作用については、技術の社会構成主義（Social construction of technology）を中心に多くの研究がなされてきた。技術に対する社会構成主義は、技術によって人間の行動及び組織行動が違ってくるという技術決定論の主張に人間の役割が抜けていることを指摘し、技術の形成及び変化は人間の世の中に対する多様な視点と理解に基づいたものであると把握している。このような技術の社会構成主義が組織理論に接木されたのは、Barleyの一連の研究からである。病院でCTスキャナーを導入するときに構成員たちの業務や協業の変化を民族誌的方法論で検討した

Barley（1986、1990、1996）の研究は、組織理論だけではなく、コンピューターと人間の相互作用分野、情報学の分野でも核心的な研究として使われている。

　技術の社会構成主義的観点は、組織内で技術の影響を受ける業務構造や形態が技術だけではなく組織構成員によっても決定される二重的構造を持つと強調し、これをベースに組織（Organization）と組織化（Organizing）を区分した。

　組織は、技術と人間との相互作用のもとで作られた副産物で、技術決定論に基づく概念である。組織化は、人間が技術に対してどのように対応しながら自分のみの方式で人間同士の相互作用、そして技術との相互作用を作り出すかを考える概念である（Weick、1979）。

　技術の社会構成主義は、技術と人間の相互作用を強調する点で、古典理論や技術決定論よりは技術の影響を理解することにワンステップ進んだものである。この理論では、技術が人に認知過程や社会的選択を通じて変化、受容されるプロセスにおいての相互作用に注目する。しかし、それもあくまで技術は客体であり、人が主体になって個人、組織、社会の観点で発生する相互作用である。社会構成主義は基本的に機械や技術などの人工物あるいは非人間（Nonhuman）の主体的能力を認めていないからだ。したがって、AIなどによる現在の変化の様子を説明するには一定の限界がある。

（5）技術に対する先行理論の比較

　以上のような理論の技術に対する観点を比較して整理したのが次の図表 3-1 である。技術に対する認識観点は、技術を単純に目に見える結果物として考えるのか、その技術を作り出し構成していくプロセスを含めるの

かに対する観点を意味する。技術と人間の影響関係は、技術によって人間の行動がどのように変わるのかを見る因果関係に焦点を合わせたものなのか、技術と人間が互いに相互作用していると見るのかの観点である。この二つの次元が人間と技術の関係をどのように規定しようとするのかに関連する観点だとすれば、組織に対しての技術の役割、組織内の技術の役割、組織を構成する範囲の観点からも理論の区分ができる。後述のANTが他の理論と違うポイントは、技術を結果物だけではなく技術と人間が互いに作っていくプロセスとして理解することであり、技術を客体ではなく人間と対等の位置付けで相互作用に影響を与える行為主体としてみなすことである。

図表 3-1　技術に対する多様な理論的観点

	古典理論	状況理論	社会 技術システム	社会 構成主義	ANT
技術に対する 認識観点	アウトプット	アウトプット	アウトプット	プロセス	プロセス
技術と人間の 影響関係	因果関係	因果関係	相互関係	相互関係	相互関係
組織に対する 技術の役割	生産道具及び資源	環境	環境	環境	行為主体
組織内 技術の役割	人間行為の代替・補完	人間行為に影響	人間行為に影響	解析を通じた影響	行為主体
組織を 構成する範囲	人間	人間	人間	人間	人間及び技術

出所：朴祐成・李炳夏・金相俊（2020）

03 ANTの理解

（1）行為者としての非人間

　ANTの提唱者であるLatour（1984、1999）によると、非人間である人工物（Artifact）は、人間の意図通りに作動しない。人間と人工物の関係は能動的な主体と受動的なモノの関係ではなく、「人間－非人間」の結合により新たな可能性が生まれる。また、人工物には常に社会的関係が統合されており、逆に、社会的構造にはそれを支える非人間たちの巨大な役割が存在する。技術と社会は決して分離できないのである。

　人間が道具を使用し始めて以来、人間と非人間は不可分の結合で機能し、異種混合のネットワークを構成する。人間社会と組織を動かすのは、そのようなネットワークである。ANTは人間と非人間の間に形成されるネットワークに注目するが、そのようなネットワークは翻訳（Translation）と言われるプロセスを通じて形成される（Callon、1986）。ANTは、実体が本来存在する当然のものではなく、非人間を含む多様な行為者たちが互いに関係を結ぶ過程で構成され、それにより実体が定義され、発生するものであると把握する「関係論的実在論」に近い。人間が主体としての行為能力を持っていることと同じく、モノにも人間と組織、そして、社会を変える力があるということを認めている。技術や道具によって人の行動も変わるのである。

図表 3-2　非人間アクターの行為能力

銃を持っている人間は、そうでない人間とは違う考え方、行動をする。

交通警察をみてシートベルトをする運転者と、車の警報音が面倒臭くてシートベルトをする運転者の行為に差はない。

携帯でSNSの通知機能をどのように設定しておいたのかによって、人の行動は変わる。

第3章　ANTと人的資源管理　41

（2）異種混合ネットワーク

　ANT で行為者とは、異種的な物質間の相互作用から成るネットワークである。つまり、我々が思考する、行動する、書く、愛する、稼ぐことなど、人間に与えられた特性は、人間の身体を超え、ネットワークを通じて形成されるものである。機械も同じく、技術的要素だけではなく、使用者、維持補修（Maintenance）のような人間の役割があって可能になる。組織も、人、機械、文書、建物などによって維持されるネットワークである。

　行為者は常に行為者であると同時にネットワークである。ネットワークを通じてのみ役割と影響力が発生するからである。ネットワークは固定されているものではなく、可変的である。ネットワークを構成する行為者たちは、様々な理由で既存のネットワークから離脱する。他の競争的なネットワークが登場し、新たな事実をより上手く説明できるのであれば、既存のネットワークは衰退するか消滅する。行為者ネットワークは新たに出現して発展し安定化する。もちろん安定化の前の段階で消えていくネットワークも存在する。真実とは、本来から実在するものではなく、作られたものであるという観点をとる ANT の立場では、どのネットワークがより多くの行為者を動員し、その結果、説得力と影響力を行使することが可能なのかの問題が重要なのである。

　Latour（1987）によると、行為者が人間か非人間か、技術的か科学的か、客観的か主観的かなどの問いより大事な唯一の質問は、新たな結合が他の結合より強いか弱いかである。それでは、このようなネットワークは、どのようにして構築されるのだろうか。

（3）翻訳を通じたネットワーク形成

　翻訳（Translation）は、人間であれ非人間であれ、行為者が理解している知識や意図している物質的な意味を他の行為者が自分の言語に置換するプロセスを指す。したがって、新たな事実を証明したり、新たな変化を試みる行為者は、他の人間や非人間をそのような目標あるいはプログラムに参加させなければならない。Callon（1984）は、このような翻訳には次のような4つの段階があるという。

① 問題提起（Problematization）：ある行為者が他の行為者を認知、定義し、既存ネットワークの妥当性に疑問を提起する段階。これは Lewin（1947）の言う変化管理の解氷（Unfreezing）段階に類似している。

② 興味を引くこと（Interessement）：既存のネットワークを再構成するために、他のアクターたちを既存のネットワークから分離し、彼らの関心を引きながら新たな交渉を進めていく段階である。

③ 役割付与と調整（Enrollment）：行為者たちが新たに構成されたネットワークの意味をベースに各自の役割を再整備する段階。この段階では新たなネットワークに反対する勢力が問題になるため、物理的な暴力、誘惑、取引などの方法が使われれる場合もある。

④ 動員（Mobilization）：このように新たに定義された行為者たちを自分のネットワークに入れてネットワークを再構成する段階である。

翻訳が成功するには、ネットワークの構築者が主張、あるいは新たに導入しようとした変化が当然のものとして受け入れられ、それ以上異論が提起されなければならない。しかし、翻訳が成功する保証はなく、一度成功した翻訳が持続的に維持されるとも限らない。翻訳は完璧ではないし、いつも背反の可能性を内包している。このような翻訳の不完全性のため、行為者たちのネットワークは流動的で消滅しやすい。行為者たちの利害関係は絶え間なく妥協の段階を経て折衷される。

（4）義務通過点とブラックボックス化

翻訳の過程（ネットワークの建設）で重要な概念が義務通過点（OPP; Obligatory Passage Point）である。これは、他の行為者たちがネットワーク上で必ず通過（依存）しないといけない存在を意味するが、代表的な例は、技術や製品に対する標準である。標準は、あらゆる製品と技術を一つのネットワークに繋げる重要な存在である。標準を掌握することは、義務通過点を作って、他の行為者たちにその時点を通過させることから、標準は一つの権力であるとも言われている。義務通過点を作ることに成功した行為者とネットワークは、他のネットワークとの競争で有利な立場になる。もちろん、義務通過点が構築されたからといってそれが安定的に維持される保証はない。

人間と非人間から成るネットワークが一つの行為者に縮約されることをANTでは「結絶（Punctualization）」と言い、これが一つの対象として作られたものをブラックボックスという。ブラックボックスになった対象については誰にでもその存在や役割について当然のように受け入れられ、安定的なルーティンを構成する。ブラックボックスは、ANTの目指す目標であると同時に解体されるべき対象である。新たな知識の発見は常に既存のブラックボックスを解体することであるが、ネットワークを構築しようとする行為者は、自分の作るネットワークが発展して多くの人が当たり前のように受け入れる安定的なブラックボックスになることを期待する。

（5）ANTへの批判と評価

ANTについて理論的な批判が集中している部分は、自然と社会、人間と非人間が全て同一に扱われ、説明されるべきであるという、一般的な「対称性」についてである。ANTの批判者たちによると、翻訳の過程を通じて人間と非人間が結合されたネットワークが形成された場合でも、そのようなネットワークを代弁する行為者は結局人間ではないかという話である。

ともあれ、ANTは近年の驚くべき技術革新に助けられ、様々な学問の領域で技術への関心を引き起こした。特に研究においての対称性の原理を通じて、偏見や偏向性のない開放的な研究の余地を作り出してくれたことは否定できない。

04 ANTの組織及び人的資源管理への示唆

（1）プロセス観点の組織理解

　ANTにおいて説明を必要としない固定された実体はなく、社会や組織も例外ではない。こういったANTの立場は、新たな実体の生成と変化にフォーカスを当てているという意味で、プロセス中心の理論である。プロセス観点の理論は、組織という実体が固定的なものではなく、作られるものであり、常に変化する存在であることを浮き彫りにしてくれた。Steen, Coopmans & Whyte（2006）は、ANTが戦略分野で活用される可能性を検討しながら、既存の組織安定性及び戦略的選択の枠組みから離れ、そのような戦略が作られる過程に注目する必要があると主張した。ANTは、行為者たちの相互作用を通じて戦略と構造がどのようにして形成されるのかを把握することに貢献できる。したがって、不確実性や変化、革新が起こる状況、戦略的提携での場合、ANTは有用な分析的枠組みを提供してくれるという。

　ANTは、第4次産業革命時代やコロナ・ファンディング時代に必要な組織構造や文化についても重要な示唆点を提供する。新たな時代に向かって、回復弾力性が高くて柔軟な組織構造や文化が強調されているが、それをどのように構築していくべきかについては明確な解決策が見つからないのが現実である。それは、現在の硬直的な組織構造や文化がどのように形成され、どのような変化を辿ってきたのかが不明確であるためである。また、組織構造や文化の変化を推進するために、新たに翻訳を試み、攻略すべき一番弱い連結点（node）がどこなのかがよくわからないからである。ANTは、ブラックボックスになって当たり前のように受け入れられている組織の中の支配的な慣行とそれを支えている現在のネットワークと行為者たちを理解することにより、新たな構造と文化を作るための新たな翻訳の対象と方法を見出すのに重要な洞察を提供する。

（2）リソースベース観点の拡大

　伝統的経営学で重視されてきたリソースは、人・モノ・金で、このようなリソースを確保するために、組織の中で人事管理、財務管理、研究開発機能などが発展してきた。その後、組織理論の発展と共に、企業が他の個人や組織と結ぶ関係やネットワークが重要なリソースとして注目された経緯がある。ANTからすると、一つの目標やアジェンダのために結合されたネットワークの中の全ての行為者は、行為の主体であると同時に、リソースとしての役割も遂行する。ネットワークの中で与えられた役割を遂行する行為自体が全体目標やアジェンダのために貢献し活用されるリソースの性格を持つからである。

　人、モノ、金、技術、社会的関係などのあらゆる対象を一つのネットワークに包括することは可能であり、翻訳を通じたネットワークの構築は、必要なリソースを持続的に包摂し、拡大していくプロセスとして定義できる。つまり、ANTは、リソースに対する既存の硬直的な領域や境界を崩し、リソースの対象を拡大する重要な観点を提供する。

リソースベース観点（RBV；Barney、1991）は、リソースの重要性を強調し、リソースによって戦略的な選択が影響を受けるという示唆点を提供した。しかし、そのリソースが個別に作用するのではなく、結合された一つのネットワークとして作動しながら内的な変化の可能性を常時的に内包していることまでは指摘していない。ANTはリソースの概念を動態的に拡張してくれる。ネットワークを構成する人間と非人間の行為者構成自体は変わらなくても、それらが持つ役割や機能は常に変化する。例えば、RPA（Robotic Process Automation）の場合、技術システムとしての実在は変わっていないが、その活用を促進させるための担当部署が翻訳作業に成功するか、しないかによって、リソースとしての役割や重要度は大きく違ってくる。

（3）協業知性と人事管理

AI技術の活用が必須になっている状況では、AIと機械を理解し、円滑で効果的な協業を遂行する能力が重要になる。機械との協業知性（Collaborative Intelligence）が必要であるという主張もあるが、その前提は、AIや機械が知性を所有する存在でなければならない。しかし、AIに知性があるのかについてはまだ否定的な意見が多い。

ANTでは、AIを含む非人間を理解するに当たって、互いの関係から発生する行為能力に注目し、それをベースに行為者としての資格を与える。したがって、非人間に人間と同じレベルの思考や知性を前提としなくても、人間と非人間の協力はいつでも可能になる。近年のAI導入事例をみると、生産現場や人事管理など、多くの分野で既に多様な形の人間と非人間の協業が行われていることを確認できる。

（4）翻訳代理人の人事部

ANTで行為者は、既存のネットワークから与えられた役割から離脱したり競争的な他のネットワークに移動する可能性を持つ。つまり、経営層が提案したネットワークが気に入らない場合、従業員や非人間がそれに参加することを拒否したり他のネットワークに参加したりする。経営層の本来の意図がいかに素晴らしくても行為者たちをそのような趣旨に賛同するよう、翻訳のプロセスを上手く実行できていない場合、デカップリング（Decoupling）現象が起こる。デカップリングとは、一般的に特定の組織の中で採択された制度とそれが活用される間に存在する乖離を意味する。ANTの観点からするとデカップリングは翻訳の失敗である。経営者の翻訳成功確率を高めてくれるのは、経営層の構想を組織全体に効果的に伝達し、必要な翻訳を助けてくれる個人や組織、つまり、翻訳代理人（Translating Agent）の存在である。

この翻訳代理人の役割は、Ulrich（1997）の言う、人事部の戦略的パートナーとしての役割と事実上同じである。Ulrichが現実的で当為論的な立場からこのような役割を主張しているとすれば、ANTは、翻訳という概念を使って、なぜそのような役割が必要になるかに対する理論的な基礎を提供する。戦略的パートナーや翻訳代理人が人事部でないといけない理由はないが、現実的に人事部がそのような役割を遂行するための有利な位置にあることも否定できない。人事部は、翻訳を通じてネットワークに参加させるべき構成員についての情報を一番多く持っており、彼らに対する理解や接近性も高いからである。

（5）ANT の課題

　以上で検討した ANT の理論的要点は次の４つの命題である。①人間だけではなく非人間にも行為能力は存在し、したがって、人間と非人間は全て行為者である。非人間も人間の行動に影響を与え、役割を規定する。②人間と非人間は異種混合のネットワークを構成しており、人間と非人間の行為能力はそのネットワークを通じて定義され、決定される。③行為者たちが繋がるネットワークは翻訳を通じて構築される。翻訳は、ある行為者をネットワークに引き込む行為である。他の行為者たちが依存しないといけない義務的通過点を確保した場合、翻訳が容易になる。④ブラックボックスは、あらゆるネットワークが目指す目標であると同時に、新たな変化のためには必ず解体しないといけないという二律背反的な意味を持つ。新たな発見や変化は、当たり前のように受け入れられている既存のネットワークを解体しないと不可能である。

　ANT が組織マネジメント及び人事管理に示唆を与える点は次の４つである。①戦略と構造、人事制度が作られるプロセスとその中で形成されたネットワークに対する理解を通じて新たなネットワークへの変化を効果的に推進するための出発点と方法を提供する。②リソースの対象を拡大し、内部的にも変化可能な動態的な観点を提供する。③人間と機械の協力可能な理論的基礎を提供する。④人事部の戦略的な役割に対する理論的基礎を提供する。

　ANT は、確かにこれからの時代を説明できる重要な理論的枠組みだが、人間が非人間を翻訳するのと同じく、人工物も人間を翻訳することが可能なのかに対する明確な回答は出せないという側面で、批判を避けられないのも現実である。人間が翻訳を通じて獲得する利害関係は明確だが、非人間は何を得るのかという問題もある。

　また、方法論的に解決すべき問題もある。ANT は、翻訳を通じて形成されるネットワークの生成と変化、消滅を分析する。それは、多様な行為者たちの連結と、それが時間の流れによってどのように翻訳され、変化してきたのかについての考察を必要とする。つまり、人間と非人間の行為能力と関連する膨大なデータと戦わないといけないので、学問の領域だけではなく、企業が実際に ANT の方法論を導入することも限界になる。しかし、実際の活用はともあれ、ANT の考え方をベースに組織や人事マネジメントを考えるだけでも多くのことが違ってくるはずである。

（1）モノと空間ファクター

　アクターネットワーク・ストラテジー（ANS）という用語は、今までに使われたことのない筆者の造語であるが、とりあえずここでは「IoT でつながるモノを含む組織内のアクターを特定し、そのアクターたちがネットワーク建設者（翻訳者）の意図通りに動いてくれることを目指す戦略」として定義しておきたい。ANT の「人間と対等な立場の非人間アクター」というコンセプトを受け入れるかどうかとは関係なく、マネジメントの現場で「モノ」や周辺環境の活用は大きな意味を持つ。ある面では経営やリーダーシップの本質に関わる問題でもある。経営の本質が自分一人ではできないことを他の人たちを動員して実現させることにあるとすれば、どのようにすると他の人が自分の意思通りに働いてくれるかが大きな課題になる。よく言われているのが「飴と鞭」で動く「モチベーション」の世界であるが、筆者の関心は全組織構成員（アクター）たちが自分も知らないうちにそうせざるを得ない状況を作り出すことにある。つまり、モチベーションや賞罰を超えるマネジメント手法として AI や ANT を活用することなのである。

　経営陣は従業員が自分の意図通りに動いてくれないと思うとき、あるいは自分の意思を明確に伝え、そのように行動してもらいたいと思うとき、経営革新活動に着手する。その手段として今までよく使われたのは、次のような4つの措置である。第一に、人の再配置で、内部人材の再配置もあ

れば、外部人材の受け入れもある。サムスン電子で世界ナンバーワンになった経験のある半導体事業部の事業部長を万年負け犬であろうと思われた家電事業部の事業部長に任命して成功したことは前者の事例であり、日産自動車の外国人トップ採用は後者の成功事例であるとも言えよう。第二に、組織再編成で、人を入れ替えてもそんなに変わらない場合によく効く措置である。組織構造を変えることは情報の流れや意思決定のプロセスを変えることを意味しているので、働く人の足元を揺るがす結果になるよう既存の仕事のプロセスを抜本的に変える手段として使われることが多い。企業経営の歴史からみても事業部制やカンパニー制組織、ネットワーク組織、プロジェクト組織や CFT（Cross Functional Team）の導入など、様々な試みがなされた。第三に、ルールとシステムの見直しで、終身雇用制を維持してきた会社が常時リストラ体制を導入したり、年功序列賃金制度を年俸制に変えたり、フレックスタイム制を導入したりするなどの様々な制度改善のことである。第四に、教育訓練で、トップの経営方針を徹底的に注入させる戦略会議やリーダーシップ教育などのことである。以上のような4つの手段は経営改革を進める上で定番の措置だが、ここでは、それに加えて非人間要素であるモノと事務空間という環境要素を真の経営革新に欠かせない重要なニュー・ファクターとして取り上げたい。

　このような考え方を示したのが次の図表 3-3 である。つまり、モノと空間環境要素が経営革新の第五のニュー・ファクターとして登場したという

ことであるが、ANTの考え方を借りると、モノや空間環境は単なるファクターではなく、行為能力を持つアクターにもなるので、その意義は大きい。

日本の場合、1990年代初めごろから、韓国では1990年代末のアジア通貨危機のころから成果主義人事制度や勤務制度の見直しが行われた。いわゆるグローバルスタンダードというキャッチ・コピーの下でルールとシステムの改革に重きが置かれたのである。そして、近年、多くの会社は著しく進化した様々な情報端末とITシステムを利用することによってホワイトカラーの働き方が大きく変わっていることに着目し、モノや空間環境への関心が高まっている状況である。

モノや空間環境が経営革新のファクターにとどまらず、経営革新のために新しく建設されたネットワークのアクターである場合、どのようなマネジメントが必要になるのだろうか。あるアクターが特定の経営改革ネットワークに参加したとしても、状況によってまたそれぞれ新たなネットワークに参加する可能性も高いので注意が必要である。ここにアクターネットワーク・ストラテジーの必要性が出てくる。今までの経営改革失敗事例は、まさに、こういったアクターたちの特性を見逃したことにあるのではなかろうか。様々な失敗事例からもわかるように、改悪に終わったケースにはそれなりの理由があるが、その原因として空間のような非人間的な環境要素まで指摘されたことはみたことがない。

常に変化するアクターネットワークを戦略的にマネジメントしていくためにはどうすればいいのだろうか。

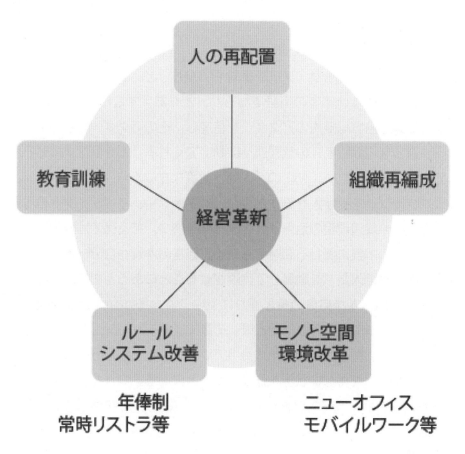

図表3-3　経営革新の諸ファクター

出所：李炳夏（2016）

（2）関係性のマネジメント

　経営革新のニュー・ファクターとして非人間要素であるモノと空間環境要素が加わっても、組織における変化管理プログラムや実施プロセスのことはあまり変わらない。他の要素と同じく、モノや事務空間の改善を切り口にし、組織全体の変革を促すことが可能であることにも変わりはない。問題は、モノを含むアクターたちそれぞれのネットワークや関係性が異なるため、一つの組織としての「ベクトル合わせ」がより難しくなっていくことである。企業全体としての連帯感形成が困難になり、SNSなどの進化によってF2F（face to face）コミュニケーションも少なくなるので、組織力の発揮や暗黙知などの組織能力の伝承が難しくなる。したがって、組織を組織としてまとめていくための新たなコントロール体制が必要になってくる。

　社会・心理学的にみると、既存の監視体制を見直す必要があり、新たなモチベーション対策も必要になる。まず、新たな監視体制については、社会学で議論されてきた「パノプティコン（Panopticon）」の世界から「シノプティコン（synopticon）」の世界へ変化しているという主張がある。三上（2010）は、フーコーの『監獄の誕生』に代表される「規律訓練型」の権力に代わる新たな監視体制としてシノプティコンの世界を紹介している。シノプティコンという新しい監視の形は、1つの中心から全体を監視するパノプティコンの形とは違って、ひとりの人間を周囲全体が監視する、あるいは、相互監視する形をとる。「複雑化し、価値観が多様化した社会」においては、もはや、人がどのような意図を持ち、何を考えているかを推し量ることには限界がある。それよりも、具体的な行動とデータをモニターし、リスク要因として引っかかりのあるものだけに注目するほうが効率的であ

り実効性も高い。

　組織の中で「シノプティコン」のような新たな監視体制を想定する場合、効果的なマネジメントの手法として考えられるのは「同僚効果（peer effect）」である。同僚効果とは、言葉通り、「仲間に影響されて個人の行動が変わる」ことを意味している。フォーク＆イチノ（2006）は、手紙を封筒に入れる作業実験をベースに「一人」で作業するより「ペア」で作業した場合、生産性が上がったことを証明し、生産性の低い作業者の方が同僚の行動に敏感であると言う。しかし、組織における同僚効果は必ずしもプラス方向に作動するわけではない。中村・石田（2005）は、マーチ＆サイモンやデルブリッジなどの研究成果に基づいて同僚効果の両面性を指摘している。要するに、職場でともに働く仲間たちからなる集団は、フォーマルな組織の目的やルールとは別に、自分たちの目的、ルールをしばしばもつ。後者が個々人の意思決定に及ぼす影響はピア・プレッシャー（peer pressure、同僚の圧力）と呼ばれる。企業のフォーマルな目的、ルール、ピア・プレッシャーの方向が重なっていれば、問題は生じない。だが、両者の間に大きなズレがあれば、企業としては目的達成が難しくなる。「同僚効果」と「同僚の圧力」という表現の違いはあるが、その「方向性」が問題になることは同じである。では、マイナス方向の否定的な同僚効果が発生しないようにするためにはどうすればいいのだろうか。

　様々な議論がありそうだが、ここでは、組織改革を進めていくなかで建設される「アクターネットワーク」から考えられる「関係性のマネジメント」に注目してみたい。あるプロジェクトの企画者（翻訳者）は、義務通過点（OPP）を確立させる方式で、そのプロジェクトに関わるアクターネットワークを建設する。絶えず変化するアクターネットワークを安定化さ

せる手段として「翻訳プロセス」があるのだが、カロンの言う4つの翻訳プロセスを念頭において進めても想定した通りの成果を引き出すことは難しい。カロンも指摘したように、ここにはアクターたちの代表性問題の解決、興味を引く装置の変更、情報キャンペーンの展開などの対策もありうる。しかし、「ネットワークの裏切者が出ないようにする」、「新たな可能性のあるネットワークを機能させる」という観点からは、同僚効果を活用する方がより効果的であると考えられる。つまり、マイナス効果にならないように、組織のフォーマルな目的、ルール、ピア・プレッシャーの方向性を一致させることである。

　このような考え方は「ベクトル合わせ」という発想と変わりはないが、非人間アクターも含めたネットワークであること、また、既に構築されたネットワークの中のアクターだけではなく、他のネットワークのアクターとの接点も含めて考えてみる価値はあるだろう。組織改革の新たな次元として非人間・人間、内外のアクターを問わず、それぞれの関係性をデザインするアクターネットワーク・ストラテジーが必要になる所以である。では、実際の課題として、絶えない変化と数えきれないほど登場するアクターと関連ネットワーク、接点やOPPなどが経営の意図通りにマネジメントできるのだろうか。IoTの登場により技術的には何の問題もない。ビック・データ関係の話になるが、既に一部の会社では社員のIDカードにバイオ・センサーを付けて、働き方やコミュニケーションの様子をモニタリングしている時代になっているからである。

　企業法人の場合、人間ではなく法律上の経済主体として人格を認めてもらっただけなのに、我々はよく「企業の行動」という言葉を使ったりする。同じく、仮想現実の世界ではなくても、「モノ」が人間と対等な立場で関連ネットワーク上の市民になることもありうるのではないだろうか。また、全てが繋がるIoT時代を考えると、企画当時は想定できなかった新たなアクターとネットワークの登場も視野に入れ、絶えずその接点と関係性に注意を払い、臨機応変に対応していく必要があるのではないだろうか。問題は、これから来るIoT時代に対する確信がなく、普段目に見えないことに対してはあまり信じない経営陣ではないだろうか。

　以上で、アクターネットワーク・ストラテジーという造語まで使いながら「関係性のデザイン」という、AIなど非人間アクターを含む人事組織マネジメントの方向性について述べてきた。しかし、その関係性が人間だけではなく非人間アクターを含むネットワークの問題に広がることにより、翻訳代理人としての人事部の位置づけや人的資源管理機能に疑問符がついてきたのも事実である。翻訳を通じてネットワークに参加させるべき非人間アクターについては人事部より企画担当やIT関連部署の方が詳しいはずである。したがって、人事部が経営者の翻訳代理人として存在し続けるためには、関連部署との間で新たなネットワークの義務通過点をめぐる争いで勝つ必要があるかもしれない。

Discussion

1. ANT の考え方で説明できる「人間 - 非人間」の行動を考えてみよう

　図表 3-2 で示したように、それぞれ解釈の余地はあるものの、非人間アクターの行為能力に関連するケースは我々の周辺にいくらでもある。自分が今まで使ってきたものや生活環境の中で、自分の行動に影響を与えたと思われることについて記述してみてください。その結果を持ってグループ内で議論し、グループの意見としてまとめてみてください。

2. 自分の革新性向を確かめてみよう

　AI や ANT のような新しいモノや理論に抵抗感なく適応していくことは、個人の革新性向と密接な関係があると考えられる。

　Daft（2019）によると、個人の革新性向は、新しいことにチャレンジする準備態勢や革新ニーズへの気づきに影響する。また、他の人より早くイノベーションを受け入れる程度の問題でもある。革新性のある人は、創造的な企業や部門、ベンチャーチーム、起業家などに適していると考えられる。

　しかし、右側の個人革新性指数は、あくまでも現在そう思っているということなので、これからいくらでも変わる可能性がある。したがって、自分の現在の傾向を確かめることに意義があるとし、グループ内での議論を通じて他の人との違いに気づいて欲しい。

個人革新性指数（Personal Innovativeness Scale）

■ 1，2，5，6，7，8番に「そうだ」と答えた個数と 3，4番に「そうでない」と答えた個数を出してみてください。

■ 6〜8：革新的、4〜5：平均

1．常に新たな方式を探る。
2．私の思考と行動は創意的であると考える。
3．新たな装備が周りの人に使われているのを見る前にはほぼ信じない。
4．グループ内、あるいは職場内の新しいアイデアについてしばしば懐疑的である。
5．新しい飲食、機材、そして革新的なものを他の人より先に購入する方である。
6．新たなことにチャレンジするために時間を投資し、楽しむ。
7．他の人が新たなことにチャレンジするよう影響を与える。
8．私の仲間の中で新しいアイデアや方法を真っ先に試みるのは私である。

出所：Daft（2019）

第4章　人事部

<u>学習目標</u>

1. 企業組織における人事部の位置付けを確認する
2. 人事部の役割を理解する
3. 翻訳代理人としての人事部の役割について理解する

01 人事部の存在意義

（1）人事部の誕生と発展

　企業の中で人事部という専門組織が登場するきっかけになったのは、20世紀初の米国における大手企業の発展である。企業の規模が大きくなるにつれ、それまでに親方（職長；Foreman）に依存していた労働力の需給とコントロールに問題を感じたからである。19世紀末から20世紀初の米国企業は、「フォアマン帝国」と言われるほど、親方の独裁による労働問題が大きく、社会主義思想の拡散やアナキストたちの活動で、社会的にも労働不安の時代であった。つまり、安定的な労働力の確保と維持が当時企業の人事部（雇用部）設置の目的であったのである。その後、政府規制の遵守と労働平和維持の目的で人事管理ブームが起こり、人事部が専門家集団化した経緯がある。企業の中で人事部という組織が定着し発展していく過程には、人事管理のルール決定をめぐって違うアプローチが存在する。

　Dunlop（1958）は、人事管理に対して、生産的な人間組織の構築および維持を通じて長・短期的に有効な結果を得ようとする見方から出発したものであるとみなしている。一方、労使関係は人事管理と違って、企業内だけではなく、政府規制や公共政策とも関連があるとし、労使関係システムを経営組織、労働者とその公式・非公式的組織、政府機関などの3つの行為者から構成されるものとしてとらえた。この3つの行為者は、職場や職場共同体の技術的特性、生産物と要素市場および予算、権力の所在や配分などの制約条件下で行動する。したがって、労使関係論の課題は、この全体としてのシステムの相互依存性を認めながら職場のルールの変化を理解、説明することになる。しかし、このような Dunlop の見方は、外部の状況を過度に重視する環境決定論に落ち、創造的行為者として自由裁量をもっている行動主体の主観的な判断という要素を軽視している。

　Mabey & Salaman（1995）は、労働者をコントロールするルールの問題に注目し、労使関係というのは、そのルールを改善、解釈、管理する方式であるとしながら、そのルール作りの過程は、団体交渉を含めて、労働組合、経営者、経営者団体、国家機関などの「制度と組織」の枠組内で行われると指摘している。そして、個別企業の人事・労務管理における意思決定環境に注目し、企業内でルール作りの過程をめぐって行われている経営側の組織的ヒエラルキー、労働者側の組織的ヒエラルキー、生産システムとの相互作用を「労使関係システム」の一つとして把握している。

　要するに、人事部の仕事は、労働力の需給という雇用管理に留まらなく、労使関係安定化のための労務管理や対労働組合関連の業務、人事制度作りと実行のマネジメントに関連する業務に拡大され、様々な専門スタッフを必要とする組織に変わっていった。ここで、特に、人事管理のルール作りに関連して注目したいのが無組合企業と経営者主義企業である。

（2）無組合企業と経営者主義企業

　労働組合のない企業の人事部は、常に労と使の意見を制度の中に収斂していく姿勢をとっていかざるを得ない。近代産業社会における組織内ルー

ル作りに関わる典型的な意思決定のパターンとも言うべき団体交渉の相手となる労働組合を持っていない無組合（Non-Union）企業は、労働組合なしに労働者の合意を引き出すために、他の企業より人的資源管理制度の整合性を維持するための様々な努力をしなければならないからである。

Foulkes（1980）は、アメリカにおける 26 個の無組合大手企業の事例分析結果を踏まえて、持続的に無組合主義戦略を維持していくために必要な要件を提示している。その結論だけを要約すると次の通りである。

第一に、最高経営者が確固とした信念と哲学を組織内外に伝播させ、それを積極的に実践していかなければならない。

第二に、完全雇用および労働者の雇用不安解消のために努力しつつ制度を整備し、さらにこれに対して信頼感を維持していかなければならない。

第三に、持続的な教育訓練、キャリア開発、適材適所の配置などと共に、内部昇進原則の維持を通じて従業員にビジョンを提示し、上下間の強い一体感を醸成しなければならない。

第四に、人事部署は最高経営者の支援下に内部公正性の管理者として、労働者の意思代弁者として、積極的に活動しながら、最高経営者の態度、価値観と組織風土をつなぐ核心的な役割を遂行しなければならない。

第五に、給与と福利厚生水準の先導的な位置、少なくとも競争上の優位を維持しなければならない。

第六に、企業の風土を点検し、評価して、哲学と目的が実質的に遂行されているかどうかが確認できるように、フィードバック・メカ

ニズムや意思疎通制度が実質的な機能を維持しなければならない。

第七に、このような政策を一つに結合させることが管理者の役割なので、管理者の厳格な選抜、訓練、評価が必要である。

また、Foulkes は、無組合企業は絶え間ない自己革新と環境変化への適応の歴史をもって人事管理手法を先導してきたと評価し、将来的には無組合企業の人事政策モデルがもっと普遍的な人的資源管理方法として定着していくことを展望している。最高経営者が確固とした信念と哲学に基づいて、7 つの実質的な人事政策を実践していくと、協調的で良好な労使関係が生まれ、高い生産性をもつ良い企業になるという。

しかし、問題になるのは、上記 7 つの実質的な人事政策そのものではなく、組合のない企業では、どのような形でその政策を具体化し、実践していくのかということである。どんなに優れた哲学や政策であっても、それを実際に実践していく組織内部のシステムがうまく機能しないと期待通りにはならない。

特に、内部昇進や各種報奨プログラムなどの政策は、細部の運営基準に対する運営主体の解釈によって多様な結果が出てくる。したがって、無組合企業では、このような実質的政策の運営主体である人事部の役割が何より重要になるのである。

一方で、Heckscher（1988）は、全ての労働者が意思決定に関与しながら企業の目標に知的に貢献する経営者になるという、「経営者主義企業」の概念を提示している。Heckscher は、経営者主義運動の起源を1960 年代初期の職務拡大（job enlargement）運動に求めている。職務拡大運動は、

① 業務の多様化と共に責任を付与する職務充実（job enrichment）

② 作業環境上、重要な変化について討論の場を提供する問題解決集団（problem-solving group）

③ 労働者グループが業務スケジュール、業務割り当て、さらには採用と懲戒まで責任を持つ自律チーム（autonomous team）

などの3つの運動に発展してきたという。Heckscher が経営者主義企業の特徴として挙げたのは次の4つである。

第一に、労働者の関心事項、特に仕事と関連している意思疎通チャンネルの無限拡張：このようなチャンネルには、チーム制やタスクフォースだけではなく提案制度、責任者事務室の開放、意見調査、意思疎通時間などが含まれている。

第二に、恣意的な権力行使からの保護：人事部が非常に強く、独立している。上司に提起された苦情に対して人事部署が積極的に労働者を代弁して準労組のように行動する傾向がある。

第三に、労働者の失業に対する恐怖心を減らす高度の雇用安定：効果的な配置転換政策や緊急時の業務分配を通じて一時解雇を最大限減らしていく。

第四に、能力向上と会社内異動の奨励：追従や慣習の固定化を防止する。

このように、Foulkes は無組合企業での強力な人事部の存在を、Heckscher は積極的に労働者を代弁して準労組のように行動する経営者主義企業での人事部の存在を指摘している。それは、人的資源管理制度の立

案者であり遂行者である人事部が、組合のある企業よりも無組合企業で、より積極的にその役割を展開できるという意味である。しかし、組合のある企業にしろ、組合のない企業にしろ、それなりの特徴はあるものの、多くの企業では類似性のある人的資源管理制度を運営している。また、経営側と組合側の接点役割を果たしていることも同じである。ただし、結果的に出来上がった人的資源管理制度の形は似ていても、その制度の背後にある基本的な考え方としての人事労務管理政策やその具体的な制度化の過程には相当の違いがある。組合のある企業の人事労務管理制度は、組合側と会社側の妥協の産物であるが、組合のない企業のそれは、産業化の初期に創業者の温情から出発したものであり、ウェルフェア・キャピタリズム的人的資源管理の発展過程を経て、最近は経営上の「戦略的な選択肢」としての意味をもつようになっている。

無組合企業の人事部は、組合のある企業での労使が行なうやり取りを自己完結的に遂行しなければならない。極端にいうと、組合のある企業での人事部は組合が提起した問題のみに対応すれば良いが、無組合企業の人事部は問題の提起と解決を自らやらなければならない。つまり、日常的な人事労務管理の仕事を遂行しながら、状況によっては一方で経営者の代弁者になり、他方では労働者の観点をも代表していかなければならないのである。もちろん組合のある企業の人事部もその立場上、似たような役割を遂行していると言わざるを得ないが、無組合企業人事部のそれと違うのは自発性と積極性である。

ともあれ、人事部のこのような役割が常に正しく機能してきたとは言い難い。特に、組合のない企業の場合、労働者の利益を代表する機構が存在しないので、組織化されている経営側と組織化されていない労働者側の間

で人事部が均衡的な立場を取ることはなかなか難しい。

　人事部の様々な機能に着目した研究は幾つかあるが、労使関係上の人事部の役割、あるいは組織内での「ルール作り」における人事部の役割に関する研究はあまり見当たらない。そういう状況の中で、労働史の観点から人事部の役割に注目したジャコービ（1985）の次のような議論は、労使関係における人事部の仲介者的な役割を指摘したという点で、重要な意義を持つ。

　　…人事部設立初期のアメリカ企業の人事管理者の多くは、自分たちは中立的専門家で、労使の利害対立を調整し、雇用慣行をより科学的人道的に行うことが仕事なのだと考えていた。
　　…人事管理者は企業の中で、スタッフでもラインでもない、労働と経営を調停する第三の勢力であるべきである。人事管理者は、伝統的に敵対していた両派、すなわち一方の資本と経営、他方の労働と職人気質の間の仲介者でなくてはならず、常に双方の通訳の機能を、時として和解斡旋者の機能を果たさなくてはならないと位置づけられた。

ジャコービのこのような議論は人事部の二重の役割を指摘している点で評価すべきであるが、後ほどみるサムスン電子の事例からもわかるように、人事部のそのような二重の役割には常に付きまとう限界があることも忘れてはならない。企業内外の環境変化次第で、人事部がどちらかの役割に傾斜する可能性が高いからだ。

（3）人事部不要論

　人事管理という組織的機能は、人事部のみ担当可能な仕事ではない。企業によっては人事部という人事管理担当の専門部署を置かない場合もある。そういう企業では他企業人事部の活動を様々な部署でシェアすることになる。それがうまくいく場合もあるので人事部不要論が登場したりもする。

　特に、ITの進化で様々な企業同士が繋がり、互いに必要なサービスをアウトソーシングするケースが増加することに伴い、人事部の日常的な仕事は全てアウトソーシングしてもいいのではないかという議論が説得力を強めた時期もある。つまり、採用はリクルート専門の会社に、経理や給料支給管理などの仕事は税務関係に詳しい会社に、社員たちの通勤や出張支援サービスは旅行会社に委託すればいいという話になったのである。

　企業の中ではCEOも必要ないと主張する会社もあり、指揮者はいらないと宣言しているオーケストラもあるので、人事部くらいなくてもいいと思う会社が存在することは別におかしいことではない。ただ、その場合、外部の会社にアウトソーシングしてはいけない仕事はないのか、もし、そういう仕事がある場合、誰が、あるいはどの部署がその仕事をシェアして担当することになるのかの問題はある。例えば、会社の戦略にフィットする人材像作りを外部の会社に任せるかの問題である。人事部が戦略パートナーや翻訳代理人としての役割を自覚し、他のライン・スタッフ部署と上手く協力できる場合、人事部不要論は居場所がない。

　ANTの考え方からすれば、人事部が組織内外におけるあるアクターネットワークのOPPを掌握しているとすれば、誰もが人事部の役割について疑問をもたないはずである。アクターとして人事部が作り出すネットワー

クは、会社全体（企業というアクター）ネットワークのサブネットワークであるが、その位置づけや OPP としての役割を果たせるかどうかの可能性は関連ネットワークそれぞれの相互作用によって変わってくる。

　図表 4-1 で示されているのは、あるネットワークの関係図であるが、人事部というネットワークとしてのアクターは、A 〜 E のどのネットワークにもなりうる。もし、人事部がネットワーク A であるとすれば、他のネットワークのノードがネットワーク A の持つノードに沢山リンクされればされるほど OPP としての人事部の役割は強くなり、その影響力も強くなるだろう。B 〜 E のネットワークは全て企業内の組織ネットワーク（アクターとしての他の部署）である必要もないし、人事部ネットワーク A のノード全てが社内に限定される必要もない。

図表 4-1　　ネットワークとノード

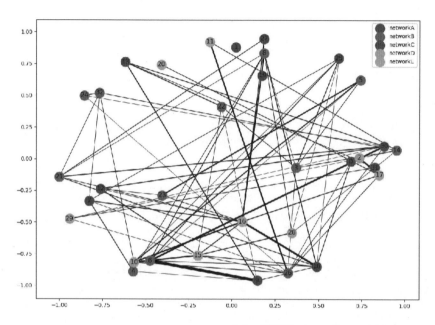

イメージ出所：https://www.366service.com/

02 人事部の役割

（1）人事部の役割モデル

　戦略パートナーとしての役割を含む人事部の役割モデルを体系的に展開したのは、Ulrich（1997）である。彼は、人的資源管理とビジネス戦略を統合する戦略パートナー（strategic partner）、企業インフラストラクチャーをマネジメントする管理エキスパート（administration expert）、従業員からの貢献をマネジメントする従業員擁護者（employee champion）、トランスフォーメーションと変革をマネジメントする変化推進者（change agent）などの4つの役割を提示した。また、この4つの役割は、いずれかが勝るものではなくすべて重要なものであり、それぞれの役割ごとに成果を出すべきであると言い、人事部はこれらの複合的な役割を遂行することによって、ビジネス・パートナーとして価値を創造すべきであると言う。

　また、Ulrich 他（2001）によると、新しい経済の現実は、人事部門が伝統的に果たしてきた管理的な役割から、もっと広い、戦略的役割に焦点を拡大するよう、人事部に圧力をかけている。経済の主要な生産源が物的資本から知的資本に移行するにつれ、人事担当管理者は、組織が「いかに」して価値を作り出すかについて正確に説明せよと攻撃されるようになり、さらに重要なのは、事業運営の場でますます戦略的パートナーとして貢献するよう強く求められるようになったという。このような役割の遂行を成功させるために、人事部は従業員のニーズを代弁しながら経営側の要求を満たさなければならないし、また、両者のパートナーとして行動しなければならないという。人的資源管理担当者、あるいはその担当部署の役割が重要であればあるほど、それも制度論や運営論と同じく、人的資源管理のひとつの大きな領域として議論すべきである。

（2）翻訳代理人としての人事部

　人事部が ANT のいう翻訳の代理人として持続可能なネットワーク建設に貢献するための役割も、Ulrichi の言う4つの役割と変わりはない。最初のネットワーク建設、つまり、何か変化が求められる時期には戦略パートナーやチェンジ・エイジェントの役割に重みがあることは否定できないが、建設されたネットワークを維持、拡大させていくためには、管理エキスパートや従業員擁護者としての役割にも注意する必要があるからだ。経営者側と従業員側の間でバランスよく、ジャコービの言うような二重の役割を遂行するということは、常に一方からの批判にさらされる可能性が高い。特に、組合のない企業の場合、よほどの努力がない限り、従業員側から信頼を得ることは不可能に近い。従業員からすると人事部は会社そのものだからである。

　人事部の役割の中で、ルーティン作業は専門の会社に委託した方が効率が高い部分がある。また、人的資源管理の実務に関わる多くの仕事は現場のマネージャーに移譲できる部分もある。人事部が仕事の外部委託や権限移譲によって自分たちの規模を縮小し、少数精鋭化することは経営陣から信頼を得る近道でもある。委託した仕事や移譲された権限のモニタリング

は必要だが、ITの進化によりシステム的に簡単に管理できるようにもなっている。要するに、人事部は常に自分の組織や仕事のスリム化に努力しながら、ネットワークの建設と維持のために、経営側と従業員側とのコミュニケーションを充実させていかなければならない。以上のことをまとめたのが図表4-2である。

しかし、人事部が経営者の翻訳代理人としてネットワークを建設していく上で、モノや労働空間という非人間アクターが必須要素になっていく時代には、人事部不要論が再び浮上する可能性がある。仕事の接点での労働生産性マネジメントを生産管理部署に任せた時と同じく、もし、ビックデータやAI関連の仕事を他の部署に全て頼ってしまうと、人事部は関係性の

図表 4-2　人事部の役割（Ulrich モデルの修正）

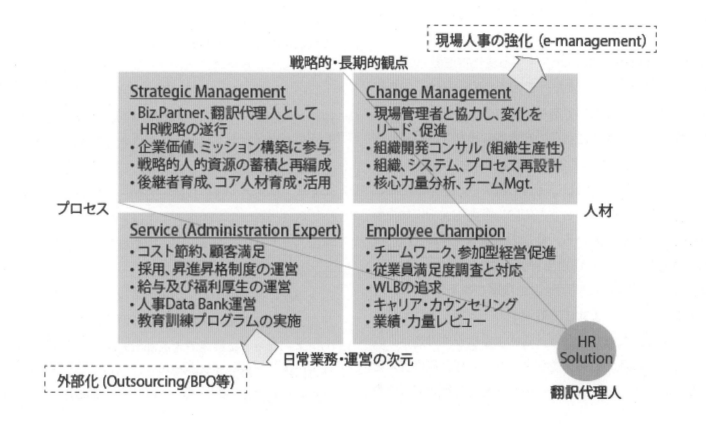

デザイン主体から外される可能性が高い。経営戦略の策定段階や実際の戦略実行プロセスに参加できないと、人事部は戦略的パートナーになれない。同じく、人とモノのネットワーク建設における OPP を人事部が握ることができないのであれば、人事部は翻訳代理人になれないのである。

　次の節で検討するサムスン電子の場合、人事部が戦略パートナーとしての役割をうまく果たした理由として、ビジネスをよく知っている事業部長（海外法人長）出身が人事部の総責任者になったことも無視できない。つまり、人事部長以下の人事担当者は採用や処遇などそれぞれの分野で長年の経験がある専門スタッフで、彼らを統括する人はグローバルビジネスのジェネラリストであったのである。それは、政治家が官僚集団を統括することと変わりはない。もちろん官僚出身の政治家がいないわけではないが。

　ともあれ、これからの時代には、IoT、ビッグデータ、AI などに詳しい人が人事部のトップになるかもしれない。しかし、その場合でも、人事部という組織がビジネスパートナーや翻訳代理人としての役割を遂行していくためには、CEO 主催の経営会議などで発言力のある人にならないと意味がないだろう。要するに、これからの人事部のミッションが戦略に適合する新たな異種混合ネットワークの構築であるとすれば、人事部は、翻訳プロセスを通じてそのネットワークを強化し続け、ブラックボックス化していくことに尽力する必要がある。もし、経営環境の変化や CEO の交代など、何らかの理由でまた新たなネットワークの構築が必要になった場合は、人事部自ら既存のネットワークからなるブラックボックスを解体し、新たなブラックボックスに向けて関連のネットワークを再構築していかなければならないのである。その意味では、近年、日本企業の人事部で HR Tech 担当マネジャーを任命する傾向に注目する必要があるかもしれない。

図表 4-3　翻訳代理人としての人事部の役割

アクターネットワークの建設
（人間・非人間ネットワークの関係性デザイン）

共同体主義・
経営家族主義
（従業員擁護者）

成果主義・差別化
（ビジネスパートナー、
チェンジエージェント）

03 人事部による組織能力の再構築

（1）組織能力と戦略的意図

　藤本（2006）によると、一企業の組織能力とは、その企業特有の組織全体が持つ行動力や知識の体系であり、企業の競争力や収益に影響を与え長期的に企業間の差を生み出す、競合他社が模倣しにくいものである。また、組織能力の高さは収益性の高さにより推測される。そして高い組織能力が高い収益を生み出すなどの同義反復に陥る危険性を避けるためには、組織能力の具体的中身とそれが競争力や収益に結び付くロジックを、地道に個別に明らかにする必要があると言う。しかし、先行企業をキャッチ・アップしていかなければならない後発企業としては地道に組織能力を磨いていく時間がないという問題がある。

　ここで注目したいのが戦略的意図（strategic intent）と組織構成員の心理的な要因に関する議論である。Hamel and Prahalad（1989, 1994）は、「戦略的意図」という組織の意思に従って、コア・コンピタンスという、ライバルには模倣が難しい自社固有の組織能力や資源を有効活用することで競争優位は生み出されると言う。彼らによると、戦略的意図とは、単なる果てしない野望ではなく、次のような具体的な経営プロセスを組み込んだものである。

① 勝利の本質について組織の関心を集中する。
② 組織の目標に関する価値観を伝えることによって社員をモチベートする。

③ 個人とチームが貢献する余地を残す。
④ 環境の変化に応じて新たな業務上の定義づけを行い、戦略的意図への熱意を持続させる。
⑤ 資源配分手引きとして戦略的意図を常に活用する。

　また、Hirschmann (1964) は、学習曲線に関する議論のなかで「進歩は可能だと信じることで可能になる」と言い、学習成果の向上にもっとも重要な要素はビジョンとリーダーシップであると指摘する。以上の議論から考えると、ある戦略的な目的意識のもとで従業員一人一人のパワーのベクトルを一致させ、また、その目的達成の可能性を信じ、集団としての力を発揮していけば、全体組織としての大きなパワーを引き出すことが可能になる。

　Barney and Wright (1998) によると、多くの CEO は、人的資源は重視しているが人事部は重視していない傾向がある。その理由は、人事部がどのような活動を通じて持続可能な競争優位の源泉を提供することが可能なのか、または、そのために人事部が担う役割などに対して経済的な観点から説明できないことにあると言う。人事部もコスト・センターであるとすれば、場合によっては自分たちの活動に対する正当性を何らかの形でアピールする必要はあるだろう。

（2）サムスン電子人事部の事例

　サムスン電子は、1969年に韓国サムスングループの一社として設立されたエレクトロニクス企業である。当初は、白黒テレビや白物家電などのビジネスから始まったが、1988年に同じグループの系列会社であったサムスン半導体通信株式会社を吸収合併し、半導体や情報通信機器を含む総合電機メーカーに生まれ変わった。企業は、内外の経営環境変化に伴い、直面する様々な危機を乗り越えて成長していかなければならない。危機というのは、「企業競争力」の問題を考える上で非常に重要なポイントになる。ある企業はそのような危機をチャンスとして活かせてもっと強くなる

が、また、ある企業は滅んでいくからである。すべての経済主体を襲う経済危機は、多少の差はあれ、各企業の置かれている外部環境的な要素を平準化してしまう。したがって、危機の際に各企業がとった行動を様々な角度から分析してみると、各企業の持つ競争力の全体像がみえてくるのである。サムスン電子は、創立以来、会社の存亡に関わる危機を3回ほど経験しながら、その都度、より強い会社として生まれ変わった。

　このような会社存亡の危機を乗り越えるためにサムスン電子人事部が行なった活動は次の5つの項目から観察できる。

図表4-4　サムスンを訪れた危機とその対応

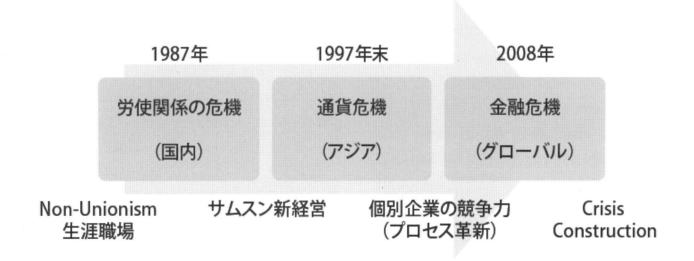

① 価値の一般化

Parsons (1971) は、すべての人間行動は相互作用の体系であると前提し、その行動体系が存続するためには、次の4つの機能要件を満たさなければならないと言う。第一は、適応機能（adaptation）で、物理的環境から十分なリソースを確保し全体体系に配分することであり、利害関係を追求する活動である。第二は、目標達成機能（goal attainment）で、体系の目標のなかで優先順位を決め、それを達成するために資源を動員することであり、構成員の行為を方向づけることである。第三は、統合機能（integration）で、体系の1次構成単位である行為者たちの行為を調整することであり、規範への忠誠である。第四は、類型維持機能（pattern maintenance）で、体系の構成単位である行為者たちの適切な性格の表出を保証することであり、核心価値に献身することである。注目したいのは、経済的な成長ともみなされる適応能力の向上（adaptive upgrading）に対しての指摘であるが、「価値の一般化」（value generalization）のみによってそれが可能であると言う。つまり、「価値」こそ構造を決定する究極の要素であり、行動を変化させる動因であると言うのである。人事部の役割も行動体系のひとつであれば、人事部が経済的な価値を生み出すビジネス・パートナーとしての役割を果たすためには、このような「価値一般化」が必要になる。サムスン電子に訪れた1987年の第一次危機の時には、他の企業で爆発的に起こった労使紛争の影響で、組合のない企業に相応しいウェルフェア・キャピタリズム的な人事政策が頂点に至った。1993年の次のようなオーナーの言葉からもわかるように、生涯職場を作ろうという「共同体主義」が構成員の一般価値になった。

病気になる前に健康診断を受けさせ、病気になれば会社側の負担で治せます。それでももし急に死んでしまったらどうしようかという心配もあるでしょう。サムスンマンのための専用墓地をつくり、その墓地を使いたいという人にはそれを使わせ、家族には基金をつくり年金を支払うつもりです。また本人が生きていても死んでも子供の教育は、会社側が受け持ちます。これで個人の悩みベスト3、つまり90%くらいは解決できました。心配ごとがなくなれば業務に熱が入り、人生の余裕を楽しめます。つまり入社から墓地まで保障されるのです。こんなことを超一流企業となって実現させようというのです。（三星新経営実践委員会、1994）

1997年のアジア経済危機以降、韓国へのIMF救済金融は、いわゆる「グローバル・スタンダード」に対する関心を引き起こした。その結果、「共同体主義」の代わりに「成果主義」という価値が組織構成員の間に一般化されたのである。成果主義の価値一般化は、従業員の間に破格の差をつける年俸制・利益配分制度の導入や人事評価制度の整備など、人事部の活動による部分が多い。つまり、サムスン電子は他の韓国企業に先立って「共同体主義」という価値を一般化し、労使紛争という社会的な危機を乗り越え、また、人事部主導による「成果主義」という価値一般化を通じて、アジア経済危機で求められたグローバル・スタンダードの壁を乗り越え、グローバル企業に成長したのである。

② 専門性の確保

人事部による「価値一般化」が進むためには、その前提として利害関係者である経営側と労働側からそのような役割を認めてもらう必要がある。

サムスン電子人事部はその手段として自分たちの専門性を高めることを選択した。現場人事・労務管理の運営主体である人事担当幹部社員を対象にして、人事部門におけるグローバル・スタンダードやトレンド及び変化への方向性を認識させ、人事担当としての専門能力を備えるために5週間にわたる合宿教育を行うことにしたのである。教育内容は5人の大学教授と共同で作ったが、その目標は、人事管理専門大学院の修士課程の教育内容を圧縮することであった。当然ながらそのプログラムには人事・労務管理に対するジェネラルな職務関連知識だけではなく、社内で独特に形成されてきた組織文化や人事政策の基本思想、人事制度変遷の歴史など、サムスン電子特有の内容も含まれた。また、公認労務士（日本の社労士に該当）や相談心理士という国家資格の取得を支援するため、受験予定者たちは1年間業務から離れ、研修所で合宿しながら受験勉強に専念するようにしたのである。このような人事労務関係の専門教育以外にも、駐在員出身の積極的な受け入れや地域専門家、海外MBA派遣などの積極的な育成を通じて、人事部の中にグローバルな視野を持つ人材層を増やすことで、人事部には優秀な人材が集まっていると、社内での評判も高まった。

　人事専門家育成の目立った効果の一つは、人的資源管理に対する社内用語が統一されたことである。本社人事部はもちろんのこと、事業部人事担当者レベルまでにUlrichの4つの役割モデルが語られることになり、人事部が何らかの価値を生み出さなければならないという共通認識ができたのである。

③ 科学的方法論の導入（見える化）
サムスン電子人事部は、優秀な人材の獲得目標やリストラ目標などを数値化して提示することだけではなく、幹部のリーダーシップや人事考課制度などについても数量化を図った。まず、リーダーシップの診断であるが、これは、当時、韓国科学技術院テクノ経営大学院に人事部から派遣されていた人事担当幹部社員の修士論文から始まった。Quinn, Faerman, Thompson and McGrath（1988）のリーダーシップ類型モデルに基づいてアンケート調査を行い、サムスン電子のリーダーシップ類型を明らかにし、後に幹部教育に活用されることになる。同人事部は、2000年に再び同じ調査を行い、3年間のリーダーシップの変化を追跡しただけではなく、2001年にはアンケート調査から出てきたリーダーシップ類型と人事評価との関係を探り、成果誘導型リーダーシップの強化を目指すことになる。もう1つの数量化推進事例として挙げられるのは、「6シグマ手法」を活用した人事考課制度の改善である。人事部は当時全社的に科学的方法論として積極的に導入された「6シグマ講座」に人事担当社員を持続的に派遣し、つぎつぎと新たな「6シグマ課題」に挑戦した。

④ 変化へのリーダーシップ確保
リーダーたちのリーダーシップ発揮を通して直面している危機を乗り越えようと1998年に設立されたのが「リーダーシップ開発センター」である。本社人事部の傘下組織として作られたリーダーシップ開発センターは2006年現在も次のような目的をもって活動し続けている。

　超一流企業に成長するため、サムスンの価値及びコア・イシューの迅速な共有、拡散と共に、コア人材中心の次世代リーダー育成とグローバルに通用する核心力量（コア・コンピテンシー）の強化、職能専門家育成等を通じて最高のリーダーシップ集団を創出する。

つまり、サムスン電子人事部は、このリーダーシップ開発センターという組織を通じてチェンジ・エージェント、言い換えれば翻訳代理人としての正当性を確保したのである。当時の経営環境によって変わる経営戦略やCEO方針に従って、変化教育プログラムを開発し、社内の全幹部社員を対象に合宿教育を行なったことは代表的な翻訳活動である。

⑤ 戦略的人的資源の確保

　サムスン電子人事部は、1990年代に入ってから、拡大するグローバルビジネスに対応するため、国際的に活躍できる人材の育成に取り組んできた。また、会社の将来はソフトウェアやデザインにかかっているというトップの強い意志の下で関連人材の育成にも力をいれてきた。さらに、1997

図表4-5　サムスン電子の人事部（本社）

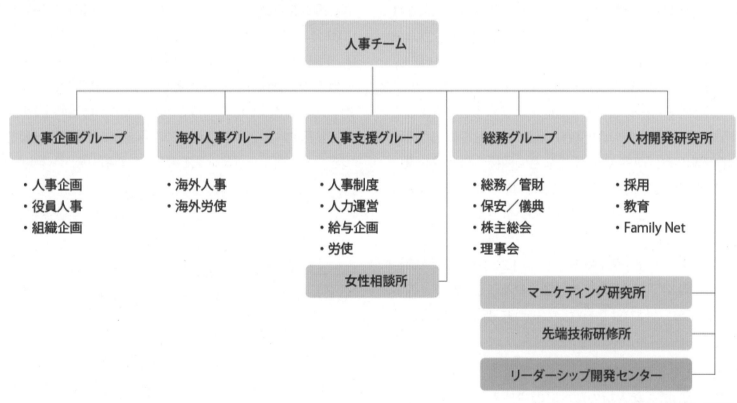

出所：李炳夏（2012）

年のアジア通貨危機以降は、「開発・マーケティング会社」になるという戦略的目標に合わせて、マーケティング専攻の MBA や技術系博士を大量に採用し、育成することになる。1997 年から 2001 年までに MBA は 232 名、博士は 861 名が採用された。

　高学歴者の採用が進んだことにより、1990 年代に労働力の構造も大きく変わった。総従業員の中での大卒以上の比率が急激に上昇したのである。1988 年には大卒以上の比率が 11.8% に過ぎなかったが、1991 年には 18.7%、2001 年には 45.8% に上がり、博士の人数も 1100 名を超えた。2001 年の時点でサムスン電子の研究開発担当者は 1 万 5 千名強であったので、研究開発担当者に占める博士の比率は 7% 強であると言える。

　次にみていきたいのは、グローバル化に対応するための「国際化人材」の蓄積である。サムスン電子ではグローバルビジネスの展開に対応できる「国際化人材」を別途管理しているが、これも 1990 年代に入ってから急激に増えた。サムスン電子の言う「国際化人材」とは、「法人長育成課程、駐在員派遣前課程などの約一年間にわたる長期国際化教育の履修者、海外大学で勉強して入社した人、または、一年以上の海外勤務経験がある人」などであり、その規模は 2002 年上半期の時点で経歴重複者を除けば約 3000 名になっている。特に、一年以上の海外勤務経験がある者のうち、サムスン電子が 1990 年から実施してきた「地域専門家制度」によって育成された人数が約 1 千名程度であり、大きな比重を占めている。2002 年の時点でサムスン電子の海外駐在員数は約 700 名弱であったので、平均的に 5 年を単位に駐在員が交代されることを考えると、毎年新しく駐在派遣されるのは 150 名前後になる。地域と職務のマッチングなどの問題を念頭に置いても、いつでも駐在派遣できる人材が既に 3000 名規模になってい

るということは、グローバルビジネス展開において大きな競争力を備えていると言えるだろう。

　以上で、サムスン電子人事部が会社存亡の危機に向かってどのような活動を行ったかについてみてきたが、これは、無組合企業だから可能な部分があったかもしれない。特に、アジア通貨危機当時の人事部の活動は、経営側には良かったかもしれないが、リストラされた社員たちにも良かったとは言えないだろう。退職金の上乗せやアウトプレイスメント支援などで退職優遇をしたからといって、それまでに社員たちに言い続けた生涯職場の約束を裏切ったことには変わりはないからだ。もちろん、その前の労使関係の危機の時には、経営者の意思を超えて他の企業の労働組合よりもっと従業員の立場になって活動したこともある。

　ここで、疑問になるのは、人事部が時計の振り子のように経営側と従業員側を彷徨う必要があるのかということである。経営者側や従業員側の二分法ではなく、法的人格である会社そのものの持続的な成長のために、ANT の言う翻訳代理人のような役割に徹底すべきではないだろうか。

　特筆すべきサムスン電子人事部の経営戦略的貢献の一つは、経営の全プロセスを組織的に整理したことである。いわゆる「プロセス組織」である。当時 CEO の経営方針であった「3 P（Product, Process, Personnel）革新」に合わせて、全社の組織をビジネスプロセスベースに再編したのである。これは、財務部門で推進した SAP の ERP 導入と連携され、当時としては世界最速の SCM を構築し、スピード経営を可能にした。全世界のビジネス状況を本社からリアルタイムでモニタリングでき、グローバル同時意思決定ができるようになったのである。

図表 4-6　サムスン電子のプロセスマネジメント

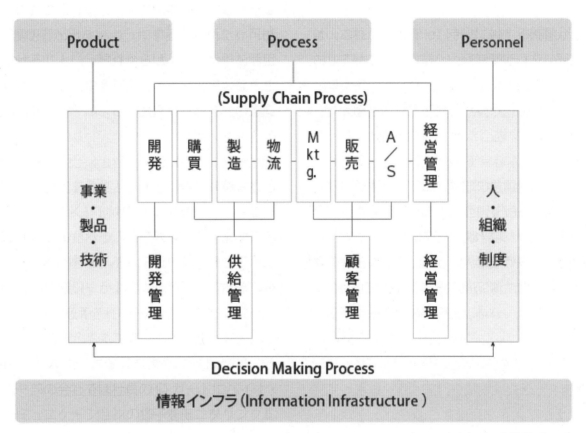

出所：李炳夏（2012）

（3）アクターとしての人事部

　以上でみてきたようなサムスン電子人事部による組織能力の再構築は、ANTのいう「翻訳プロセス」に該当するものである。しかし、このプロセスが経営戦略の翻訳代理人としての役割をこなすことに限定されるのか、アクターとしての人事部が構築する新たなネットワークの建設プロセスなのかは曖昧な部分がある。

　1943年に発表されて以来、現在も様々な場面で広く使われている「マズローの欲求段階説」という理論モデルがあるが、筆者には企業がこのモデルを労働者たちに強調することについて抵抗感があった。人間の欲求を段階的に区分することにも疑問を持ったが、何より企業が教育訓練の現場で「自己実現欲求」を語りながら従業員の自律性や主人意識を強調することに違和感を感じたからである。もっと強く言えば、企業と労働者の関係が労働力をめぐる契約関係である以上、企業が従業員たちに欲求段階説を強調することは、ある意味で高度の労働力搾取の手段になるのではないかと思われたのである。特に、日本企業やアジア通貨危機以前の韓国企業のような、雇用安定を前提に企業と従業員の間の「心理的契約」が重んじられる組織風土の中で、自己実現を強調することは、「熱情ペイ」そのものであると考えられた。一度入社した以上、閉鎖的な労働市場で企業内出世以外に道がないという状況では熱情ペイが当たり前になる可能性が高いからである。しかし、開放的、それもグローバルに開かれた労働市場とネットワーク世界であれば事情が違う。

　アクターとしての人事部は、個人と同じく自分の自己実現のために努力することも想定できる。図表4-1のような人事部というネットワークが組織内ネットワークだけにリンクされると単なる翻訳代理人に留まる可能性

が高いが、組織外のネットワークとの関係性が増加すると、より進化した人事部の役割が浮上する可能性もある。経営陣がコントロールできない外部アクターネットワークとの関係性に、労働者個人も人事部もそれぞれのネットワーク建設に必要なOPPを握る可能性が高いと考えられる。

図表 4-7　　マズローの欲求5段階説

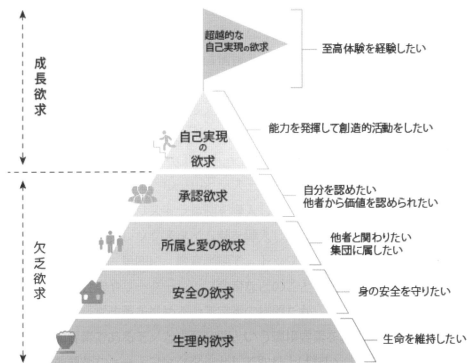

イメージ出所：https://www.jimpei.net/

⌗ Discussion

1. 強い人事部と弱い人事部について考えてみよう

　グローバルの次元で見ると日本企業の人事部は強い方であるという。それは、多分、終身雇用という暗黙の前提のもとで、新卒の採用と初任配属、配置転換や昇進昇格に大きい影響力を発揮しているからであろう。しかし、一方では、人事部の役割は最小限に抑え、現場管理者の声を大きく反映する人的資源管理の仕組みになっている会社もある。

　みなさんは、強い人事部と弱い人事部の「メリット、デメリット」には何があると思いますか。まずは、自分の考えをまとめ、それをベースにグループで議論しながら全体の意見として整理してみましょう。

2. 人事部が翻訳代理人として存続するための条件について考えてみよう

　サムスン電子人事部の事例でみてきたのは、「共同運命体」という価値一般化で、労・使紛争の危機を乗り越え、「成果主義」人事システムの構築を通じてアジア通貨危機を乗り越えたことである。つまり、人事部が、会社の危機に向かって、翻訳代理人としての役割をうまく果たしたと言えよう。しかし、第4次産業革命の時代は、ANTの論理が効く時代であり、人事部が翻訳代理人として存続し続けるためには今までとは違うアプローチが必要になると考えられる。

　みなさんは、これから日本企業の人事部がとるべき行動、あるいは、新たに建設すべきネットワーク（人間ー非人間アクター）には何があると思いますか。どのようにすれば、そういうネットワークの建設が可能になると思いますか。それぞれ自分の考えを整理し、グループで議論してみましょう。

第5章　労働市場と雇用関係の変化

学習目標
1. 労働市場の特殊性を理解する
2. 日本の雇用関係について説明できるようになる
3. AI と雇用関係の変化について理解する

01 労働市場の特殊性

（1）労働市場とは

　市場は、経済的な概念で「需要と供給の相互作用により取引が行われる場」である。したがって、労働市場とは、労働力というサービス財の取引が行われる場である。つまり、労働市場では、労働力の需要側（企業）と供給側（労働者）の間で取引が行われ、労働力の価格（賃金）と、取引量（雇用）が決められる。

　白井（1992）によると、労働者が提供する労働力は、経済的にみると「賃労働」、つまり、商品化された労働である。企業が必要とする労働力とは、特定の職種、技能または熟練、知識、経験、肉体的能力をもつ一定量の労働者によって構成される労働者集団であり、個々の労働者は、各企業が彼に割り当てる職務上の必要条件（Job Requirements）をみたし得る労働力の担い手でなければならない。個別企業にとって利用可能な集団的な労働力は、量的にみれば従業員集団（Labour Force）であるが、その質的側面をみれば労働力資源、または人的資源（Human Resources）の用語が適切である。この労働力資源は、各企業の雇用する労働者、すなわち従業員とその集団の形をとってのみ実在する。したがって労務管理の対象は、個々の従業員と、その集団であるという。

　労働市場の特殊性は、資金や部材などの他の経営資源とは違う特質から来るものである。白井は経済的な観点から労働力商品の特殊性を次のように整理している。

　第一に、労働力という商品は、その担い手である生きた人間としての労働者から切り離すことはできない。

　第二に、労働力商品の担い手である労働者は、自由な人格者であり、近代的民主主義社会では市民的自由と権利において使用者とまったく対等の立場に立つ。すなわち居住・移転・職業選択の自由、契約等の自由、思想・信条・言論の自由、集会・結社の自由のみならず、産業民主制（Industrial Democracy）の発達した社会では団結権、団体交渉権、争議権の労働基本権を保障された労働者である。

　第三に、一般の商品と異なり、労働力商品の使用価値つまり具体的有用性の実現は、その開発と再開発の可能性を含めて、労働者の自発的・主体的意思すなわち労働意欲によって左右されることである。一般の商品と異なり労働力商品の売り手は、その消費過程や消費の態様、つまりいかなる労働条件や労働環境で働くかということに強い利害関心を持っている。したがって労働力商品の買い手である使用者が一方的な管理を行うことができない。まして労働者がどれほど労働意欲をもち、能率を発揮し、企業目的に一体感をもつか否かは、労働者や労働者集団の自発的な主体的決定に依存する。

　また、現代の労働者は、特定の使用者に雇用されない限り労働の機会、したがって所得機会が得られないがゆえに、使用者に対して従属的にならざるを得ないと言う。この「従属的労働」は「人格的従属」を意味するも

のではないとしているが、労働者個人の限界、社会的慣行、制度的不備などから結果的に従業員の全人格的な従属を強いられたケースは少なくない。

（2）労働市場における情報非対称性

市場で買い手と売り手のどちらか一方だけが偏在的に特定の情報を持ち、もう一方が持たない状況を情報の非対称性（Information Asymmetry）と言う。労働市場は、この情報の非対称性が生じる典型的なケースである。労働力サービスという商品について、売り手である労働者は自分の能力と仕事に対する態度などをある程度は知っているが、買い手である企業は、該当労働者の本当の能力や働きぶりを把握することが難しい。また、労働者は会社の経営状況や仕事の詳細、または就労条件など、自分が志望する企業の本当の状況について限られた情報しか持てない可能性が高い。したがって、労働市場では基本的に情報経済学でよく言われている「逆選択（Adverse Selection）」とモラル・ハザード（Moral Hazard）という「エージェンシー問題」が起こる可能性が高い。

逆選択とは、エージェント（行為者）が隠された情報を持っている場合に起こる非効率的な現象で、その結果、優れた物が生き残るのではなく、逆に悪い物や劣ったものだけが生き残る現象のことを言う。例えば、保険加入者が健康保険契約をする前に、自分の健康状態について隠された情報を持っているとすれば、保険会社はそれを完全に把握できないリスクを避けるため比較的高い保険料を設定することになる。このように設定された高い保険料は健康な人には魅力的ではないが、不健康な人にとっては魅力的な条件になる。その結果、もし、不健康な人ばかり集まる非効率な現象

が起こったら、それが逆選択である。一方で、モラル・ハザードとは、契約後にエージェントの不正で非効率的な現象が生じることを指す。これに関連してよく指摘されるのが株主と経営陣の関係である。つまり、株主は経営者の行動を観察できないので、経営者は株主の利益ではなく自分の利益を追求する可能性が高い。

精緻な職務分析も、具体的な専門能力の把握もしない曖昧なままで、新卒を大量に採用する慣行が定着している日本の労働市場では、逆選択もモラル・ハザードも起こりやすい。社会的に特定の仕事（職務）が必要とする労働者の資格や能力条件が整っていないため、そういった情報の把握が難しく、その結果、ジェネラリストばかり集まり、本物の専門人材を逃してしまうと逆選択の状況に陥る。また、既に労働者の意識が変化し、多くの人が生涯１つの職場で働くことを望んでいないのに、終身雇用（正確には定年までの雇用だが）を暗黙的前提としている日本企業の場合、入社後に従業員のモラル・ハザードが起こる可能性が高いのではないだろうか。

02 日本の労働市場と雇用関係

（1）労働市場の類型

　八代（2019）は、労働市場について、賃金と雇用がどういったルールによって決めらるかによって、「企業内労働市場、外部労働市場、準企業内労働市場」の３つの類型に区分した。準企業内労働市場は、企業内労働市場と外部労働市場との間の中間的存在である。日本では、出向元に籍を置きながら出向先で仕事をするという出向・転籍が広く行われており、雇用調整や人材育成、さらに親企業と関連企業との結びつき強化など、様々な機能を果たしているという。他の国ではあまり見られない現象なので、これは、日本的雇用の特徴であると言えよう。

図表 5-1　日本労働市場の類型

	対象	雇用契約	原理・原則	需給調整の （労働移動）形態
企業内 労働市場	正社員	期限に定めなし	個別企業のルール 長期の論理 組織の原理	異動・昇進
外部 労働市場	非正社員 ・パートタイマー ・人材派遣、嘱託 　転職者	有期契約非直用	需給メカニズム 短期の論理 市場原理	転職（採用）
準企業内 労働市場	出向・転籍者	期限に定めなし	企業内市場と外部 市場の中間	出向・転職

出所：八代（2019）

（2）日本型雇用関係の形成

　八代（2019）は、企業内労働市場の雇用と賃金に関する原理原則を長期雇用と年功賃金から求めているが、そのような特徴が定着したのは、戦後のことである。白井（1992）は、年功制が第1次大戦後から昭和恐慌後の産業合理化過程において官公営および民間大企業に成立したものであり、それが普及かつ確立したのは第2次大戦後のことであると指摘し、そのような年功制を支える経営者イデオロギーは次のような経営家族主義の思想であるという。

　　自由な契約にもとづく利益社会（Gesellschaft）である企業という組織体を一つの家族的共同体に擬製する。"家"と家産の維持・発展がその構成員の共通の使命となる。そこでは使用者が家長であり、従業員は家族的な身分・階層的序列のもとにくみこまれるが、使用者は従業員に対して家父長的温情主義（Paternalism）をもって処遇を与え、それに対して従業員は"家"の名誉と繁栄を第一義とする忠勤、すなわち、個人的利害よりも集団の利益を優先させる価値意識にもとづく行動でこれにこたえる。労使はともに企業共同体の構成員として共通利益を分ち合うがゆえに、労使一体感による協調関係が強調され、逆に労使間の階級対立や労使紛争は"悪"であり、企業内秩序への反逆として排斥される。

　白井によると、年功制の内容は次の諸要素によって構成される。

　第一に、労働者の熟練・技能の形成の方法としての企業内・工場内の訓練制度（in-plant training systems）である。すなわち学校や職業訓練所など企業外の職業訓練施設や、労働移動を通ずる熟練形成ではなく、企業自らの負担による、主として「仕事をしながらの訓練（on the job training）」による熟練形成である。

　第二に、長期勤続の奨励である。企業はその教育・訓練投資を順調に回収すること、いいかえれば企業内訓練で開発された熟練労働力の長期定着化をはかろうとする。

　第三に、特定企業への長期勤続を奨励するような、逆に労働移動を不利にするような報償制度（industrial reward systems）である。それは、年功賃金、人事考課をともなう定期昇給制度、勤続年数に応じて増額される賃金など3本の柱から構成される。

　第四に、従業員の階層序列（employee hierarchy）と、そのなかでの役割の配分をきめる原則としての学歴別身分制である。従業員は学歴別に職種と昇進コースがあり、それは相互に超えがたい境界として設定される。

　第五に、企業内の閉鎖的労使関係である。これは、労働市場の内部化と外部の労働運動からの断絶という二重の意味を持つ。

つまり、経営家族主義思想の制度的表現が年功制で、それを可能にしたのは当時の政治社会的環境要因であるという。

（3）日本型雇用関係の変化

　バブル経済の崩壊で1990年代に入ってからリストラを余儀なくされた企業が相次ぐ中、日本経営者団体連盟が「新時代の日本的経営」という報告書を出して様々な議論を起こした。企業は、期限の定めのない雇用契約を結んでいる正規従業員を対象とした「長期蓄積能力活用型」、高度な専門性を有期契約で企業に提供し年俸制などの形で報酬が支払われる「高度専門能力活用型」、パートタイマーや派遣労働者などの定型的、補助的業務を担当する「雇用柔軟型」グループに分けて雇用ポートフォリオを構成すべきであるという日経連の主張は、企業側の論理に依拠したものとしての限界はあるものの、その後の雇用動向の方向性を決めたことは確かである。

図表 5-2　雇用ポートフォリオ

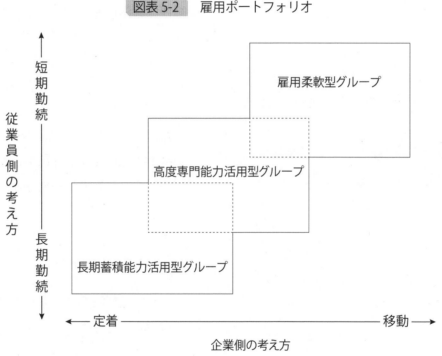

注：1．雇用形態の典型的な分類
　　2．各グループ間の移動は可

出所：日本経営者団体連盟（1995）

（4）日本的雇用システムの構造

　佐口（2018）は、「制度としての雇用」の観点から日本的雇用システムを構成する諸制度の関係とその変容について、「正規雇用中心主義」というコンセプトを前提に、次の図表5-3のようなモデルを提示している。

　第一に、正規雇用中心主義の中核領域として、正規雇用のメリット（労働供給の確定性、柔軟性、対応能力等）の最大限の活用を意味するもので、それを担う雇用諸制度は、賃金制度・雇用調整制度・採用制度・退職制度である。日本的雇用システムでの代表的賃金制度は年功賃金制度で、その核心は、職能給制度と定期昇給制度であり、雇用諸制度の相互補完関係の軸となるものである。

　第二に、正規雇用中心主義の非中核領域として、正規雇用と非正規雇用の分断性の強さを意味するもので、それに関連する制度は、非正規雇用と女性雇用に関わる諸制度である。

　このような非中核領域と中核領域との妥当性のない格差に日本的雇用システムの脆弱性があり、現在、変容局面にある。中核領域の場合、縮小傾向と共に一定水準以上でフラットな賃金カーブに直面する下層と、成果賃金が重視される上層と分化傾向にある。また、非中核領域の場合、正規雇用労働者と同質的な仕事をしてきた有期非正規労働者の無期雇用化への不連続的変化が見出されたという。しかし、近年の労働関連法の改定で、派遣労働者の無期雇用に事実上の歯止めがかかっており、コロナ渦のなかで非正規労働者の雇用動向に異変が出ているので今後の動向には注意が必要である。

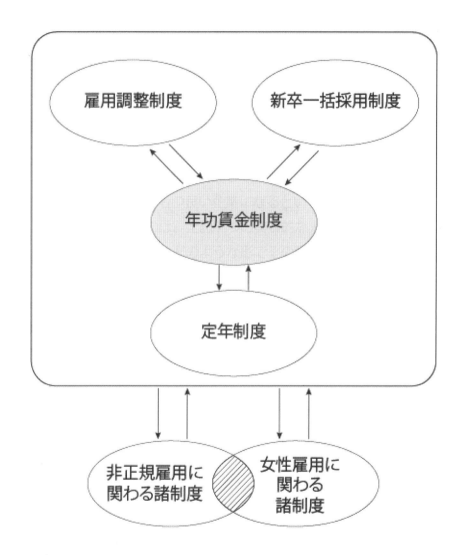

図表 5-3　日本的雇用システムの相互補完関係

出所：佐口（2018）

03 AIと雇用関係の変化

（1）AIと労働

　近年の第4次産業革命やAIに関する議論の中で一番印象的だったのは井上（2016）の主張である。井上は、「特化型AI」とシンギュラリティ（Singularity）関連の「汎用型AI」時代を区分している。AIが人間の知性を凌駕するようになるだろうと予想される2045年（シンギュラリティ出現時点）を汎用AI（AGI：Artificial General Intelligence）時代が本格化する時点として把握し、汎用AIが誕生することが予想される2030年を第4次産業革命の始まりとして考えるべきだという主張である。このような主張からすると、日本政府が提示している第4次産業革命のコンセプトは、機械学習をベースとしている特化型AI次元の議論であり、第4次産業革命というよりは、コンピュータ、インターネットに代表される第3次産業革命の延長線上にある話に過ぎないことになる。また、特化型AI時代までは今まで経験してきたことと同じく、新しい種類の労働力を必要とする新規ビジネスの登場により雇用が創出される可能性はあるが、汎用AI時代にはほぼすべての分野でAIが人間の労働を代替することが可能であるため、新たなパラダイムが必要であると言う。次の図表5-3でみるように、昔、限られた土地に人間の労働力が結集して農業革命が起こり、産業革命により機械が土地の代わりになって爆発的な資本主義の成長が行われたとすれば、人間の労働まで機械が代替するようになる時期が真の第4次産業革命時代だということである。しかし、汎用AI時代に機械を所有していない一般労働者の場合、バーチャル空間で限界費用ゼロの社会になっても、現実世界の資源は無限大ではないため、生きていくためにはある程度の費用は必要になる。そのため、井上は純粋機械化経済時代（汎用型AI時代）になっても人々が最小限の人間らしい生活を維持できるよう、「月7万円/1人」のベーシックインカム（Basic Income）制度の導入を提案している。以上のことから労働の未来を考える場合、汎用型AI時代と特化型AI時代を区分してみる必要があると考えられる。以下では、近未来に現実になるだろうと予想される特化型AI時代を前提に、現在進行形である日本企業の取り組みに基づいて人的資源管理部門の仕事を中心に変化の様子をみていきたい。

（2）AIとHR

　現在、日本企業がHRと関連して活用している第4次産業革命関連技術は、主にAIにフォーカスが当てられている。一般的に、AIには概ね2つの種類があると言われている。一つは、アメリカのあるクイズプログラムに登場して知られ始めたIBMの「ワトソン」のような、書類や論文などのデータ検索にメリットのある「検索型AI」である。

　もう一つは、グーグルを筆頭に研究開発や応用が進んでいるもので、画像や音声認識にメリットのあるディープラーニング（深層学習）技術による「認識型AI」である。

もちろん、企業の置かれている状況や目的によって活用するAIの種類やパターンは様々である。日立製作所やソフトバンクのような大手企業は、関連技術を自前で開発するか、M&Aを通じて吸収、統合する努力をしているが、多くの企業は多様なAI関連サービスやプラットフォームを提供している他の企業の力を借りてAIの導入を検討、実行している。

　コロナ以前の日本は、少子高齢化や経済回復に伴う労働力不足が問題視されていたので、多くの日本企業は主に「省人化」の目的でAIの導入を推進し始めているように見えたが、ケースによってはAI活用の新たな可能性も出てきた。

図表 5-4　AI時代の経済構造

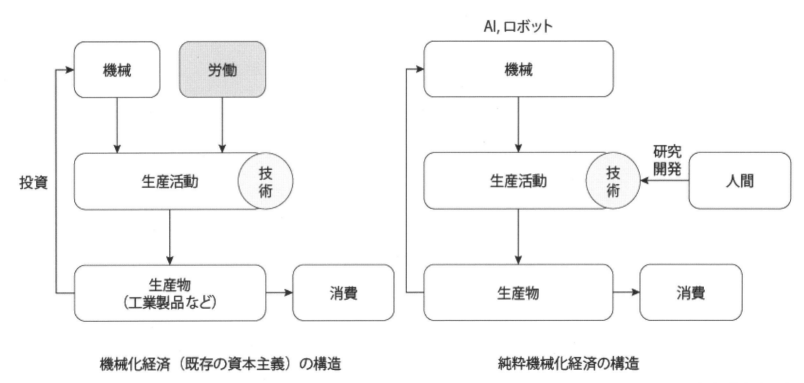

機械化経済（既存の資本主義）の構造　　　　純粋機械化経済の構造

出所：井上（2016）

分析の前提として、経営陣やHR部門の基本スタンスによってAI活用の形が大きく変わることを想定し、「対象職務の特性」と「人事部門のポリシー」を軸として、HR部門の取り組みを中心に事例を整理してみると、次の図表5-5のように概ね4つの類型にAI活用のパターンが見えてきた。

① 労働力代替型

労働力代替型は、人事部門のポリシーが費用節約的で、対象職務が定型的・反復的なルーチンワークである場合に現れる。少子高齢化と共に労働力不足が社会的イシューになっている状況や同一労働同一賃金政策など政府の圧力という特殊状況を利用し、新規雇用の抑制及び既存労働力の代替の方にAI関連技術を活用しようとする類型である。野村総合研究所が職業に必要なスキル、知識、業務環境、従事者の価値観、職業の方向性などの特徴を定量化したデータを活用し、49%の職業がAIによって代替可能であるという分析結果を発表して以来、もっとも関心を集めている類型である。日本では、どのような分野でAIが人間を代替できるのかをみるために、国立情報学研究所（NII）が中心になって、2011年、AIを実装させたロボット（東ロボ君）が東京大学に入学できるかどうかを検証するためのプロジェクトが推進されたことがある（日経トップリーダー・日経ビッグデータ編、2017）。大学入試は、受験生が幅広い分野から出題される問題を読んで解釈し、知識や常識、論理を総合的に利用して正解を選択する、いわゆる総合的な知力を測定するもので、ここにAIが挑戦した場合、実際にどのような分野でAIが人間を代替できるかを判断する指標になるだろうと考えたからだという。2016年、東京大学入試生対象の模擬試験で東ロボ君は合計525点（全国平均454.8）、偏差値57.11という成績を収め

た。このような結果から、わずか5年程度の研究開発活動によって特化型AIが学生平均を凌駕したと評価されたのである。

ビジネスの世界でもAIロボットを導入し、労働力代替に成功した企業が現れている。テーマパークやリゾートホテルを運営しているハウステンボスは、2015年7月、AIロボットを活用した「変なホテル」をオープンし、人件費の節約や労働力不足に苦心しているサービス業界の課題を解決したことで注目を浴びている（古明＆長谷、2017）。当初72室規模のホテルを従業員10名で運営することにより、同社が運営する他のホテルの1/3水準に労働力を減らすことに成功した。2016年には144室に規模を拡張したにもかかわらず従業員数はそのまま維持することによって労働生産性を2倍に向上させたという。

ハウステンボスのような人間型ロボットではないが、日本生命はRPA（Robotic Process Automation）関連AIを導入、労働力効率化に成功したという（日経情報ストラテジー、2016）。2016年4月、日本生命は「ニッセイロボ美」というニックネームを付けたソフトウェアロボットの入社式を行ったことで話題になった。請求書データをシステムに入力する場合、従来は職員が保険契約者から郵送されてくる保険金の請求書を見て、10ケタ近くある証券記号番号などを、業務システムに手入力していた。RPAを導入してからは、職員が請求書に印刷されている証券記号番号のバーコードをスキャンすると、ロボ美ちゃんがそれを認識して、それを基に社内にある他のシステムから必要なデータを収集し、業務システムに入力していく。人手では1件当たり数分かかっていた入力処理がロボ美ちゃんに任せば20秒程度で済むというのだ。ロボ美ちゃんは人と違って単純反復作業に飽きることもなく、集中力を維持できるため、いわゆるヒューマンエラー

は発生しない。つまり、人間の何倍も速いスピードで働きながら、何の不満も、1件のミスもなしに、業務処理ができるというのである。

② 労働時間節約型

労働時間節約型は、人事部門が費用削減的なポリシーを持っていながら創造的で非定型的な職務を対象にした場合に見出される。この類型は、AI関連技術が労働力を代替するようになり、人間が機械に雇用機会を奪われ

るだろうという議論に反して、むしろ「3K仕事」のような面倒な仕事は機械に任せて、人間は機械が遂行できない、より創造的な仕事に挑戦できるという可能性を示してくれるものである。

例えば、ある職種に必要な10個のタスクの中で、もし8個までがAIに代替されるとしたら、その職種に人間が就業するために必要なスキルは残りの2つのタスクに関するものになるため、雇用機会を奪われるのではなく、雇用機会を創出するようになるという議論である。リクルートワーク

図表5-5　AI時代のHR

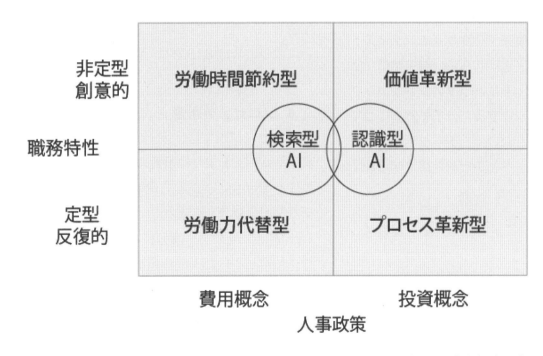

出所：李炳夏・蔡洙京（2018）

ス研究所（2016）によると、リクルート社は 2015 年、米国のデータロボット社に出資し、2016 年 9 月まで 13 個の系列社 80 個の組織にデータロボットを導入する実験を行った。総じて 8,355 個の予測モデルを作成したが、そのなかで 80% はデータサイエンティストではない一般社員が通常の仕事をしながら作成したという。その過程でデータサイエンティストたちの仕事も変わった。従来はデータの整理や予測モデルの選定、パラメーターのチューニングなどに 80% の時間がかかり、新たな問題を解決するための時間は 20% しかなかったが、データロボットを活用することにより、前者にかかる時間を 20% に減らした。つまり、一定の時間内に作成できる予測モデルの数が 5 倍増え、新しい課題を探索できる時間が増加したのである。また、データロボットを活用すると、従来データサイエンティストが担当していた業務がエクセルを使用することと同じくらい業務処理が簡単にできた。エクセルのデータをデータロボットにドラッグアンドドロップして予測したい項目を選択し、ボタンをクリックするだけで予測アルゴリズムの作成が可能になり、データ分析の知識がない人もデータサイエンティストの仕事が可能になったという。リクルート社の実験結果で明らかになったのは次の 4 点である。

　第一に、データサイエンティストは供給不足である労働市場のギャップを解消できる。
　第二に、データサイエンティストではなくてもデータサイエンティストになる雇用機会を提供できる。
　第三に、非データサイエンティストとデータサイエンティストの生産性向上が共に可能である。

　第四に、データサイエンティストが新たな価値を創出できる時間が増加し、データサイエンティストのコミュニケーション総量が増加したことなどである。

　また、ソフトバンクは、コールセンターに IBM のワトソンを導入し、機械的自動認識率が 90% を超えることをみて、電話応対にロボットを活用して人事部門に適用した。社員サポートセンターを作り、各部門に精通している社員たちと人間型ロボットの Pepper を配置し、ワンストップサービスが可能な体制を作って、ワトソンを活用して何でも相談が可能にしたのである。法務相談の場合、ワトソンが過去の判例、法令などを学習して、社員たちが作成した契約書をチェック、修正案を提示することにより、年間 8,100 件に至る契約書作成関連の仕事を 50% 節約することに成功したという。

③ プロセス革新型

　プロセス革新型は、ルーチンワークを対象職務としながら、経営陣が費用削減的側面よりは投資の側面を強く意識している場合に実現できる類型である。主に米国発「HR Tech」を活用して、HR 関連業務プロセスの革新を図り、効率化を進めようとするケースがこの類型に当てはまる。HR Tech とは、AI やデータ分析などの技術を活用して担当者の知識やノウハウに依存していた人的資源管理の効率化、適正化を図ろうとするもので、日本では 2016 年ごろから人材サービス提供会社や ERP ベンダー会社が関連機能を持つ製品及びサービスを本格的に提供し始めた。

　ERP 関連企業のワークスアプリケーションズは、AI を活用した人事システム（HUE）構築サービスを始めた（日経ビジネス、2016）。その特徴は、

社員たちに関する多様な情報を収集し分析することにある。文書の作成や表計算、スケジュール、メール、ファイル管理など、社員たちが使用するあらゆるソフトを統合して、利用状況をモニタリングしたデータ、勤怠管理、給与、評価などの人事データを総合分析することにより、社員がいつ、どこで、何をしており、負荷はどれくらいなのか、どのような成果を上げているのかについて詳細の把握が可能であるという。例えば、苦しい、疲れているなどの表現を検出し、勤怠管理データと照らし合わせて社員のメンタルヘルス状況まで把握することができる。また、社員同士のコミュニケーションデータを分析すると、組織内のキーパーソンが誰なのかを見出すことも可能だという。

一方、ソフトバンク人事部は、同じ入社志願書でも担当者ごとに評価が違ってくる問題を解決するために入社志願書の分析に AI を活用することにしており、ヒューマノイドロボット Pepper による会社説明会や面接を企画した。学生たちの質疑事項はパターン化が可能であり、大体の答えも決まっているため、Pepper がすべて答えることが可能である。また、学生たちに Pepper が質問をして、それに対する学生の応答内容を評価してみることも可能だという。

④ 価値革新型

価値革新型は、経営陣が人材マネジメントに対する投資マインドをベースに、創造的で非定型的な職務を対象にした場合に現れる類型である。つまり、労働現場で AI 関連技術を活用する場合、非定型的で創意的な仕事まで代替可能であるという部分に着目し、常識を破る新たなソリューションを考案して既存のパラダイムを変えるような新たな価値を創出していく類型である。

MIT のメディアラボで人間のバイオデータ収集が可能な IT バッジ（IoT 端末）を活用して行った研究結果によると、集団の団結力やモチベーション、満足度などは集団の成果とそれほど関係がないことが明らかになるなど、いままで組織行動の常識として受け入れてきた内容が否定されたこともある（Pentland、2014）。この研究結果で、集団生産性を左右する最も重要な要素は、参加者が平等に発言しているかどうか、グループの構成員たちが相手の社会的シグナルをどの程度読み取れるかであり、最大のパフォーマンスを発揮するグループには一般的に次のような特徴がみられたという。

a) アイデアの数の多さ。数個の大きなアイデアがあるというのではなく、無数の簡単なアイデアが、多くの人々から寄せられるという傾向が見られた。

b) 交流の密度の濃さ。発言と、それに対する非常に短い相づち（いいね、その通り、何？などのような秒以下のコメント）のサイクルが継続的に行われ、アイデアの肯定や否定、コンセンサスの形成が行われている。

c) アイデアの多様性。グループ内の全員が、数々のアイデアに寄与し、それに対する反応を表明しており、それぞれの頻度が同じ程度になっている。

つまり、組織構成員たちの日常的な交流のパターンによって組織生産性が変わるという新しい発見が IoT ベースの技術革新を通じて表れたのである。

（3）HRM のパラダイムシフト

　以上でみた事例からも想像できるように、AI 関連技術は企業人材育成及び雇用管理に関してもいままでとは次元の違う、パラダイムの変化ともいうべきインパクトをもたらす可能性が高い。どのような方向に向けて変化するかは企業の置かれている状況や戦略的選択次第であろうと考えられるが、現在までの動きから推測すると、人材・雇用管理における近未来の方向性は次のように整理できる。

　まず、第一に、AI 関連技術が専門職や感情労働まで代替する可能性が見えたことである（大内、2015）。いままでの技術革命は専門人材の需要は増加させたが、多くの場合は当該業務に必要なスキルを単純化させ、より高級のスキルを保有していない非正規社員の活用余地をなくしてきたと言える。しかし、AI 関連技術の場合、高度のスキルが必要な専門的な業務や感情労働までロボットに代替されるようになるという点で、以前の技術革命とは一線を画している。つまり、そもそも技術革新には業務の単純化、スキルの単純化と共に、新たな業務の創出及びそれに関連する新たなスキルの必要性増加が付き物だが、現在の状況は、技術革新や応用のスピードがあまりにも早いため、既存社員の教育訓練や職務転換などの従来の対策では解決できなくなっているのである。

　AI により学習のスピードが早くなるので大きな問題ではないという意見もありそうだが、個人のニーズと組織のニーズの統合には常に一定のギャップが存在することを考えると難しい側面がある。また、AI 時代に新しく創出された新たな産業構造の下では人間の労働を必要とする業務の創出が難しいことも問題である。要するに、20 世紀の技術革新がブルーカラーの労働を代替してきたとすれば、21 世紀の第 4 次産業革命あるいは AI 関連技術はホワイトカラーの労働まで代替するようになったのが問題の核心ポイントである。シンギュラリティ出現などにより、井上の言う純粋機械化経済が実現された場合、従来のような人間の労働は極めて制限された分野にのみ必要になるだろう。そうなると、過去とは全く違う形の労働、または、新たな社会で生きていくための動力（経済力、技術力、機械管理力など）の獲得手段が国家社会的に提供されなければならないという課題がある。

　第二は、少数精鋭開放型への雇用関係変化である。AI 関連技術による労働力代替が必然的であるとは言え、ロイヤリティを持つ内部人材の重要性がなくなるとは言い難い。むしろ、会社と最後まで運命を共にするコア人材の育成、既存社員の技術活用能力を高めるための施策を導入する必要性は高くなると考えられる。長期的に見て AI がホワイトカラー職務の多くを代替する可能性が提起されている中で正規社員の少数精鋭化は必然的な選択である。また、いくら技術の進化が激しいとはいえ、AI 関連技術による労働力の代替は少なくとも何年間漸進的に行われることを前提に、既存社員の精鋭化を通じた新規業務の創出戦略も 1 つの選択代案になりうる。前述したリクルート社の事例からもみたように、既に活用していたエクセルや簡単な統計パッケージと同じく、AI 関連技術を既存の社員が活用できるよう教育訓練を実施し、新しく生まれる仕事への配置転換を頻繁に行う方法である。問題は、既存社員たちの変化に対する抵抗感であるが、E. シャインの言うように、「生き残りに対する不安が学習への不安を乗り越える」よう、持続的な変化管理教育を通じて意識を変化させ、新しいものや環境に対する適応性と受容能力（アジリティ）を高めていく努力が必要になる。

一方、複雑に繋がっているネットワーク社会の進化により、これからは人々が必ずしも１つの会社に勤務しながらキャリアを培っていくとは限らないので、共有経済（Sharing Economy）的発想による外部人材の活用が一般化することにも注意を払う必要がある。既存の HR が正社員中心の長期的関係を念頭に置いた閉鎖的（Closed）な組織内管理であったとすれば、AI 時代には、一企業に従属されない短期的な契約関係中心の開放型（Open）人材マネジメントの活性化が予想される。外部人材であれ内部人材であれ、各自の成長過程や職務経験と関連して形成された人脈があるはずで、状況別、目的別にそのような人間関係ネットワークを活用することが望ましいだろう。

　第三は、雇用管理システムの変化（個別管理型）である。ある個体に ID を付与できるようにし、IoT の世界を可能にした RFID の特性を人事管理に活用すると、既存のバーコード管理のような集団的管理から個別管理への転換が可能である。既に実用化されている IT バッジ型社員証を全社員に使ってもらうようにすると、社員個人の意識的、無意識的行動、組織内コミュニケーションなど、人と組織に関する暗黙知のビックデータ蓄積が可能になる。そして、このようなデータが AI によって「形式知化」し、自動的に蓄積されるようになれば、人の管理を人がしなくてもいい状況になり、人間の主観的判断が排除される人事が可能になる。まさに人事革命ともいえる現象が起こるのである。

　例えば、RFID と GPS 技術を合わせて利用すると、事業場内外で生活する社員のあらゆる行動がリアルタイムで持続的に把握され、位置情報の蓄積を通じてその履歴まで取得可能になる。ゆくゆくは交友関係や性的指向性、身体的・精神的健康状態、政治的・宗教的団体、家族関係などの私的

な問題はもちろんのこと、無意識的な行動についても個人特有の傾向やパターンが解明される（竹地、2015）。

　要するに、人物像が AI によって自動的に描かれるようになるのである。これからは、このような人間のバイオビックデータを AI が学習し、人事評価や処遇、配置転換などに自動的にマッチングしてくれることになるという夢のような話である。世界最初の AI を活用した人事管理システムとして知られている HUE の場合、既にこのようなことが想像の世界ではなく現実化されていることを物語っている。

　第四は、勤労形態の変化（労働者の自由度増加）である。モバイルワークの進化によって、働く場所と組織の境界線の意味がなくなり、プライバシー侵害の危険性はあるにしても私生活と密着した環境の中で労働が可能になったということは、労働時間規制の意味もなくしてしまい、労働者の自由度を増加させる効果がある。企業側からすると、閉鎖された組織内での一方的な指揮命令ではなく、市場での取引を通じて多様な外部労働力を活用できる余地が増えたことになる。

　一方で、正規社員の副業も一般化される可能性が高いため、人材の類型別に雇用関係の再検討が必要になる。実際に社員の副業を奨励して一定の効果を上げている企業も登場している。有名 IT 企業であるサイボウズのある社員は、週 4 日間は会社で働き、残りの時間は農業に専念しながらクラウドサービスを利用して栽培から販売までの農業経営を効率化することに成功した（Nikkei Style、2017）。その成果が認められ、農業界で知名度が上がり、そのお陰で会社のソフトが農業関係の他の企業に販売されるなど、想定外の効果もあったという。

　第五は、キャリア志向性の変化である。リクルートワークス研究所

（2016）によると、個人の場合、トレーニング関連の技術革新により、1つの分野の専門家になるために必要なスキルの習得時間が短縮され、健康寿命も延びるため、働ける時間が増えるという。そうなると、人々は生涯にわたって何回でも多様な分野の専門家として活動可能な土台がAI関連技術によって形成されることになる。これからの時代には、ゼネラリストやスペシャリストではなく、複数の専門領域をもって広範囲な知識と経験に基づいて活躍する「プロデューサー型」人材と、既存のスペシャリストよりは一層専門性が進化された「テクノロジスト型」人材がキャリアにおける志向点になりうるという。また、個人が多様な技術革新の結果を効率的、効果的に活用できるようになると、フリーランサー形式で1つの会社には拘束されない働き方など、様々な形態のキャリアパスが一般化される可能性も高くなると予想される。

（4）経営的人間観の変化

　ITや道具の進化に伴い、一時期流行っていた「個人化企業」の話を借りる必要もなく、ビジネスにおいて一個人の影響力に計り知れない可能性があることに疑問をもっている人はいないだろう。もちろん、それは、その個人の持っている肉体的能力や知的能力だけを言っているのではない。その人が動員可能なあらゆるものや人間のネットワークのことが前提にある。

　例えば、企業が一般的に従業員に支給するパソコンより高性能の情報化機器を個人が入手できるようになり、会社員ではない一個人の作業効率が上がったことは言うまでもないが、インターネットやSNS、そして、クラウドの進化によって、企業内のネットワークでは解決できなかった問題も処理できるようになったことは否定できない。もちろん、企業内のいわゆるイントラネットには、またそれなりのメリットがあるので、どちらのネットワークが良いか悪いかの話ではない。昔は、無視してもよかった個人の力が無視できないレベルに上がってきたことに意味がある。

　図表5-6で示しているように、20世期初頭の大量生産体制が出来上がった時代の経営的人間観はテイラーリズムが普及したこともあり、機械的・道具的人間観が主流になった。1930年代の人間関係論の台頭により、経営の現場で欲望や感情を持つ社会的存在としての人間が意識されるようになったが、だからといって、テイラーリズム的人間観が姿を消したわけではない。

　AIの普及により、モノにも人間のような行為能力を認めようとするANTのような考え方が広まっている現在、新たな人間観が登場したと考えても良さそうである。つまり、行為能力を持つ人間・非人間のアクター同士が一定のネットワークで繋がり、関係性のもとで活躍するという話である。もちろん、そういう考え方が出てきたからといって、以前の科学的管理論時代や人間関係論の時代に培ってきた人間観がなくなるわけではない。図表5-6で示した3つの人間観は、これからの時代にもおそらく共存していくだろう。科学的管理論時代の人間がモノのように扱われたとすれば、これからの時代はモノを人間のように扱おうとしているようで、隔世の感がある。

　ともあれ、閉鎖された（Closed）ネットワークで勝負する企業と、解放された（Open）ネットワークを利用する一個人の活動には、それぞれメリット、デメリットがあり、会社員でありながら社会的に一個人としての影響力ももっている人も現れるので、統合的な考え方も可能である。しか

し、そういう状況になっても、労働市場で労働力（人間だけではなく非人間アクターの行為能力も含む）を提供する側と、それを必要とする側（必ずしも企業ではないだろう）における情報の非対称性が解消される可能性はあまりないようである。昔の一個人と同じく一アクターの能力には限界があるからだ。

図表 5-6　経営における人間観の変化

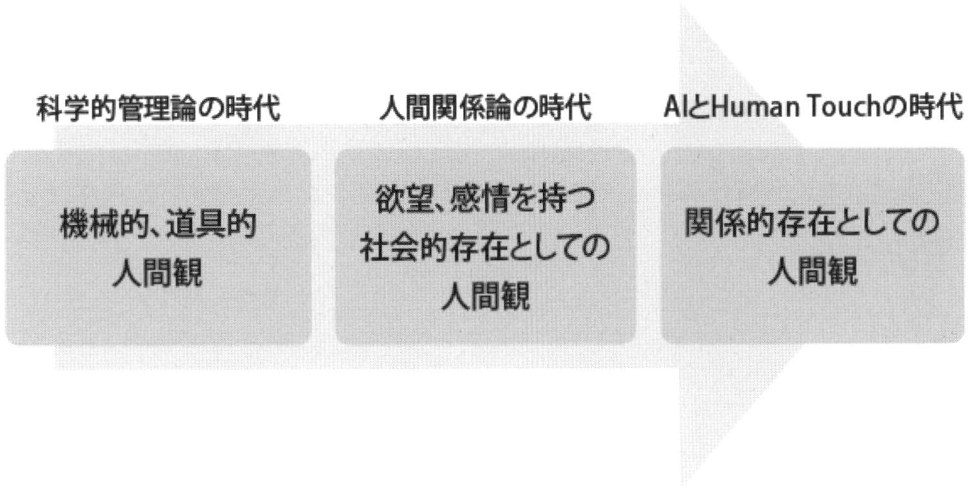

科学的管理論の時代　　　人間関係論の時代　　AIとHuman Touchの時代

機械的、道具的人間観	欲望、感情を持つ社会的存在としての人間観	関係的存在としての人間観

⌗ Discussion

1. 日本型雇用関係について考えてみよう

　終身雇用は、グローバルの観点からすると、日本的経営を象徴する言葉である。1990 年代以来の多くの企業で行なったリストラで色あせてしまった印象はあるが、まだ多くの日本企業は終身雇用（定年までの雇用）を暗黙的前提として昔ながらの人的資源管理制度を運営していることも事実のようである。

　① みなさんは、自分のキャリアの方向性として、1 つの会社で定年まで働くことを目指しますか。
　② 日本では、「就職」ではなく「就社」であるという話もありますが、みなさんも同じ選択ですか。

　①と②の質問に対する自分の考え方に矛盾はないか確かめた上、キャリア志向としてジェネラリストとスペシャリストのメリット、デメリットなどについて、グループ内で一緒に議論してみましょう。

2. AI と労働の未来について考えてみよう

　シンギュラリティ、つまり、汎用 AI の出現時点として予告されている 2045 年は、現在の大学生からすると、自分の働き盛りの時期に相当するので、決して他人事にしてはいけない。本当にそうなるのかに対する疑問はさておき、いろいろと事前対策を打っておくべきである。
　次のようなことについて自分の考え方を整理し、グループ内で議論してみましょう。

　① 自分の将来像（2045 年ごろに担当すると予想される仕事）と AI の関係はどうなると思いますか。
　② あなたはベーシックインカムについて賛成ですか。その水準はどれくらいが適当であると思いますか。もし、反対するのであれば理由はなんですか。

第6章　日本型人的資源管理

01 日本型人的資源管理の意義

アベグレン（1958）は、戦後日本の大手企業の事例を分析し、日本的経営の特徴として「終身雇用、年功序列、企業別組合」の3つの項目を指摘した。1972年に刊行された『OECD対日労働報告書』にこの議論が取り上げられ、日本的経営の「三種の神器」として世界中に知られるようになった。このような日本的経営の特徴は1990年代以降のバブル経済崩壊と共に進んだ成果主義人事の拡散で色褪せてしまった部分はあるが、いまだに根強く生き残っていて、日本における企業経営の暗黙の前提になっているとも言えよう。

「日本的」云々のように日本という国家共通の何かがあるようで、日本企業ならどの企業でも似たような組織や人事制度を運営していると思われがちだが、個別企業の場合は全く別の話であると考えられる。筆者の会社での仕事経験からやむを得ず傾斜しているリソースベースの観点は、企業独自の組織や人事を前提にしないといけないからである。しかしながら日本という国共通ではなく、日本でしか見られない特徴について「日本的」という言葉で表現するならそれは仕方ないと思われる。ということで、言葉遊びになってしまう可能性もあるが、ここでは、日本的経営と言われているいくつかのマネジメント・パターンを「日本型」として受け入れたい。日本型の対極に「欧米型」があるが、それも欧米企業共通の特徴などではなく、他の国の企業より先に欧米の企業で導入された人事制度などのマネジメント・パターンのことを意味していることにしておきたい。

日本型人的資源管理は、1990年代以降のグローバル・スタンダードや成果主義の流れに吸い込まれて低く評価される場合が度々あるが、筆者の感覚としては、日本が生み出した戦後最大の「発明品」ではないかと思われる。グローバル・スタンダードといわれても結局はアメリカンスタンダードに過ぎないケースが多いし、世の中が成果主義オンリーでうまく回っていくとは思わないからだ。

筆者が思うには日本型人的資源管理制度の代表的な存在は、日本で「能力主義」という名で広まった「職能資格（職能給）」、そして、「人事考課」制度のことである。周知のように、職能資格制度や職能給制度は、欧米企業が大事にするジョブ（職務）そのものではなく、人間の職務遂行能力にフォーカシングしたもので、それまでの欧米企業のものとは一線を画している。また、業績考課、能力考課、情意（態度）考課からなる日本企業の人事考課制度は、欧米企業のパフォーマンス評価やコンピテンシー評価に負けない論理に基づいた優れた制度であるが、ディテールで曖昧な側面が多いという単純な観点で低く評価されている。しかし、職能資格制度という新たな人事システムは、アジア圏で初めて欧米の文物を積極的に受け入れ、自分のものに消化した日本が企業マネジメントの世界に送り出した優れた業績である。日本型人的資源管理制度は、欧米では一部の企業でしか観察できなかった人間中心のマネジメントを具体的な人事制度として見える化することに成功したという意味で高く評価したい。

02 日本型人的資源管理の変化

（1）年功制の再編成

　戦後GHQの後押しで進められた産業民主制は、日本企業の人事・労務管理に大きな影響を与えた。1947年の労働基準法と労使関係調整法、そして、1949年の労働組合法という、労働三法の制定により、欧米式の産業民主化のための基本ルールが確立され、日本企業もそれに対応していかなければならなくなったからである。白井（1992）は、戦後における産業民主制の発展により年功制の内容が次のように再編成されたとしている。

　第一に、定年までの長期雇用慣行は、従業員の雇用保障制度としての性格が強化されたが、欧米の仕事の保障（job security）とは異なり、"従業員身分の保障"を意味する。それは、契約や労働協約にもとづく権利・義務として確立されたものではなく、労使間の"暗黙の諒解"にもとづくものであるが、使用者側の道義的な責任感と社会的な規範意識、また労働組合の雇用保障政策や解雇反対闘争によって支えられた。

　第二に、従業員の階層序列における学歴別身分制は崩壊し、学歴別職分制に変わった。日本の労働基準法が他国のそれと異なり、ブルーカラーとホワイトカラーに対し一律無差別的適用がなされたこともそれを促進した。新たな身分制的差別は、正規従業員（本工、本職員）と臨時工、社外工、パートタイマー等との間に生じるものとなった。

　第三に、企業内福利施設は使用者側の温情主義的施策として与えられるものではなく、団体交渉事項となり、権利・義務関係の明確化と客観的なルール化と標準化が進んだ。

　第四に、長期雇用慣行の裏づけとなった熟練形成における企業内教育・訓練制度のもつ重要性は一段と強化された。高度経済成長期の技術革新のニーズに伴い労働市場の内部化が中小企業まで拡大された。

　第五に、戦前の年功制度の特徴であった企業内労使関係優位は、新たな産業民主制を基礎に再編成され、一段と強化されることになった。それは、高度に発達した内部労働市場を基礎に、熾烈な市場競争における所属企業の存続と発展を共通の利益とする経営者と従業員集団の関係として維持された。

　一方で、この時期に日本特有の労働者意識が生まれたと考えられる。戦犯に対するGHQの公職追放措置に大手企業の役員たちもその対象に追加されたため、残された従業員同士でなんとかしないといけない事情の中、共同体意識が強化され、電産型賃金体系として現れた「生活給思想」や「企業は従業員のものであるという意識」など、他の国ではなかなかみられない現象が現れたのである。

（2）能力主義人事の拡散

　年功制に対する企業側の意識は「年と功」であるはずだっだが、戦後の労使関係安定化が重視された結果、労働者の生活保障が強化され、限りなく「年の功」に近づいたため、一部の企業を中心にこれを是正しようという動きが出てきた。製紙や鉄鋼企業を中心に、年功賃金の生活保障給的側面を弱めようとした目的で、年齢ではなく仕事に対して賃金を支払う仕組みとして欧米企業のような職務給を導入しようとしたが、失敗に終わる。その要因としてあげられるのは、長期雇用を維持するには配置転換が不可欠だが、職務給制のもとではそれが難しいということである。

　1960年代の高度成長期には、人手不足と春闘の成果によって初任給相場が持続的に上昇し、企業の人件費負担が増大したため、日経連の主導で能力主義管理や職能給の導入が勧められた。後に生産性本部の指導により、職能資格制度や職能給が普及されることになるが、その前提にあるのは、労働者に対する査定、つまり、労働者に対する経営側の選別強化である。欧米の労働組合なら絶対に受け入れられない制度であるが、日本企業はホワイトカラーとブルーカラー混合組合の性格だったからなのか、あるいは、職務給よりはましだという考え方からなのか、大きな問題なく定着し、結果的には日本企業独自の日本型人的資源管理制度が出来上がることになる。

　ここで指摘しておきたいのは、査定や選別の基準を仕事ではなく人の能力に求めることによって、欧米式の人的資源管理からの思想的独立を果たしたことである。世界的に日本型人的資源管理制度として知られるようになった日本企業の職能資格制度や職能給制度は、日本の後を追っ

て行く韓国企業などに大きな影響を与えることになる。

（3）成果主義人事の台頭

　1970年代のオイル・ショックを背景に定着した日本型能力主義の人的資源管理は、1980年代の「Japan as No.1」という世界的な賞賛ムードに乗った形で世界各国の企業からベンチマーキングの対象になる。日本型人的資源管理が頂点を極めた時期である。ロシアのペレストロイカやベルリンの壁の撤去などで冷戦ムードが終わりを告げ、1990年代に入ってからはグローバルビジネス環境が急激に変化することになり、日本企業も新たな挑戦に直面する。バブル経済の崩壊とグローバル・スタンダードへの対応などがそれだが、職能資格制度や職能給制度は、経営環境の変化とは関係なく、人の熟練向上によって支払われる報奨体系であったため、多くの日本企業は窮地に追い込まれることになる。したがって、日本型人的資源管理制度は経済の高度成長期にのみ通用するものではないかという疑問がビジネスの世界に広がることになった。振り返ると日本型人的資源管理制度も当時の日本企業が年齢給重視システムから脱皮するために査定を強化するものとして生まれたが、もはや人の職務遂行能力を強調するだけでは、成果重視のグローバルビジネス環境で生き残れないという危機感が訪れたのである。

（4）役割主義への傾斜

　しかし、欧米式の成果主義人事は、日本企業の事情に合わないという議論が広がり、その代案として「役割主義」という新しいコンセプトが登場した。つまり、2000年代に入ってから成果主義人事制度を導入して失敗に終わった企業の事例が話題になり、職務給や職能給ではなく、役

割給にするべきだという議論が説得力を得ることになったのである。

　そもそも職能給自体は「年の功」ではなく「年と功」を目指して考案されたものである。日本型人的資源管理制度の企画意図からすると、査定によって定期昇給などで処遇の差別化が強化されるはずであったが、高度成長期の緩いマネジメントのせいもあり、いつの間にか「年の功」そのものになってしまった部分がある。つまり、仕事そのものより人の能力に注目する制度そのものにも問題がなかったとは言えないが、それよりは、年功的な運用の問題が大きかったのではないだろうか。それに対する実務的な反省として、現場での試行錯誤を重ねて現在広がっているのが「役割主義」というコンセプトであると考えられる。

図表 6-1　日本型人的資源管理の中心軸とその変化

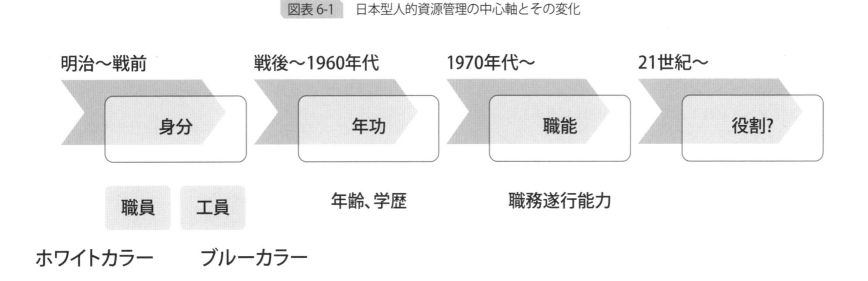

03 日本型人的資源管理の意義

（1） 職能資格制度の意義

　日本型人的資源管理は、日本独自の能力主義人事制度の実体化により誕生したものである。つまり、人材を育成すると、その「人材が仕事を創る」という考え方は、「仕事に人を付ける」という欧米の人的資源管理モデルとは違う形で発展してきたのである。日本型能力主義人事制度の柱になるのは、まぎれもない「職能資格制度」である。

　楠田（2003）によると、日本の職能資格制度は次のような4つの意味を持っているという。

　第一に、年功に変わる基準：年月の価値の功績を讃える考え方ではあるが、学歴・性別・勤続といった属性的要素ではない処遇基準で、従業員の期待と信頼と公正を満たすものとして従業員満足経営の出発点である

　第二に、人材育成のラダー：企業が期待する人材ビジョンを示し、それに沿って評価・育成・処遇、そして活用を狙いとしている

　第三に、本人の過去の努力に報いる社内称号：実力が落ちれば役割ポストも賃金も落ちることになるが、資格は本人に与えた過去の栄誉なので、降格はない

　第四に、日本型成果主義の基盤：能力主義と成果主義の調和を図るのが日本型成果主義であるとすれば、能力をインプットする職能資格制度がその基盤になる

　このような職能資格制度は、期待される職能像を意味しており、それは、職務調査を通じた職種別等級別職能要件（等級基準）という形で示されるという。

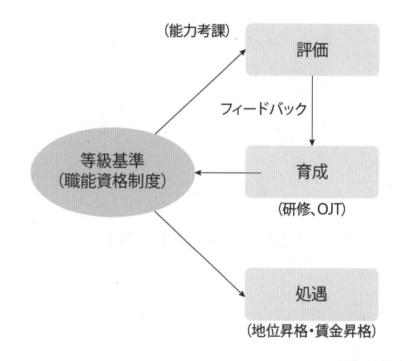

図表 6-2　等級基準（全社的処遇基準）

出所：楠田（2003）

（2）職能資格制度の設計と運用

　職能資格制度には、企業の規模や従業員の構成などの状況により、様々な形で設計することが可能であるが、図表6-3で示されているような「役職（職責ポスト）と資格（等級）の分離」がポイントである。まず、役職の場合、社会一般の通念に合わせて社外で通用される肩書きとしての職級呼称を決めておく。次に、社内で通用する職能資格等級数とそれぞれの定義、呼称、対応する役職の設定などを行うことになる。もちろん、

これらの作業は、次に見る職務調査を行いながら調整していくのが一般的なやり方であろう。

　職能資格の全体的なフレームが決まったら、具体的な運用基準を作っておく必要がある。昇格に必要な審査基準を明確にすることや、賃金テーブルに合わせて、資格等級それぞれの初任給レベルなどの意思決定が必要になる。

図表6-3　役職と職能資格

役職と資格の分離

層	等級	呼称
管理専門職能	9	参与
	8	副参与
	7	参事
指導監督専任職能	6	副参事
	5	主事
	4	副主事
一般職能	3 2 1	社員

職階制度（役職）　　　　職能資格制度（例）

（3）職務調査と職能要件

　楠田（2003）によると、職能要件（等級基準）とは、企業が期待し必要とする仕事の内容とレベルを、職種別等級別に全社的に整理したもので、職務を洗い出していくことにより、具体的な形ではっきりすることができるという。職能資格制度は、あくまでも評価の基準、そして育成の基準として、能力主義の前向きのあり方、能力開発制度の軸として動いてこそ、意味をもつものなので、等級基準を明確に設定することが、絶対の条件となる。つまり、職務調査を実施し、等級基準をできるだけ具体的に表示し、これを軸として評価、育成、そして処遇の基準としないといけない。一般的にいって、職務調査を通じて洗い出さなければならないのは、主として次の3つであるという。

① わが社 (わが部門) には一体どんな仕事があるのか
② 誰がどのようにそれらの仕事を分担しているのか
③ それらの仕事および各人は、どのような能力を必要とするのか

　等級基準の決定は③に関連するものであるが、これについては、習熟要件（仕事を覚える）、習得要件（勉強をする）、職歴要件（キャリア、経験を積む）という内容別に明細を作ることが提案されている。
　このような職務調査は、欧米式の職務分析の日本版である。欧米の職務分析では職務調査でみられるような個人別課業分担状況などは分析の対象にならない。

図表6-4　職務調査の流れ

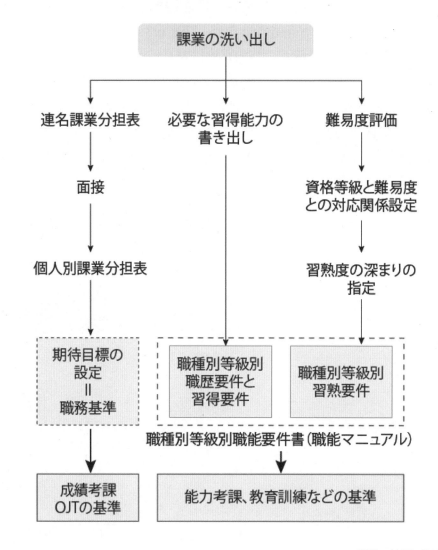

出所：楠田（2003）

職務	習熟能力		習得能力						自己啓発課題
			知識			技能			
	課業	遂行レベル	社員として必要な知識	販売職として必要な知識	特定部門の人に必要な知識	社員として必要な技能	販売職として必要な技能	特定部門の人に必要な技能	
接客販売	接客応対 説明販売 加工・直し商品の処理 配送商品の処理 店内案内 レジ業務 返品・取り替え ・ ・	・初歩的な販売技術、商品知識を用いた販売が完全にできる ・上司の援助を受ければ高度な販売技術、商品知識を用いた説明販売ができる ・販売商品の加工・直し・修繕の承り処理が完全にできる ・配送商品の処理が完全にできる ・お客様に対し扱い商品・諸設備の案内が完全にできる ・レジ業務が完全にできる ・規定に従い返品・取り替えが完全にできる ・ ・	・会社概要 ・就業規則 ・店内心得 ・計数の基礎知識 ・棚卸しの意義 ・ビジネス文書の書き方 ・ファイリングの基礎知識 ・仕事の教え方 ・教案の作り方 ・指示・指導に関する一般原理 ・ ・	・店の組織 ・店の設備 ・フロア構成と扱い商品 ・テナント扱い商品 ・防災設備 ・店内符丁 ・緊急時の処理方法 ・担当商品の基礎知識 ・不良商品の見分け方 ・クレーム処理方法 ・購買心理の基礎知識 ・陳列の基礎知識 ・POP・価格カードの種類など売場の知識 ・ ・	・加工・直しの基礎知識 ・レジ係の機能・役割 ・レジ教育指導項目 ・冠婚葬祭の基本知識 ・育児の基本知識 ・着こなしの基本 ・ ・	・珠算5級程度の計算ができる ・消化器・避難器具の扱いができる ・電話の対応ができる ・	・店内案内ができる ・タイミングの良いアプローチができる ・接客用語、金銭授受用語が使える ・担当商品の特徴、セールスポイントが説明できる ・コンサルティングセールスができる ・客層別タイプ別応対話法が使える ・絵表示の説明ができる ・配送・郵送の取り扱いができる ・不良商品が見分けられる ・	・サイズが測れる ・布地の用尺・検尺・裁断ができる ・商品の組み立て・分解ができる ・直し伝票が書ける ・サイズ補正ができる ・仮縫いができる ・デザイン画がかける ・工事・仕立て上がりの見積もりができる ・布地でマネキンの着付けができる ・	通信教育 ・ ・ 資格・免許 ・ ・ ・

出所：楠田（2003）から修正引用

（4）職能資格制度の明暗

　職能資格制度は、戦後日本の高度成長期を支えたユニークな人的資源管理制度である。特に、外部労働市場が発達していない状況の中で、人間の成長にフォーカスを当てて、企業が必要とする人材の内部育成に大きく貢献したことは否定できない。また、昇進と昇格の分離運営によって、人事停滞を解消し、個人の能力開発努力を持続的に誘導するシステムとして機能させたことも評価できる。さらに、終身雇用とも関係があるが、職務ではなく人間中心の制度なので、担当の仕事に拘らず配置転換ができたことには、企業としては労働力運用の自由度を高める効果があったと言えよう。このような制度は、外部の人材を必要としないままで企業の成長が続く限り、企業側も労働者側も満足できるものである。しかし、1990年代以降のグローバル化や低成長期への突入など、経営環境の急変とともに、職能資格制度を軸にした日本型人的資源管理制度の問題点が多く提起された。

　まず、第一に、人件費高騰の問題である。降格のない卒業方式の職能資格制度の下では、会社の成長が止まって、高いレベルの担当仕事がないのに、昇格させないといけないということは、人件費増加の圧力になる。そもそも昇進と昇格の分離によって役職につかない管理職が増加すること自体が人件費負担につながる原因になるものであるが、会社が成長しているうちはあまり問題にならなかったのである。

　第二に、全社一律の曖昧な職能要件の問題である。本来であれば職能別に具体的な職能要件が整備されるべきであるが、労働力運用の利便性や手間のかかる問題などで、全社一律に設定する企業が多くなったことである。その結果、昇格基準も全社一律で曖昧になり、本当の仕事能力とは違う側面が評価され、社内のジョブと人のミスマッチが増えた。

　第三に、ジェネラリスト急増の問題である。職能要件をできる限り具体的に作ったとしても、欧米式の職務分析に基づいたスペシャリストが育ちにくいのに、その要件が曖昧になったため、結果的にジェネラリストばかり育成する結果になったのである。専門職制度などの新たな制度も登場するが、それも役職昇進競争で負けた人に対する優遇策に終わるケースが多い。

　第四に、外部労働市場との乖離問題である。賃金制度は、基本的には企業内構成員を対象としているので、新卒採用が一般化されている日本のような労働市場では、新入社員の初任給を除いて賃金水準を外部のレベルに合わせる必要はない。したがって、市場で通用しない企業特殊能力に対応した賃金が市場賃金（時価）から乖離していくことになった。

　このような問題を踏まえて、欧米式の成果主義人事制度を導入しようとする企業も増えたが、まだ人間の成長にフォーカシングする職能資格制度の魅力を捨て難い日本企業の間で日本型成果主義への模索が続いていることも現実であり、その結果の一つが役割主義人事制度であると言えよう。

04 役割主義人事

　役割主義人事制度は、理論的な背景から出発したものではなく、日本企業が欧米式成果主義人事への反感から職能資格制度の代案を模索する過程で広まった用語なので、学術的に定義することは難しい。役割主義人事制度とは、職務遂行能力（資格）等級ではなく、「役割等級」によって人事処遇を決定するという制度であるが、肝心の「役割」に対する定義が企業によってバラバラであることが問題である。

　朴祐成・李炳夏（2016）は、日本企業の事例や研究者たちの議論を踏まえて、役割の概念を二重的構造として把握している。理論的には、役割を構成する基本的要素が当該職務に要求される役割と責任であることに注目し、それが欧米の職務分析に基づいた職務記述書に明記されている義務と責任（duty and responsibility）に相応するものであると考え、役割を欧米の職務と同一視する傾向がある。一方では、会社の戦略や状況を考慮し、組織や上司が与える目標や期待事項を含む概念として把握する場合もある。このような観点からすると、職務に要求される基本的な義務と責任を超え、組織の方から追加的に重要な期待役割や戦略的目標を与えられた個人は、そうでない個人に比べて、同じ職務を担当しても役割の大きさはそれぞれ違ってくる。また、一人の個人が同一職務を担当していても、今年は去年とは違う新たな期待や役割が与えられる場合、役割はもっと大きくなる可能性がある。役割等級が欧米式の職務等級より幅広い概念であるという主張は、こういった要素にフォーカスしたものである。

　図表6-6は、以上のような役割の二重的構造を示したものである。組織の期待役割は、職務役割と関連して発生するもので、職務役割を効果的に遂行する個人に、より重要な任務やミッションを提供することになり、それがうまくいった場合、長期的には昇進や職務移動を通じて役割の変動につながる。

図表6-6　役割の二重構造

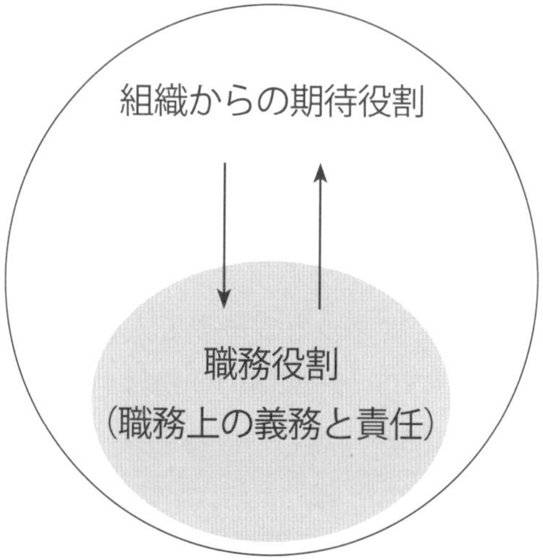

出所：朴祐成・李炳夏（2016）

　以上で日本型人的資源管理の代表的な制度として職能資格制度と、その変化形として役割等級制度についてみてきたが、これからの時代に役割等級制度が、能力主義時代の職能資格制度のような機能を果たせることが可能であろうか。Sen（2020）は、人的資源管理における今までの挑戦について、図表 6-7 のような 4 つのことを挙げている。これらの中でこれからの時代に関連して気になるのは、データドリブン（Data Driven）HR である。データドリブン HR とは、人的データやビジネスデータなどの収集・解析をベースに何らかの人的資源管理関連のアクションを起こすという意味のようである。しかし、この挑戦を乗り越えるためには、データサイエンティストの力を借りる必要がある。

　日本企業の間で現在進んでいる HR Tech 導入の動きは、データドリブン HR そのものであり、新しいネットワーク構築であるが、アクターとしての人事部がどこまでそのネットワークに関与しているのかは疑問である。もしそのような新しいネットワークで人事部が OPP を握ることに失敗すれば、データドリブン HR 関係の仕事はもう人事部のものでなくなる可能性が高く、人事部が建設した既存のネットワークの崩壊や、人事部というアクターが存亡の危機にさらされる可能性もある。

　役割主義人事というアクターネットワークの存続のためには、職務役割と期待役割という二重の役割について人事部自らがデータソリューションを提供していかないといけない。

図表 6-7　　人的資源管理への挑戦（Disruptions）

プロフィットセンターとしての HR

・ビジネス、顧客、投資者の**ための価値創出**

HR のコンシューマライゼーション

・従業員の素晴らしいライフサイクル経験を牽引

信頼のアドバイザリー

・組織管理やリーダーシップ諮問

データドリブン HR

・イノベーションのための技術とデータ提供

出所：Sen（2020）

╫ Discussion

1. 仕事（職務）基準と、人間基準の人事システムについて考えてみよう

　今までに人的資源管理システムのベースになってきたのは、仕事（職務）と人間（労働力）である。そこに、モノという非人間アクターが加わるとすれば、既存の人的資源管理システムにどのような変化が起こるのだろうか。あるいは、非人間アクターについては人的資源管理システムのベースまでにはならない別途のアクターネットワークとして扱うべきなのか。AIも仕事の仲間（同僚）であるというキャッチコピーが流行っている中、AIのレベルは仕事や人のレベルと関係がないのだろうか。

　これからの人的資源管理のベースになりうる基準について、自分の考え方を整理した後、グループ内で議論してみましょう。

2. 日本的な企業観ついて考えてみよう

　人は組織の中で生まれ、組織の中で死んでいく。我々が現代資本主義社会を生きていく上で一番強力な影響力を持っている組織が企業という存在であるとも言えよう。この強力な企業という存在について、日本ではなぜか「企業は従業員のものである」という独特な企業観があるようである。

　みなさんの企業に対する見解はどうですか。企業は何の目的で存在するもので、結局、誰のものであると思いますか。みなさんが企業に就職したり、起業したりする場合、その目的は何であり、組織構成員たちにどのような企業観を持たせたいですか。

　まずは、自分の考え方を整理し、グループ内で議論してみましょう。

第7章 採用

学習目標
1. 採用の重要性を理解する
2. 採用の基本プロセスについて説明できるようになる
3. HR Tech 導入など、近年の採用動向を理解する

01 採用管理の意義

人的資源管理は、採用管理から始まり退職管理で終わる。採用は企業が人的資源（労働力）を外部労働市場からインプットとして受け入れるプロセスである。他の条件が同じであれば良いインプットはより優れた成果に繋がる可能性が高い。多くのグローバル企業で合言葉になっている「War for Talent」という言葉で象徴されるように、優秀なコア人材をめぐる企業間の競争はますます激しくなっている。

いまだに定年までの雇用を暗黙的前提としている日本企業の場合、人の可能性を信じて凡材でも人柄や態度さえ良ければ採用して会社がコア人材に育てあげるという考え方が常識になっているような気がする。だが、AI進化などのように、急激な経営環境の変化に対して戦略的にビジネスを運営していかざるを得ない企業としては、必要な人材を企業内部で育成する暇がなくなっていることも事実である。人材育成という言葉の響きはいいのだが、教育訓練などを通じた人材開発には多くの費用と時間がかかるし、せっかく力を入れて育ててあげてもそれが望ましい結果につながる可能性が低いからである。既存知識の陳腐化が早く進んでいることもその理由ではあるが、終身雇用への疑問や会社へのロイヤルティー弱化など従業員の意識変化も無視できない。だからといって企業内人材育成の重要性がなくなるとは思われないが、もはや内部で育成した人材だけに自社ビジネスの将来を任せる時代ではないというのが現実であろう。もちろん、欧米に比べて外部労働市場が発達していない日本の特殊性を考えると、会社が必要とする全ての労働力に対して「War for Talent」の考え方を適用することは難しい。しかし、いまの時代のグローバル労働市場を考えると、日本企業もAI関連人材などコア人材争奪戦に参加せざるをえないことも事実である。

企業は「社会の縮図」であるという言葉がある。特定分野への能力のない人間も社会の構成員であるように、コア人材だけで会社は成り立たない。企業内のルーティンワークが全てAIに代替されたり、コアビジネス活動以外は全てアウトソーシングしたりする場合は別の話だが。ともあれ、採用は、組織が必要とするあらゆる人的資源を労働市場から調達する活動を意味するので、コア人材の確保だけが採用活動ではない。

採用活動は、大きく見ると「募集」と「選抜（選考）」に区分される。募集とは外部労働市場で求人活動を行うことであり、選抜は志願者から会社が必要とする人材を選択する活動である。コロナ以前までは内定辞退率や入社後3年以内の早期退職が問題になったこともあるが、採用活動が無駄にならないよう新規採用人材に対する「定着支援」も広い意味での採用活動として重視すべきである。新卒採用が定着してきた日本企業の場合、今までは学生たちが仕事（Job）ではなく会社を選択する傾向があり、個別的な雇用契約を行う欧米企業とは違って就業規則が包括的に適用されるという特徴があるが、これからもそれが維持できるのだろうか。採用管理のパラダイムシフトが求められる時代かもしれない。

02 人的資源計画

（1）労働力の需要予測

　労働力は他の資源とは違って必要な時にタイムリーに調達することが難しい。労働力の緊急需要が発生しても適材を採用するプロセスには時間と費用が発生するし、企業内に過剰労働力が存在する場合でも労働関連法の規制により即時解雇はできない。したがって「通年採用」と「常時リストラ」を掲げている企業でも人材の需給管理をリアルタイムで行うことはできないのである。

　人的資源計画とは、労働力の需要を予測し、供給プランを立てることである。経営環境があまりにも早く変化しているため人的資源計画を立てることは意味がないという主張もあるが、会社の戦略遂行に必要な人材を効率よく確保していくためには、少なくとも会社の戦略方向と毎年の経営計画に合わせて年間単位の短期計画を立案し、状況により修正していくことは必要である。

　問題は、どのような手段を使っても正確な労働力需要を予測することは難しいということである。よく活用される予測手法としては定量的・定性的方法がある。定量的方法は、統計的な分析手法を活用することで、売り上げ計画や成長率などをベースに労働力需要を予測する方法である。定性的方法は、人事部が経営陣の要望と現場のニーズを調整しながら適切な規模を判断していく方法である。定量的方法は基本的に過去のデータをベースにしているため、過去とは違う経営環境のもとでは信頼性が

落ちる可能性があり、定性的方法は多様な変数を反映することが難しいため疎外される部門や落とし穴が発生する可能性が高い。したがって現実的には定量的方法をベースに定性的方法を活用することが望ましい。

　定量的方法であれ定性的方法であれ、労働力の需要を予測するには事前に確認すべきいくつかのポイントがある。

　第一に、労働力の総需要を予測するために事業規模の拡大や縮小などのビジネス計画を確認することである。当然ながらこれには会社の経営戦略や事業部門別の競争戦略を把握しておくことも含まれる。

　第二に、労働力フローの観点から入り口だけではなく出口のことを考え、おおよその退職者数を確認しておく必要がある。多くの日本企業の場合、定年退職制度を設けているので、退職者数を予測し易い側面はあるが、自己都合による退職や組織内の新陳代謝のことなどを考慮することは簡単な作業ではない。

　第三に、組織の横と縦のイメージを確認しておくことである。これは、専門分野別の規模需要とレベル需要のことで、特にレベル需要は組織のヒエラルキーにも関係があるので昇進昇格計画との連携が必要である。

　いずれにせよ人事部は社内の労働力需要動向に注意しながら、ビジネスに支障がないよう適時人事を行う義務がある。

（2）労働力の供給（採用）計画

　労働力の需要（人員計画）が決まったら、今度は、どのような形で必要な労働力を調達するかという課題が出てくる。この段階でまず問われるのが、労働力に対する会社（最高経営者と人事部）の姿勢である。人事部は具体的な採用活動に入る前にコア人材とその他の人材に対する考え方、また、社内での人材育成や外部労働市場の活用に対する考え方などについての内部方針を決めておく必要がある。

　日本企業でコア人材とその他の人材に対する考え方は、人件費管理の問題と絡み合って主に正社員と非正規社員との労働条件の格差に焦点が与えられた。それは、終身雇用を前提とする正社員の雇用は固定費になり、雇用期間が定められている非正規社員の雇用は変動費になるので、企業としてはなるべく固定費を抑えようとするからである。日本企業が他の国の企業とは違っていまだに終身雇用を標榜できるのは、戦前から多く活用されてきた日用工や請負制（現在は人材派遣会社の活用）などによる非正規社員がバッファー（Buffer）役割を担ってきたからである。しかし、ビジネス戦略との関係からみると、今の時代には正社員だけをコア人材として考える必要はなくなっている。近年の AI 関連ビジネスの事例からもわかるように、コアビジネスのコアになる高度専門人材をテンポラリーに活用するケースも悪くないからである。同じく、正社員だからといって全ての社員をコア人材扱いにする必要もない。日本企業が正社員に求める忠誠心は確かに無視できない経営資産になるとは思われるが、フリーライダーの存在も無視できないので、様々な角度から正社員を見極める必要がある。これは、いわゆる「雇用ポートフォリオ」論の見直しにもつながる話である。

　次に、社内での人材育成や外部労働市場に対する考え方は、新卒一括採用と中途採用についての方針のことである。日本企業が新卒一括採用を重んじることについて主に議論されてきたのは、日本では欧米のような外部労働市場が整備されていないからである。確かにそういった側面も無視できないが、企業独自の組織能力の発揮を通じてアナログ産業の頂点に立っていた日本企業の経験からすると、新卒採用を大事にすることは当たり前であったのではないだろうか。

　藤本（2006）がアーキテクチャー論で提示したように、日本が強い産業は自動車や軽薄短小家電などのインテグラル（擦り合わせ）ビジネスにおいてである。つまり、高度の擦り合わせビジネスに成功するためには、長期的関係に基づく信頼関係を築く必要があり、競争相手との差別化のためには企業内教育訓練投資によって企業独自の職業能力を高める必要があったのである。外部労働市場が発達していないから企業内労働市場が進化したのか、企業内労働市場が進化したから外部労働市場が発達していないのかは卵と鳥のどっちが先かという問題にも似ているが、グローバルな観点からすると日本企業の特殊性が企業内労働市場の発達にあることも否定できない。もちろん、日本でも中途採用は一定の存在感はある。日本における新卒労働力の供給時期が毎年4月に限られていることから、労働力需要予測を超えた大量の新規ビジネス需要や退職者が増えた場合は対応できないので、中途採用のニーズは常にあったからだ。

　問題は、デジタル産業の台頭である。周知のように、デジタルの世界は多くの場合、モジュールごとに簡単に組み合わせができるので、後発企業がコピーしやすいし、熟練労働者が大量に必要な世界ではない。つまり、戦後日本企業が培ってきた擦り合わせの組織能力のメリットを活

かすことが難しくなったのである。デジタル基盤の仮想世界の重要性が高まったからといってアナログ基盤の現実世界や伝統産業の重要性がなくなったわけではないので、日本企業の競争力が一気になくなるとは思われないが、デジタル世界を巡って進化しているビジネススタンダード

を日本企業が活用していくためには、雇用ポートフォリオのフレームを拡張させ、より柔軟に対応していく必要がありそうだ。特に、サイバー空間では国内だけの労働力にこだわる必要もないので、グローバル次元の外部労働市場の動向も視野に入れないといけない。

図表7-1　産業アーキテクチャーと人的資源戦略

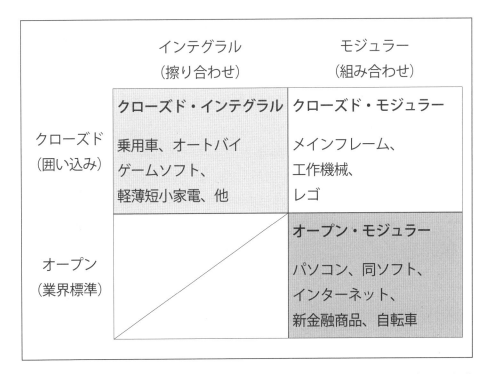

出所：藤本（2006）から作成

　日本企業の長所が擦り合わせ産業で発揮できたのだとすれば、多くの発展途上国の企業は組み合せ産業の中でもオープン・モジュラー分野で先進国産業の後を追っていると考えて大きな問題はないだろう。これは、人材マネジメントにおいても成立する話である。もし、自前で関連人材の育成が困難な状況であれば、オープン・モジュラー産業と同じく、世界から必要な人材を集めて組み合わせで組織を作れば良いという話である。戦後日本の経験からすると、外部労働市場が形成されていない状況で必要な人材は自ら育成して活用するしかなかったと思われる。その結果、企業独自の能力に長けた人材が多くなり、それが擦り合わせ産業で力を発揮したと考えられる。しかし、現在は内部で関連人材を育成できないほど変化のスピードが速いし、グローバル労働市場の活用も可能なので人的資源戦略の軌道修正が求められていると言えよう。

03 募集

（1）募集活動の方向性

募集活動は、何よりコストのことを考え、効率よく、会社が必要とする人材がたくさん志願してくるようにすることにフォーカシングしなければならない。具体的な募集活動としては、募集チャネルや募集先の検討が優先されがちだが、その前に、企業が募集母集団に提供できる価値を明確にしておくことが大事である。

（2）多様化する募集チャネル

募集チャネルごとに費用対効果がかなり違ってくるので、時代の流れに合わせて適切な募集先の確保や募集チャネルの使い分けが重要である。一時期は社員たちの推薦や新聞・雑誌などの紙面広告、あるいは仲介専門機関を通じて募集活動を行うのが一般的であったが、インターネットやソーシャルメディアなどの進化に伴い募集方法も多様化している。近年の AI を活用した募集活動はその代表的な事例である。

日本の特徴的な募集チャネルとしては、ハローワークと学校が考えられる。ハローワークとは、日本の公共職業安定所が掲げているキャッチコピーのことで、他の国でも見られる公共サービスであるが、日本の場合、ハローワークという愛称をつけて利用者に親近感を与え、中途採用の場面などで大きな役割を担っている。また、特に大学新卒の場合は学校の就職支援部署の活動を無視できないので企業にとって重要な募集チャネルである。

（3）企業の募集価値提案

一般的に応募者が多いということは企業の募集活動の成功のようにみえるが、不合格者が増えることを考えると効率的であるとは言えない。選考過程の複雑さが増えるだけではなく、潜在顧客でもある志願者たちに悪いイメージを与えやすいからだ。それで登場したのが顧客視点の募集活動である。つまり、会社が必要とする人材像に相応しい人材の応募を増やすことだけではなく、その応募者が会社を志願する動機やニーズに対する理解が必要なのである。これは、入社後に離職を防止することにもつながる。

特に、募集過程で効果があると言われるのが、従業員価値提案（Employee Value Proposition；EVP）である。EVP とは従業員が会社組織の一員として経験する仕事に対する満足感や報奨などを含む期待を満たすことで、優秀な人材の誘引と既存メンバーの仕事へのコミットメントにも役に立つ。

04 選抜（選考）

（1）選抜の方向性

　募集活動を通じて志願者が決まったら、その中からどのようにして会社が本当に必要な人材を選別していくかが課題になる。したがって、重要なのは、会社が必要とする人材像に対する具体的なイメージ（共通）と、担当予定の仕事に必要な要件、つまり、選抜基準を前もって整備しておくことである。次は、決まった選抜基準に合わせて、信頼性や妥当性のある選抜手段を用意し、実際に志願者がそのような基準に適合した資質や特徴をもっているのかを確認、検証するプロセスが必要になる。

　選抜において大事なのは、次の図表 7-2 でみるような「公正性」を保つことである。そうでないと、志願者の不満を買ってしまい、アンチ顧客を作ることになりがちだからである。

図表 7-2　選抜の公正性

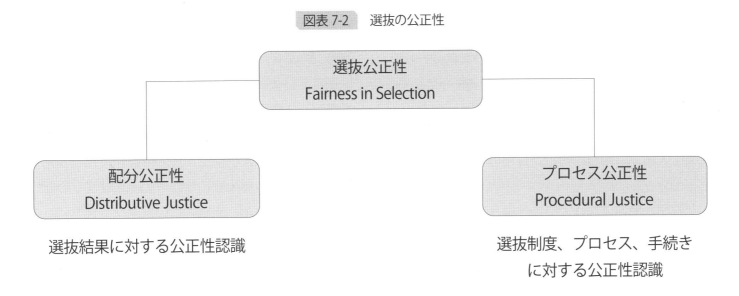

（2）多様な選抜手段

多くの志願者から適材を見分ける王道はないが、選抜過程で問題が発生した場合、それまでの努力が無駄になる可能性が高いし、個人と組織の相互で不幸な事態を招く可能性もあるので、企業が採用活動を行うときに適切な選抜手段を使いこなすことは大事である。

一般的に、選抜のプロセスは書類（エントリー・シート）の選考から始まり、適性検査や面接などの手段を用いる場合が多い。しかし、これらの手段だけでは情報の非対称性が解消されないことも事実であり、採用直結型インターンシップ制度やリクルーター制度を併用する企業が増えている。

インターンシップとは、元々休み期間を利用して学生たちに会社の仕事を経験させ、就職した後の組織適応を助ける目的として企画された制度だが、近年は、仮採用してから数ヶ月間にわたる実際の業務遂行状況を評価して最終的に採用判断をする方法として、人気が高まっている。言い換えれば「採用直結型インターンシップ」への進化である。リクルーター制度は、社員（リクルーター）が母校の学生と社外で接触し、インフォーマルな面接の結果を人事部に報告、それが採用の可否に影響するものである。

最近は、AIを活用した採用が話題になっている。AIを人的資源管理に活用しようとする試みは「HR Tech」という枠組みの中で進んでいるが、その中でも採用はマーケットが大きいこともあって、多くのAIサービス会社が参入しており、関連アプリケーションが乱立している。新卒採用にAIを導入した代表的な例として「ユニリーバ・ジャパン」のケースがある。ユニリーバ・ジャパンは次のような背景からAIを新卒採用制度に導入したという（日本経済新聞出版社編、2019）。

第一に、ビジネスニーズの変化で、市場の変化に対応しながら同社のビジョンの実施を支えるようなクリエイティビティ溢れた人材を採用するには、世界中から通年で応募できる柔軟な仕組みが必要だと考えた。

第二に、学生の変化で、決まったタイミングでリクルートスーツを着て、エントリーシートを誰かにレビューしてもらうといった一括採用スタイルは、採用の対象となっているミレニアム世代やZ世代の価値観に合致していない。

同社はエントリーシートを撤廃し、TOEIC800点の応募基準だけを提示した。また、図表7-3でみるように、ゲーム形式の一次選考とデジタル面接（応募者が自ら録画して送ってきたビデオをAIが分析）の形式で二次選考を行なった結果、エントリーシートの審査にかけていた多大な時間を削減できる直接的な効果があった。その他、二次選考までオンライン上で完結するため、今までアプローチできなかった地方の大学生や海外の大学の日本人留学生からの応募が目立つ効果もあり、また、エントリーシートから見えてこなかった一人ひとりの個性や創造力といったものが可視化できた。同社のこの採用システムは、大学1年生から既卒3年以内の人まで応募対象を拡大しており、内定から入社まで最大2年の期間を空けることも可能だと言う。

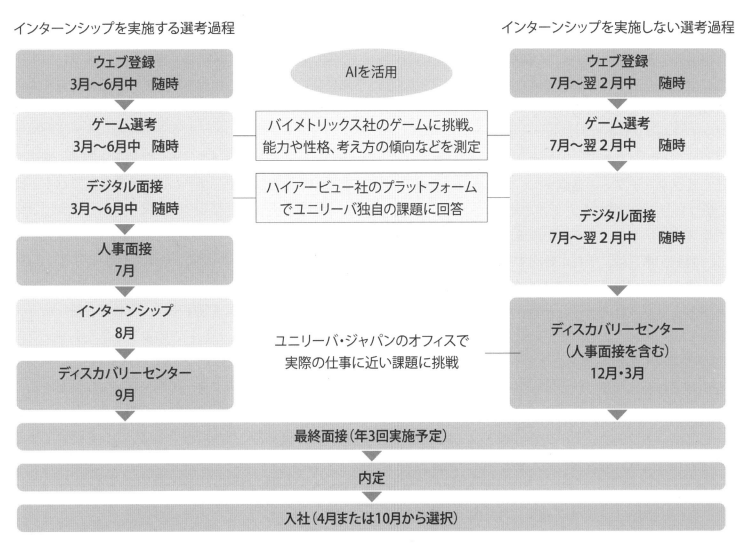

図表7-3　ユニリーバ・ジャパンの採用プロセス

インターンシップを実施する選考過程

| ウェブ登録
3月〜6月中　随時 |
| デジタル面接
3月〜6月中　随時 |
| 人事面接
7月 |
| インターンシップ
8月 |
| ディスカバリーセンター
9月 |

ゲーム選考
3月〜6月中　随時

AIを活用

バイメトリックス社のゲームに挑戦。
能力や性格、考え方の傾向などを測定

ハイアービュー社のプラットフォーム
でユニリーバ独自の課題に回答

インターンシップを実施しない選考過程

ウェブ登録
7月〜翌2月中　随時

ゲーム選考
7月〜翌2月中　随時

デジタル面接
7月〜翌2月中　随時

ディスカバリーセンター
（人事面接を含む）
12月・3月

ユニリーバ・ジャパンのオフィスで
実際の仕事に近い課題に挑戦

最終面接（年3回実施予定）

内定

入社（4月または10月から選択）

出所：日本経済新聞出版社編（2019）

（3）採用の新アクターネットワーク

　ゲーム選考やデジタル面接を導入したユニリーバ・ジャパンの採用プロセスは、ANT の観点からすると、同社の人事部というアクターによって企画された新たな採用アクターネットワークの構築であると言えよう。同社のケースで新たに登場したアクターの中で目立つのは、応募者の能力や性格、考え方の傾向を測定してくれるというゲーム（このゲームを企画、運営するバイメトリックス社も含む）、また、応募者の自己面接動画を撮影してくれるカメラやマイクなどの人工物（Artifact）である。同社の人事部は、おそらくベターテストの結果をベースに社内の他のアクターたちを説得（翻訳プロセスの建設）したはずである。

　採用をめぐる新たなアクターネットワークの構築に成功したという同社人事部のアピール（雑誌記事）は、それに賛同する他のアクター（競争相手の人事部など）を動かせることになるかもしれない。その場合、非人間であるバイオメトリックス社のゲームと動画撮影用の人工物というアクターは、ユニリーバ・ジャパン人事部ネットワークの義務通過点（OPP）としての役割を果たしながら自分のネットワーク（第2次、3次ネットワーク）を広げることになる。例えば、ゲームのリソースを提供する組織心理学関係者のネットワークや、そのゲームを上手く実行させるクラウド・サービスネットワーク、データ分析用のツール、データサイエンティストなど、様々な次元の人間・非人間アクターに拡大されていくだろう。

　一方で、新たなアクターの登場により改めて構築された採用のアクターネットワークは、応募者というアクターの行動を変えていく可能性が非常に高い。例えば、撮影技術や機材を上手く活用して自分のイメージを本物より優れた偽物として作り出すことも可能であるからである。フランスの社会学者である Jean Boudrillard によって提唱されたと知られているシミュルラクル（Simulacre；原本のない複製）というコンセプトはまさにこのようなケースに当てはまる。つまり、世の中は本物より偽物を選好し、好みの姿（作られたイメージ）に変質することになり、本物を圧倒する偽物は、超正常刺激（Supernomal Stimuli）を極端に提示することになるとすれば、この新たなアクターネットワークの構築者である人事部は、応募者たちが作り出した超正常刺激に翻弄される可能性も高くなるのである。また、ゲームという非人間アクターは、ゲームの設計手法としてよく知られているの PBL（Point；比較、Badge；権威、Leader board；順位）などの諸要素から逃れないと考えられるので、応募者の能力や性格などの診断が歪曲される可能性も否定できない。

　現在、AI を活用した「HR Tech」の進化に乗っ取った形で拡散されている新たな人的資源管理手法は、それぞれ新たなアクターネットワークそのものである。しかし、このようなネットワークの構築者である人事部は、既存のネットワークにはなかった新たに参加したアクター、特に AI のような非人間アクターの関係性に常に注意を払う必要がある。我々がパソコンという非人間アクター関連ネットワークを全く知らなくても自分の目的達成のために上手くパソコンを活用できるのは、少なくともパソコンのインプット・アウトプットの関係については知っているからである。

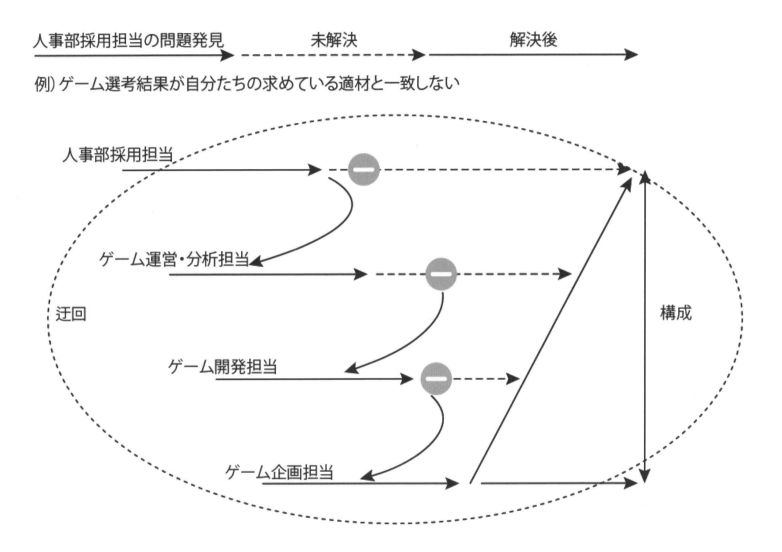

人事部採用担当の問題発見　　　未解決　　　解決後

例) ゲーム選考結果が自分たちの求めている適材と一致しない

出所：Bruno Latour（2010）をベースに筆者作成

（4）新採用ネットワークと人事部

　図表7-4で示されているように、ゲーム選考やデジタル面接という新たな採用プロセスの中には人事部にとってブラックボックスに該当する部分がある。問題は、そういったブラックボックスを人事部がコントロールできるかどうかである。図表7-5は、HR Techを活用した採用関連の新たなネットワークの中で人事部が人事部であり続けるために必要な義務通過点（OPP）を例示したものである。

　飛行機の操縦士はブラックボックスになっている飛行機の詳細を理解していなくても操縦はできる。しかし、万が一の時にトラブルシューティングの可能な操縦士になるためには、いくつかのコア機能に関する動作原理を把握しておかないといけない。同じく、人事部も、常に自分たちがイメージ化した人材像がビジネス戦略に適合的なのか、新たな採用プロセスを通じて人材像にフィットする人の選抜が可能なのか等についてモニタリングしていく必要がある。もし、意図通りにならなかったら、それをコントロールしないといけないが、その時に必要なのがOPPである。

　要するに、人事部は、人材像をめぐるデータ解析基準で関連IT部隊を、採用基準でゲーム選考やデジタル面接システム運営部隊をコントールできるように、そういった基準の制定や変更に関する機能をOPPとして管理する必要がある。

図表7-5　人事部が掌握すべき新採用ネットワークのOPP例示

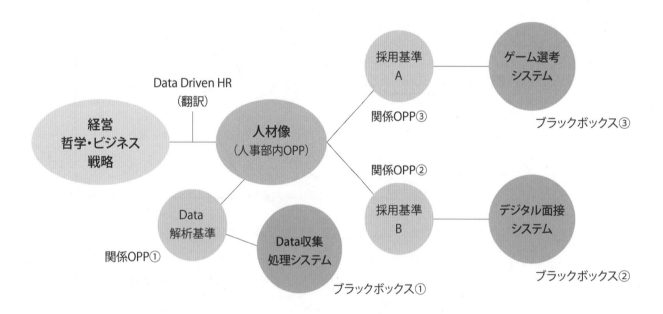

05 定着支援と初期キャリア管理

採用プロセス、つまり、募集と選抜を通じて「内定」が決まったら法律的にも拘束力が生じる。したがって企業はなるべく内定から実際の入社までは期間を短くしようとする。しかし、人手不足で労働市場が売り手市場になった場合、競争相手との関係上、内定を早く出さざるを得なくなる。ということで登場したのが「内々定」である。

問題は、労働市場が売り手市場であればあるほど、内々定を出しても辞退者が増えるということである。また、入社後の早期退職が増える問題もある。日本では、1990年代以降、大卒新入社員の3割が入社後3年以内に退職すると知られている。

多くの時間と費用をかけて採用した人材がすぐ辞めてしまうことは、効率化の側面からも企業側が放置してはいけない課題である。なぜ新入社員の退職率が高いかに関する議論は様々であるが、自社組織への適応が問題であれば、人事部と現場管理者が力を合わせて解決に向けて努力すべきである。ミスマッチの解消という側面で早期退職が必ずしも悪くはないという議論もあるが、なんの努力もしないまま即座に判断を下すことはマネジメントの放棄に他ならない。情報の非対称性からしても新しい組織に入社した人がその組織の暗黙的前提や組織風土への適応に難しさを感じるのは当たり前のことである。したがって、本人も会社も互いの期待を確認しながらギャップがあれば調整に入ることは、欠かせないマネジメントプロセスなのである。

実際に、日本の多くの企業は、内々定、内定、早期退職の対策として、様々な工夫をしてきた。労働条件の改善はもちろんのこと、キャリアカウンセリングやメンタリングなど、多岐にわたる人事制度の企画と運用がその具体策ではあるが、その前に、もっと大事なのが、正しい情報の開示である。つまり、入社前と入社直後における情報の非対称性解消が先決条件なのである。内定段階までは、志願者が担当する予定の仕事に対する正確な情報を伝え、現実的な期待を持たせる必要がある。欧米のような職務ごとの採用でない日本企業の場合、具体的な職務情報を提供することは難しいが、職群ごとの代表職務に関する内容でもケースバイケースで知らせる必要がある。

また、特に重要なのが入社後のオリエンテーションである。これは、個人の職務より組織に対する理解を求めるもので、日本企業のような組織風土では最も効果があると考えられる制度だが、近年の日本企業の状況を見ると意外に疎かにされる場合が多い。韓国の大手企業は新入社員に対してだいたい4週間以上の合宿オリエンテーションを行なっているが、その内容は、会社の経営理念や組織文化への理解はもちろんのこと、現場に配属されると共通に使える仕事の慣例まで多岐にわたる。1980年代までは日本企業でも徹底したオリエンテーションが行われたが、バブル経済崩壊以降は費用削減などの理由から入門教育期間も短くなり、OJT強化という名目で現場に委ねるケースが一般化したのは残念である。

新入社員の定着（組織社会化）と初期キャリア形成に大きく影響するのは「メンター制度」である。簡単にいうと先輩社員に後輩の面倒をみさせる制度である。この時に、先輩をメンター、後輩をメンティーと呼ぶが、特に新入社員の場合、多くの企業では、客観性を理由にして直接上司ではなく、異なる部署の社員をメンターとして任命している。

　しかし、「Mentoring」は、新入社員のみに必要なものではない。完璧な人は存在しないことを考えると、誰にでも人生のメンターは必要である。組織的・制度的なアプローチでなくても、職場内外を問わずメンターを見つけて活用できる組織風土を作ることは大事である。メンティーが職場内のメンターと連帯感を持つ場合、離職率も低下するだろう。

図表 7-6　メンター制度の活用

イメージ出所：https://tunag.jp/

06 採用における法律上の規制

　労働者には職業選択の自由があるのと同じく、企業にも採用の自由がある。これは多くの国で法律で保障されているが、政治社会的理由からその権利が法律によって制限される場合もある。例えば、マレーシアでは、ブミプトラ政策を通じて、民間企業に対しても一定率の原住民採用を義務付けている。日本でもこういった規制はいくつか機能している。障害者雇用促進法により障害者について一定の雇用率が設けられており、男女雇用均等法により性別を理由とする差別を禁止している。こういった雇用をめぐる法律的規制は弱者を保護しようとする試みとして理解すべきではあるが、効率的な人的資源管理を目指している企業側からすると負担の増加になる。

　個別労働者の労働条件に直接的な影響を与える労働基準法（日本は1947年制定）は、独立的な経済主体同士の自由な契約に基づいて両者の関係を規定する市民法とはそのアプローチが根本的に違う。それは、事実上対等ではない使用者と労働者の関係を自由な契約関係として認めて放置した結果、低賃金、長時間労働などの劣悪な労働条件が強制され、若年層と女性が酷使される深刻な社会問題を生み出した歴史があるからだ。つまり、労働関連法は基本的に労働者の保護のために国家が積極的に関与する必要性の上に存在する。日本の労働関連法でも、労働者を保護するための最低の基準を定めている。これは、労働をしながら人間らしい生活を維持できる最低限の基準を法律で規制し、それより上位の条件については使用者と労働者の間の契約を認めることを意味する。例えば、最低賃金関連法は、全ての使用者が必ず守らないといけない最低限の賃金水準を設定しており、労使間の交渉や個別の労働契約により、最低賃金要件を上回る条件を設定することはいくらでも可能である。

　しかし、こういった弱者保護のための法律的規制がどの企業でもしっかり守られているとは思われない。多くの企業は利潤追求という基本目的に徹底しており、なるべく費用を最小化しようと努力するからでもあるが、社会文化的に差別の慣行が根強い場合、法律より感情的な面が優先してしまうからだ。いまだに激しい議論の対象になっている米国の黒人差別を思い出してほしい。他の国でも、一般的に高齢者、女性、低学歴者、障害者などの階層は差別的な慣行にさらされる可能性が高い。大手企業の場合、ブランド・イメージや社会的な評判のためにも違法行為に抵抗感があるが、オーナーの意思に左右されやすい小規模企業ではこういった差別的慣行が温存する可能性もある。

　最低基準といっても企業側としては現実的に受け入れ難い場合もある。基準を決めるのは政治家であり、政治家は圧力団体の代弁者であるため、企業の予想より早い段階で先進諸国の制度を導入するケースもしばしばあるからだ。男女雇用機会均等法が1985年に制定されると、日本企業が総合職と一般職を分ける職群制度を通じて規制を逃れたのは、日本企業なりの防衛対策であると言えよう。

1. 選抜の公正性について考えてみよう

選抜は公正に行わないといけないが、公正さに対する認識は人それぞれである。同じ制度のもとでも満足する人とそうでない人が現れる。多くの場合、何らかの理由で認識にバイアスがかかっている可能性が高いので、まずは、自分が偏見や固定観念（Stereotype）を持っていないかチェックしてみることが重要である。

特定企業のホームページに掲載されている採用関連の制度、プロセス、手続きなどの内容を確認しながら、その公正性について検討してみましょう。グループ内で議論しながら公正性の判断に対する意見の違いがあれば、何故そのような違いが出てきたのかについても話してみましょう。

2. 採用への HR Tech 活用について考えてみよう

ユニリーバ・ジャパンの事例でみたような HR Tech は、何よりコスト・パフォーマンスの側面から採用のプロセスにどんどん活用されていくことが予想される。しかし、デジタルディバイド（Digital Divide）の話からもわかるように、必ずしも公正的な手段であるとは言い難い。IT 系の企業であれば、志願者たちにも HR Tech の活用が当たり前のように受け入れられる可能性はあるが、それでも特定の人には最初からスクリーニングの対象になれない可能性は否定できないので、公正であるとは言えないかもしれない。

みなさんが入りたい企業が、ゲーム式やデジタル面接式など、HR Tech を活用した採用制度を導入すると告知した場合、みなさんはどういった準備をしていきたいですか。志願者の立場と企業の立場にグループを分けて、採用に活用されるツールの公正性検討など、色々と議論をしてみましょう。

第8章　異動（配置転換、昇進昇格）

学習目標

1. 日本型人的資源管理における異動管理の意義を理解する
2. 配置転換の目的と諸手段について説明できるようになる
3. 組織内の昇進昇格競争について理解する

01 異動管理の意義

　日本では一般的に「人事異動」と呼ばれる人的資源管理手法に「配置転換」と「昇進昇格」がある。両方とも企業内労働市場での人材マッチング手法であることに差はないが、その本質には根本的な違いがある。

　配置転換は、他の職務や部署など、似たようなレベルへの横這い異動を意味するが、昇進昇格は、現在よりは高いレベルへの縦の異動を意味する。昇進昇格を兼ねて配置転換が行われることもしばしばある。配置転換と昇進昇格の大きな違いは、配置転換が雇用調整の手段としての意味合いが強いのに対して、昇進昇格はモチベーションの向上に更に意味を置くことにある。もちろん、配置転換も雇用調整の目的だけで行われるものでもないし、モチベーションの目的でない昇進昇格もありうる。

　ともあれ、配置転換と昇進昇格のマネジメントは他の国より日本で、つまり、日本型人的資源管理の特徴として、より大きな役割を果たしていることは否定できない。配置転換の場合、欧米では、労働者の雇用は職務と直結しているため、企業内にその職務がなくなると、すぐ解雇になるケースが多い。少なくともブルーカラーの場合は、配置転換の問題が起こらないのが一般的である。しかし、日本では、ブルーカラーもホワイトカラーも終身雇用を暗黙的前提としているため、配置転換が必須になる。それは、外部労働市場が発達していない日本でビジネス規模の拡大や新規ビジネスに着手するときに、外部から必要な人材を採用することに限界があるからである。また、業績悪化などでリストラの必要性が出たときにすぐに解雇できない状況であれば配置転換しか道がない。

　昇進昇格にも日本特有の側面がある。欧米の場合、そもそも昇進はあるが昇格のコンセプトは存在しないのが普通である。要するに、昇格は、日本型人的資源管理の大きな柱である職能資格制度をベースに行われる特殊な人事制度として受け入れた方がいいだろう。職能資格制度により役職と資格が分離されている日本企業で、昇進は、マネジメントのポスト、つまり、組織単位別マネジャールートを辿っていくことを意味するが、昇格は、職能給のグレードが上がっていくことを意味する。したがって、日本企業における昇進昇格のマネジメントは、単なる企業内部労働市場での人材マッチングに終わらなく、社員のモチベーションに多くの役割を果たしているのである。

　一方、配置転換と昇進昇格管理は、会社の人事権として認識されるケースが多く、欧米とは違って配置転換より雇用安定を優先する日本の労働組合の性格上、労働者は常に弱者の立場であることを指摘しておきたい。これは、場合によっては会社から悪用される可能性が高い制度でもあるからだ。例えば、必ずしも必要でないのに本人の意思に反して勤務地移動を伴う配置転換命令を出したり、管理職は組合に加入できないという労働法を利用して、特定の社員を管理職の資格に昇格させたりすることも可能である。

02 配置転換

（1）配置転換の目的

白井（1992）によると、日本企業の配置転換（配転）は、次のような目的で行われている。

第一は、業務上の必要に基づく配転であり、業務の拡大や縮小、部門間の繁閑の調整、工場の増設や移転や閉鎖、部・課・係など経営組織の改廃、製品の変更や新製品の開発、生産設備や生産方法の変化、販売市場の拡大や変化などで生ずる企業の労働需要の変化に既存の労働力をもって対応するには配転以外にない。

第二は、教育的配転であり、従業員に業務の広範な知識・技能・経験をもたせるために人事計画や教育・訓練計画に基づいて定期的に行う配転である。もともとは管理職やその候補である高学歴のホワイトカラーを対象にしたものであるが、ブルーカラーについても能力開発や職務の充実・拡大の観点から、教育・訓練のための配転が計画的に行われるようになった。

第三は、雇用調整策としての配転である。過剰人員の整理を解雇のようなドラスティックな形によらず、部門間の労働力の再配分によって行うものであり、解雇にともなう労使紛争をさけるとともに貴重なマン・パワーの温存を可能にする。逆に、労働力不足を、新規採用によらず配転で充足することもある。

第四は、降格的人事および懲戒にともなう配転である。降格や懲戒を行った場合、所属の作業集団にとどめることが人間関係からみて好ましくないので配転を行う。

このような表面上の理由はともかく、実質的には、組合のリーダーや活動家を非組合職に、夫婦共働きの一方を遠隔の事業所に配転するなど、不当労働行為となる場合もしばしばあるという。

（2）配置転換の区分と動向

配置転換は企業主導型と個人選択型に区分できる。企業主導型は、昇進昇格人事の時期に合わせて定期的に行われるケースが多い。個人選択型は、異動において個人の意思を尊重するケースである。ただし、個人選択型であるとしても配転先が個人の意思通りになるという保証はない。近年の動向としては、社員の自主性やモチベーションをアップさせる趣旨で、社員の意思を積極的に反映しようとする試みが増えている。実際に社内公募制や社内FA制度など、多様な人事制度を設けて社員の選択をサポートしている企業が多い。

（3）出向・転籍

出向は準企業内労働市場で行われる人事異動のことで、日本企業で最も発達した人的資源管理手法である。出向制度は、元々解雇に抵抗感がある労使の間で雇用調整の手段として考案された。親会社でリストラの

対象となる労働者が関連企業に出向する形で雇用が守られたのである。

　出向元に在籍しながら出向先の仕事をするという出向制度は、概ね親企業と関連会社の間で行われるため、上から下へ流される特徴があるが、それも時代の変化に伴って変化してきた。初期の出向対象者は親会社の昇進昇格競争や事業調整優先順位での負け組で、親会社に籍があるといっても一旦関連会社に出向されたら二度と親会社に戻ることはないと認識されていた。しかし、本社の社長が出向先から抜擢されたケースが登場するなど、出向先での経験に対する新たな評価が出ていることも事実である。出向に敗者復活のパターンが出てきたことは、日本型人的資源管理馴染みの「青空の見える人事」に他ならない。出向はあくまでも親会社の論理で、関連企業に対して不適切な人材の押し付けがしばしばあるのが現実だが、関連会社のニーズによって親会社に依頼するという形で行われるケースもある。

　出向元との雇用関係を終了させ、出向先と新たな雇用関係を結ぶケースを「転籍」といい、在籍出向と区別しているのが一般的である。関連会社も法人として独立している存在なので、本質は中途採用と変わらないが、処遇の面で親会社との調整が必要であるという特徴がある。出向者の処遇は、最初は出向元の水準を維持することが前提で、親会社と関連企業の賃金水準の差額を親会社が「出向料」の形で期限を定めて支払うパターンが一般的である。

　佐藤・藤村・八代（2019）によると、近年の出向の目的は次のように多岐にわたる。

　　① 従業員の能力開発

　　② 出向・転籍先の人材不足解消
　　③ 出向・転籍先への技術指導・経営指導
　　④ 出向・転籍先との人的な結びつきの強化
　　⑤ 出向・転籍元の労務費軽減
　　⑥ 出向・転籍元の従業員削減
　　⑦ 出向・転籍元の管理職ポスト不足解消
　　⑧ 出向・転籍者の定年後の雇用機会確保

　一見当たり前のようだが、このような出向・転籍の目的は対象者の年齢層によって異なるという。また、大企業を中心に人材育成、活用、調整の範囲が企業単位から出向・転籍を通じて企業グループ単位へと広がり、資本関係や取引関係を通じて形成された企業グループ内の準企業内労働市場が出来上がったと、出向・転籍制度の効用は再評価されている。さらに、大企業に雇用された従業員の側からみると、出向・転籍は、企業内における定年までの継続雇用システムが企業グループ内における継続雇用システムに変化したことを意味することや、関連企業以外の企業にも拡大していく可能性についても指摘されている。

（4）転勤問題

　配置転換による他の地域への移動を伴う「転勤」は、労働者の生活に直接影響を与える大きな問題である。しかし、日本では、欧米と違って企業主導の肯定的な側面が常識になっており、個人の都合に対する配慮が足りないようである。

　日本労働政策研究・研修機構（JILPT）が 2016 年に行った調査によると、正社員としての転勤経験者たちは、転勤の目的について次のように認識

している。

① 社員の人材育成（66.4%）

② 社員の処遇・適材適所（57．1％）

③ 組織運営上の人事ローテーションの結果（53．4％）

④ 組織の活性化・社員への刺激（50．6％）

⑤ 事業拡大・新規拠点立ち上げに伴う欠員補充（42．9％）

⑥ 幹部の選抜・育成（41．2％）

⑦ 組織としての一体化・連携の強化（32．5％）

以上の項目は、30%以上の回答だけをあげたものであるが、人事部のような会社の代理人ではなく、転勤経験者個人が答えた結果であることを考えると、驚くほど会社の論理が個人の考え方に浸透していることがわかる。正社員だからかもしれないが、転勤を当たり前のように受け入れ、実際に転勤に関する明文化された規定を置かない企業も多い。

　こういった肯定的な意識とは別に、転勤で困難に感じることがないとは言えないようでる。図表 8-1 で示された内容からすると、当然ではあるが、介護や持ち家の問題と子育ての問題が目立つ。

　転勤について従業員個人が肯定的に受容することは、終身雇用を暗黙的前提にしている日本的経営の元では常識なのかもしれない。しかし、大手企業でさえリストラ対策として転勤を利用していることに対する警戒は必要であろう。

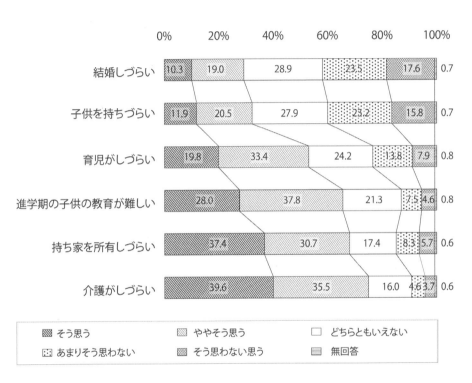

図表 8-1　転勤問題
（現在の会社での転勤経験に照らして困難に感じること）

出所：JILPT（2017）調査資料（https://www.jil.go.jp/）

03 昇進昇格

（1）昇進昇格と職級体系

　白井（1992）によると、昇進（Promotion）は、従業員の処遇の問題で、アメリカでは、賃金、福利施設などと並んで報償制度（Industrial reward system）の一環として扱われるが、日本では、企業内の人的資源の開発と有効利用の観点から、雇用管理の一環としての側面が重視される。

　企業内労働市場が一般化されている日本企業で昇進昇格は確かに縦の労働力調整の問題と深く関係していることに異議はない。しかし、職能資格制度という日本特有の人的資源管理制度のもとでの昇進昇格の運営は、やはり、モチベーションに重きが置かれていると考えられる。一見して、アメリカの報償制度的な見方と変わらないが、金銭的な報償の側面だけではなく、非金銭的側面がより重要視されるという意味で、本書では「報奨管理」の一環として考えていきたい。

　昇進昇格は、職級体系をベースに行われるのが一般的であるが、この職級体系は次の図表 8-2 のように、組織内で様々な機能を果たすことになるので、実際の運営にあたっては自社のスタンスを明確にしておくことが求められる。

　まず、第一に、組織マネジメントの側面からすると、職級体系はピラミッド型の選抜論理が働く。つまり、CEO を頂点とするマネジメントの階層別ポスト（職責、役職）の責任者を任命する基準として機能するのが職級体系である。当然ながらポストの周辺にはそのポストの責任者に

なりうる予備軍（候補者）が存在するわけで、昇進昇格はその候補者たちのよきモチベーションの手段になるのである。一方で、組織のポスト数や昇進昇格対象者数を管理することは、組織の生産性や人件費に直結する。同じビジネス規模で似たような成果であれば、特別な事情がない限り、組織ポスト数が少ない方が、また、管理職や管理職予備軍が少ない方が生産性が高く、人件費も低く抑えられる。

　第二に、人材育成の側面からすると、職級体系は、その区分基準になる。職能資格制度のもとで職能資格や能力要件は昇進昇格対象者がクリアすべき基準なので、階層別の適切な On － Off JT 教育訓練を通じてサポートする必要がある。多くの企業で職級体系は、CDP（Career Development Program）運営の基準である。

　第三に、報奨の側面からすると、職級体系は、処遇差別化の基準になる。つまり、会社への貢献度や成果、仕事の経験や熟練度に基づいた処遇の幅を決める基準になるのが職級体系である。職級等級やそれに相応しい処遇のレベルは企業内外での比較基準にもなるので、市場賃金レベルで労働者の品格維持の基準にもなる。

　第四に、従業員の身分の側面からすると、職級体系は、何より職場内秩序の維持と関係がある。年と功、そして、職務遂行能力をおおまかではあるがひと目で判断する基準になるのが職級体系であり、日本や韓国ではそれが社会的なステータスにつながるので、個人の名誉にも関係す

る。銀行などでローンの上限額が所属企業の職級によって違ってきたりするのが代表的な例である。

　第五に、仕事のマネジメント側面からすると、職級体系は、職務の配分基準になる。日本では欧米ほどの精緻な職務等級ではないが、職能資格ごとに遂行できる職務が大まかに決まっており、それが、課長には課長にふさわしい仕事があるというふうに、職級体系と密接に連動している。

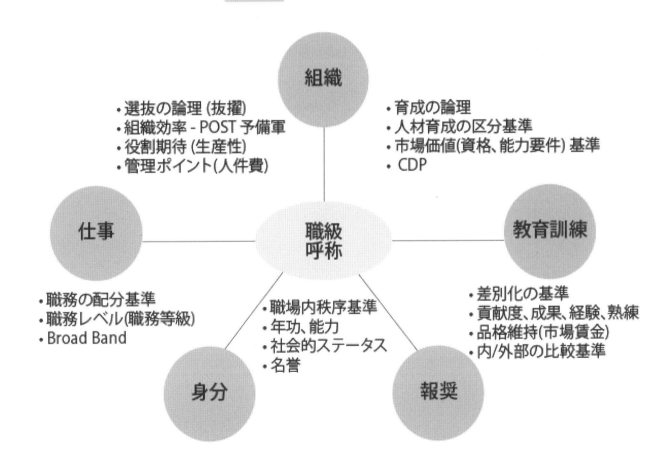

図表 8-2　職級体系の様々な側面

組織
・選抜の論理 (抜擢)
・組織効率 - POST 予備軍
・役割期待 (生産性)
・管理ポイント(人件費)
・育成の論理
・人材育成の区分基準
・市場価値(資格、能力要件) 基準
・ CDP

仕事
・職務の配分基準
・職務レベル(職務等級)
・Broad Band

職級呼称

教育訓練
・差別化の基準
・貢献度、成果、経験、熟練
・品格維持(市場賃金)
・内/外部の比較基準

身分
・職場内秩序基準
・年功、能力
・社会的ステータス
・名誉

報奨

（2）職級体系の形成原理

　社員格付け制度としての職級体系は、何を基準にして差別化（ランキング）するのかによって多様なパターンの設計が可能である。今野・佐藤（2009）は、職級体系の多様性を体系的に整理し、仕事の流れを構成する要素の中の何を評価基準として重視するかによって、図表8-3のように社員格付け制度の3つの類型を提示している。

　第一に、人間系は、仕事に取り組む人がもつ労働意欲と潜在能力、第二の仕事系は、人が取り組む仕事とその際に発揮された能力から構成される。第三に、仕事の成果は最終的には市場で評価されるので、ここでは市場系に位置付けられている。

図表 8-3　社員格付け制度の構成

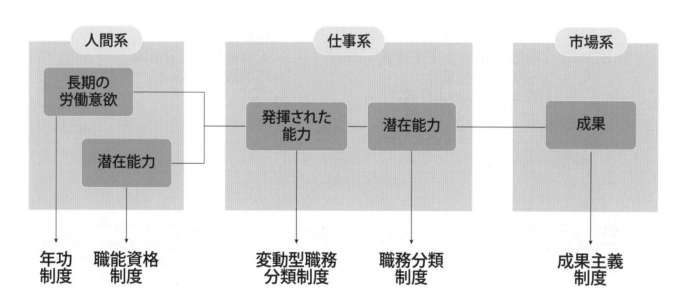

出所：今野・佐藤（2009）

（3）昇進昇格競争

　企業の職級体系は、ヒエラルキー的な属性を持っており、職級の上昇をめぐる組織内競争のベースになる。したがって、企業がどのような職級体系を設計し、どのような昇格システムを運営していくのかという問題は、その企業が求めている人材の質を決めることであり、それが企業戦略と整合性のある人材イメージであれば、企業競争力にもつながる。さらには、組織構成員の間に適当な緊張感を維持させ、組織内に成長のための健全な競争的雰囲気を作ることにも役に立つ。

　ローゼンバウム（1984）は、昇進選抜は概ねトーナメント型（Tournament Mobility）で行われるという。つまり、従業員の企業内キャリアは競争の連続で、勝者はより高いレベルの競争に参加できるが、敗者は競争から排除されるということである。これに対して、今田・平田（1995）は、日本の大手企業を対象としたホワイトカラーの経歴データ分析に基づいて、日本企業の場合、図表8-4で示されているように、キャリアの段階によって競争のやり方が異なる重層型競争が採用されているという。

図表 8-4　日本企業の昇進昇格競争

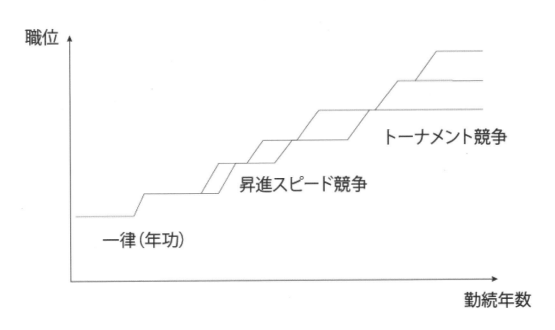

出所：今田・平田（1995）

（4）キャリア・ツリー

　個別企業のキャリア・ツリーを分析してみると、実際の昇進昇格競争の様子が見えてくる。図表8-5は、韓国サムスン電子のケースで、2002年2月時点で約20年間のキャリア追跡が可能な1983年に入社した大卒新入社員118人（退職者78人を含む）を対象にしたものである。代理まで早い人は2年、遅い人は5年かかり、入社同期の中で3年の差ができている。課長は5年、次長も5年、部長の時にも5年の差がついている。そして、一番昇格の早い人は19年後に常務になったが、一番遅い人は18年後に部長になって、8年以上の差がついている。また、課長、次長、部長、理事になる各段階で敗者復活の事例が現れている。

図表8-5　個別企業のキャリア・ツリー

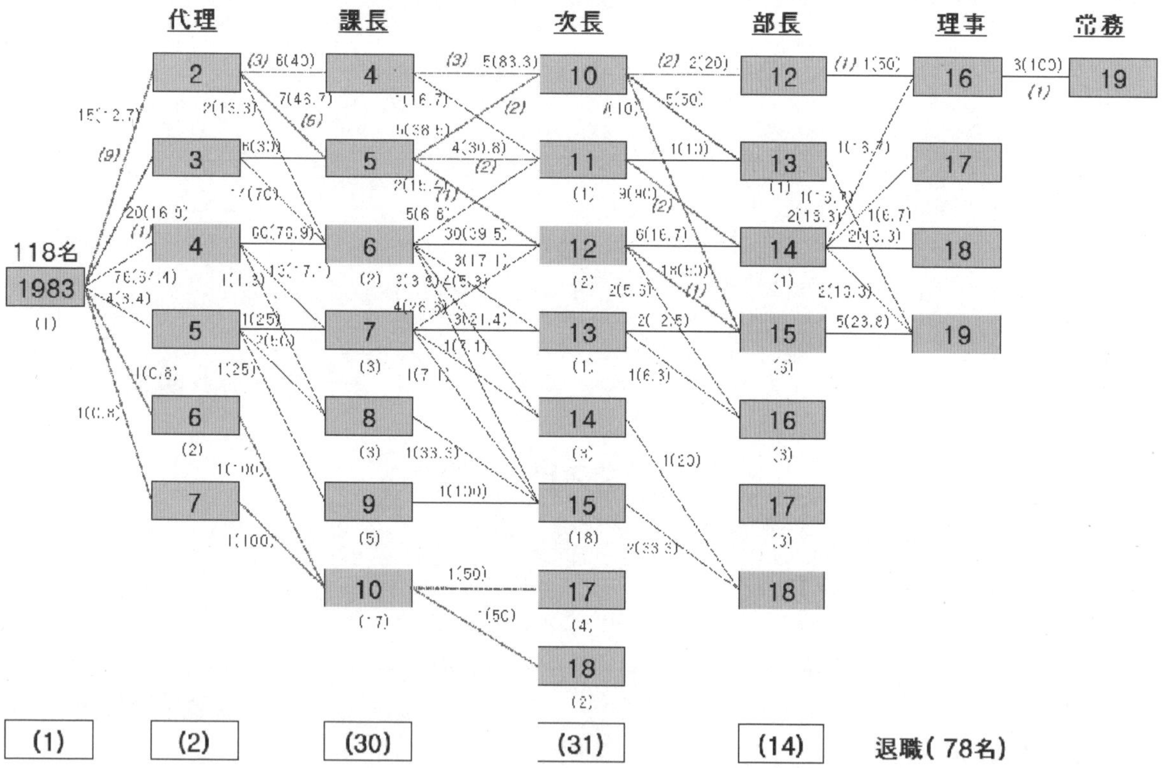

出所：李炳夏（2012）

（5）コア人材とファストトラック

　今世紀に入ってからグローバル先進企業を中心に、「タレントマネジメント」という考え方が広まってきた。タレントマネジメントは、コンサルティング会社マッキンゼーから2001年に出された「The war for talent」という報告書がきっかけになって普及したコンセプトで、今やグローバル企業の合言葉になっている。多くの企業がタレントマネジメントに関心を寄せているのは、タレント、つまり、優秀な個人が組織的成功をもたらす可能性に戦略的意義を見出したからである。

　しかし、こういったタレントマネジメントは日本型人的資源管理のフレームとあまり相性が良くない。職能資格制度をベースにした日本企業の昇進昇格システムでは、多くの従業員にチャンスを与えることが可能な反面、経営者の育成に相当の時間を必要とする。グローバル的にみると、若年経営者の成功が目立っており、自分の能力を信じる優秀な人材には、高齢の経営者より彼らの方が自分の将来ビジョンとして魅力的に考えられるはずである。もちろん、日本でも「キャリア組」という用語があったように、特定の学歴や出身校、あるいは特定部署の仕事経験者を抜擢していくケースは存在していたようだが、計画的にマネジメントしていたものとは思われないし、他の従業員が納得できるものでもない。

　タレントマネジメントに関連して注目される人的資源管理制度に、サクセション（Succession）プランと、ファストトラック（Fast Track）がある。サクセションプランは、会社のコアポジションに空席が生じる場合に備えて、事前に候補者を選別しておくことで、ファストトラックは、そういうコア人材に対して、他の一般従業員より速いスピードで昇進昇格させていくプロセスを用意することを意味する。サクセションプランは、経営幹部候補生のコンセプトで日本でも比較的簡単に導入できるものであると考えられるが、ファストトラックの場合、どれくらいの比率でその制度を維持していくべきかなど、運用ルールの整備が先決要件である。ファストトラックは、年次管理を基本としている日本型人的資源管理体制では、従業員たちに素直に受け入れられない可能性が高い。しかし、グローバル労働市場でのタレント争奪戦を考えると、少なくともグローバルに活躍している日本企業では、何とかしないといけない危機感があるはずだ。

　ANTの考え方からすると、タレントマネジメントは、OPP（義務通過点）の管理そのものである。グローバルに通用する優れた能力の持ち主（タレント）は、自分なりのネットワークを持っていて、社内外を問わず、自分がそのネットワークのOPPとして機能している可能性が高い。トヨタ自動車が米国の現地研究所責任者としてAI関連タレントを採用すると、彼が自分のネットワークを活かせて、必要な人材を連れてきたという事例でも分かるように、優秀なタレントにはその人にしか構築することのできない何らかのネットワークが存在する。問題は、そのタレントのネットワークが社内に持ち込まれたときに、社内で戦略的OPPとして機能するかどうかである。職能資格制度のような既存の制度問題で彼らの受け入れができないというのは本末転倒である。違うタイプの人材に対しては国籍を問わず複数の人事制度を用意して良いのではないだろうか。

（1）AI による人材配置

　米国発のプロファイルズ社は、図表 8-6 のような、AI を活用した「ProfileXT」という「人と職務のフィットを測定」するアセスメントツールを提供している。従業員の思考スタイル、行動特性、仕事への興味、職務とジョブマッチパーセントなどを測定した「人材データ」は、採用、選抜、配置、登用、育成、サクセッションプランニング等、人的資源管理の多くの場面で活用できるという。

　例えば、このシステムを使うと、特定のポジションにどの人材を配転すると効果的、あるいは生産性が高まるかの判断ができるというが、問題は、どのようにして判断材料になるデータを集めているのかである。従業員個人のアンケート調査や社内で蓄積されている過去の職務履歴などが基本データになるようだが、日本企業のような曖昧な職務管理や職能要件データでは無理な話である。

図表 8-6　　ジョブフィットのイメージ

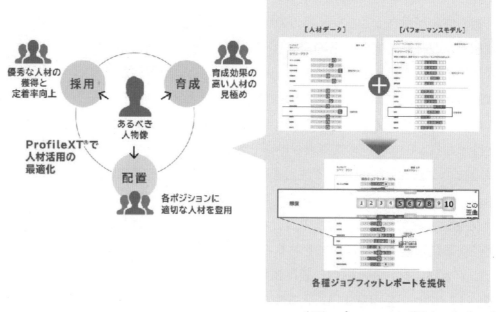

出所：プロファイルズ社ホームページ

（2）人事部の役割

　プロファイルズ社のジョブフィットのようなシステムを実際の人的資源管理に導入する場合、人事部の役割にはどのような変化があるのだろうか。

　ジョブフィットという HR Tech を導入するということは、異動管理に対する新しいアクターネットワークの建設に他ならない。もちろん、異動管理は人事部の仕事の一部分なので、メインではなくサブネットワークになるし、人事関連 OPP の 1 つとしても考えられる。確かに、異動管理という仕事を担当する人事部員が行なっていた審査データ収集や最終判断に必要な作業をジョブフィットシステムに任せたとすれば、仕事の効率化にはなるだろう。しかし、それを裏返すと、それまでに担当の人事部員が持っていた関連部署との協業ネットワークなど、既存のネットワークは全て失われることになる。人事部内で完結する仕事であれば問題ないが、配転や昇進昇格は関連部署や関連アクターとのコミュニケーションがデータより重要な意味を持つ場合が多いので、何らかの形で既存の協業ネットワークを進化させていかなければならない。つまり、新しい異動管理ネットワークで人事部の役割は、図表 8-7 で示されているような関連ルールの整備という OPP のマネジメントだけでは終わらないのである。

　人事部は、HR Tech を導入するときに、その効果だけではなく、新しいアクターネットワークの中での自分の役割を見直し、部分最適ではなく全体最適化の観点から翻訳プロセスや OPP を調整していかなければならない。

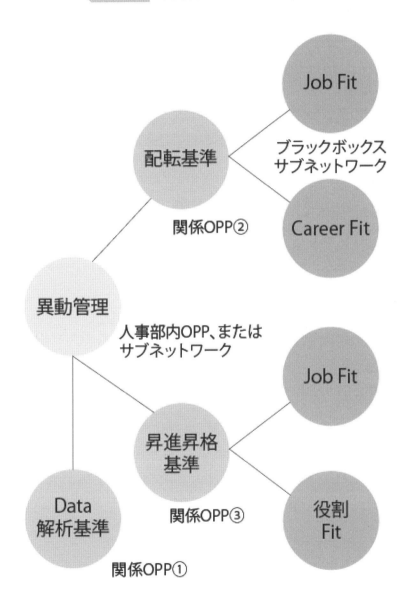

図表 8-7　異動管理ネットワークの OPP

Discussion

1. 転勤問題について考えてみよう

　勤務場所の変更を伴う転勤は、個人はもちろん家族の生活にも影響する。特に、育児や介護の問題は転勤族の大きな悩みになりうる。キャリア形成に役立つなど、転勤のプラス効果もあるので個人としてはどちらかを選択しないといけないことになる。

① 転勤制度に対するみなさんの印象や考え方を整理してみてください。
② キャリア形成において大事な仕事のチャンス（転勤を伴う）が訪れたら、みなさんはどのような選択をしますか。今までの安定的な生活と、家族関係上の不利益などを甘受しながら、そのチャンスを掴もうと努力したいと思いますか。
③ グループ内で議論しながら、自分と他のメンバーとの意見の違いとその理由を考えてみましょう。

2. 組織内競争システムについて考えてみよう

　日本企業の組織内競争は、同期入社間の競争であるという話がある。日本では、同じ時期に新卒を大量に採用する慣行が定着しているので、間違いではない話であるが、世代を超えるタレントマネジメントの立場からすると、別に同期間の競争にこだわる必要はない。
　昇進昇格という組織内競争に対するみなさんの考え方を整理してみましょう。

① 図表 8-4 のような日本の重層型競争についてどう思いますか。
② タレントマネジメントの対象になるコア人材とはどのような資質や行動特性の持ち主であると思いますか。
③ タレントマネジメントのためのファストトラックについてはどう思いますか。
④ グループ内で議論しながら、自分と他のメンバーとの意見の違いとその理由を考えてみましょう。

第9章　退職

学習目標

1. 退職管理の重要性を理解する

2. 退職の類型について説明できるようになる

3. 雇用調整（リストラ）の進め方を理解する

01 退職管理の意義

　採用を結婚に例える話を耳にして、なるほどと思ったことがある。採用が個人と企業の結婚であるとすれば、退職は離婚か死別に当てはまるだろう。しかし、結婚と離婚に対する社会的認識というか規範が違うのと同じく、企業と個人の結び方や別れ方も国によって様々である。人類の約 1/3 は一夫一妻ではなく一夫多妻制のもとで生活しており、女性が圧倒的に少ない社会では一妻多夫制が当たり前であろう。「制度＝ルール」の考え方からすれば、そもそも制度というものは、その社会独自の文化や秩序を維持するために考案されたもので、どの社会にも通じる絶対的なものではない。つまり、本来であれば欧米には欧米なりの、日本には日本なりのルールが効果的であるという話になるが、問題は、グローバル化の波により、いわゆるグローバルスタンダードというものを企業が無視できなくなったということである。

　結婚と離婚にもグローバルスタンダードと言えるものがあるかどうかは疑問であるが、アメリカンスタイルの離婚と東洋社会の離婚が違うことは確かでる。アメリカではステップマザーやステップファーザーが社会的に非難の対象ではないが、日本でバツイチとかいわれることを考えると、日本や韓国ではまだ離婚に対する世間の目が厳しいという印象であり、企業と個人の関係も同じであるような気がする。つまり、日本や韓国では、個人と企業の別れ方（退職）があまり綺麗ではないと言えるのではないだろうか。ということで、退職管理は、企業と個人の別れ方をより良いものにし、なるべく互いに幸せなあり方を探る作業であると定義しておきたい。

　一般的に退職には自発的退職（Voluntary Separation）と非自発的退職（Involuntary Separation）があると言われている。自発的退職は本人の意思で、非自発的退職は本人の意思に反して組織の意思による強制退職のことであるが、当然ながらマネジメントの問題になるのは、非自発的な退職のことである。一方で、退職の原因提供者による区分も可能である。個人にその原因がある場合、解雇（Discharge）といい、個人には帰責事由がないのに経営上の理由で解雇（Layoff）が行われるときにはダウンサイジング（雇用調整あるいはリストラ）という。

　自発的退職は、企業においても個人の立場からしても悪いことばかりではない。相性が悪いのにずっと関係が続くというのは互いに不幸なので、早く別れた方がいいかもしれないし、個人にとって新しいチャレンジ機会になる可能性もあるからだ。実際に適切な自発的退職率を維持することは、企業においても新陳代謝を円滑にし組織の変化（活力）をもたらす可能性が高い。特に、低成果者の自発的退職は企業にとって願ってもないことであろう。問題は、優秀な人材の自発的退職が増え、組織の雰囲気が悪くなることである。したがって、多くの企業では、優秀な人材の自発的退職を防ぐために、メンタリングの徹底など、様々な工夫をしているのが現実である。

02 退職の類型と非自発的退職のマネジメント

（1）解雇の類型と整理解雇

　退職の類型を自発的・非自発的の2つの領域に区分するとわかりやすいが、中には曖昧なケースが存在することが気になる。例えば、定年制の場合、法律で定められた年齢による退職なので、個人や企業の意思とは関係がない。また、実際に企業でよく活用されている早期退職や希望退職制度も、型式的には個人の意思での退職を標榜しているが、その制度の背景にあるのは、企業側の雇用調整意思なので、特別な事情がない限り企業は優秀な人材がそういう制度を利用することを積極的に阻止しようと努力している。このような考え方のもとで退職の類型を整理したものが、図表9-1である。この中で、組織のマネジメントにおいて一番厄介なものが非自発的な退職、その中でも整理解雇のケースなので、以下では、整理解雇に関わるマネジメントイシューについて少し整理しておきたい。

　経営上の理由による整理解雇は、労働者に何の誤りもないのに事業不振など経営側の理由で行われるもので、さらに、大量の解雇になるケースが多いため、社会的にも大きな問題になるので、慎重なアプローチが必要である。つまり、経営上の理由による解雇は企業の選択可能な人的資源管理戦略の一つであるが、労働者に与える影響があまりにも大きいため、可能であれば代替案を考慮した上で、最後の手段として選択するのが望ましい。また、経営側が止むを得ず解雇という手段を選択したとしても、そのプロセスの公正性を保つことが求められる。解雇のプロセスにおける公正性を維持するためには、前もって解雇の基準を明確にし、予告や通知の透明化を図る必要がある。また、整理解雇の副作用を最小限に抑えるためには、次に見るアウトプレースメントなどの支援策を用意する必要がある。

（2）アウトプレースメント

　アウトプレースメント（Outplacement）とは、転職斡旋プログラムのことで、欧米でダウンサイジングが一般化されることに伴い、大手企業を中心に広まった整理解雇対象者支援制度である。近年は、転職斡旋だけではなく、総合キャリアマネジメントの性格を持つようになった。アウトプレースメント・サービスは自社で提供するケースもあるが、多くの場合、専門のコンサルティング会社に委託している。アウトプレースメントの内容は、家族を含む心理カウンセリングを実施しながら転職のためのスキルを身につけるようにするもので、適性やコンピテンシー診断、履歴書作成や年俸交渉のスキル教育などの内容で構成されている。

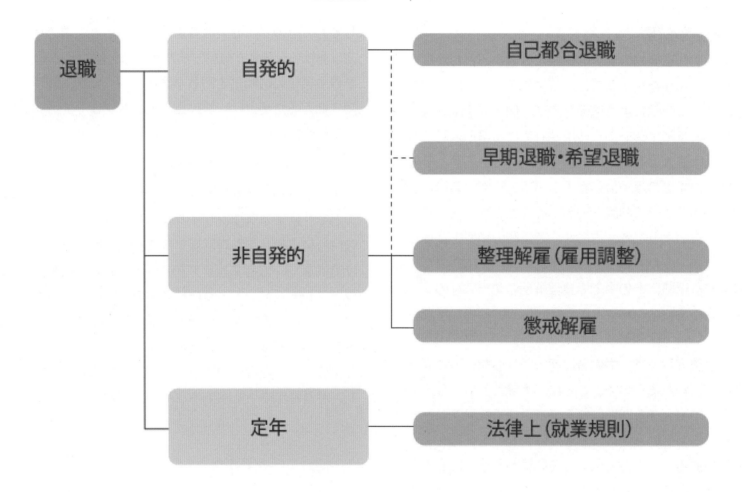

03 定年

（1）定年制の意義

　定年制度は、欧米のようなジョブ型人的資源管理のもとでは意味がないが、終身雇用を暗黙的前提にしている日本型人的資源管理では、年功賃金制度及び年功的昇進昇格制度と合わせて欠かせない制度になっている。

　一定の年齢になると企業から退職させる、一種の強制退職制度である定年制は、日本独自のものではない。欧米でも導入された歴史があるし、日本の影響を受けた韓国でも重要な人的資源管理制度になっている。日本の法律では、定年制を導入するかしないかは企業の自由であるとしているが、ほとんどの日本企業が定年制を導入しているのが現状である。企業が定年制を導入すると、高齢者雇用安定法による規制の対象となり、60歳未満の定年年齢は無効とされている。2006年の同法改正によって、日本企業は、65歳への定年延長、60歳定年到達後の65歳までの継続雇用、定年制の廃止のなかで、いずれかを選択しなければならなくなった。

　ともあれ、定年制は、企業側からすると、整理解雇などの経営上の理由による退職措置を取り難い状況の中、従業員が一定の年齢になると一律に解雇できるという意味で、雇用調整の重要な手段である。一方で、従業員側からすると、定年まで雇用が保障されるという意味になる。

（2）日本における定年制の定着

　日本で定年制度が導入されたのは明治時代で、現在のような形で定着したのは戦後のことであると知られている。

　佐口・橋本編（2003）によると、55歳定年制度の起源の一つとして参照されるのが日本郵船の社員休職規則（1902年）であるが、それに先行して社員が「停年その他の事情で退職した場合」のために「社員恩給規則」（1894年）が制定されていた。その他の事例からも、55歳での解雇が一律に行われていたとは想定しにくい。海軍退隠令（1875年）から連なる官吏恩給法（1890年）での退職は、「在職満15年以上で年齢60歳を超えたらなら退職して終身退隠料を受け取ることができる」という意味であった。いわば年金受給権発生後退職とでもよべる退職制度である。1896年の海軍条例では、採用の上限年齢が45歳になり年期の10年間と合わせて55歳が終業終了時点とされた。日本での年齢に関わらせた退職制度は、職員層、現業労働者層を対象に始まっていった。

　55歳という数字は、20歳の平均寿命が40年を切っている時代の数字である。年齢による強制退職制度という意味での「定年制度」が部分的に普及し始めるのは、ほぼ1910年代から20年代で、「定年」という熟語が社会的に一般化したのは、1930年代以降と言われている。

白井（1992）は、日経連の調査結果を引用しながら、定年制が果たした機能について議論している。昭和 33 年の調査結果によると、定年制をもつ 1053 社のうち、戦前に定年制を導入した企業は 10.7%、戦後の昭和 20 〜 24 年の間に導入した企業は 42.6 %、25 〜 29 年の間に導入した企業が 28.3%、30 年以降に導入した企業が 18.4% となっているという。

さらに、白井は、戦後の労働組合運動によって年功制が強化され、長期雇用保障の実質的な強化や、退職金制度の協約化が進んだことが定年制の定着の重要なきっかけになっているといい、当時の定年制の性格を次のように整理している。

> 定年制は、その一面で長期雇用を保障することにより従業員の長期生活設計を可能にし、当該企業への定着と献身を行わせるとともに、企業の長期人員計画を可能にした。けれども他面において、長期雇用の慣行とそのもとでの年功原則による報償制度から生ずべき労務費増大と人事の停滞、労働生産性の低下を阻止することを狙いとしていた。だが、定年制のもつ雇用保障機能は、かならずしも十分なものではない。したがって、その本質は老齢化した労働力の強制的排除にあったといってよい。

面白いのは、日本の影響を受けた韓国企業で、定年制による労働力の強制的排除を利用し、従業員の若返りに成功したことである。日本企業で定年が 55 歳から 60 歳、65 歳に延長される間に、韓国企業は 55 歳定年を守り続け、60 歳への定年延長が法制化されたのは 2013 年のことである。

一方、佐口・橋本編（2003）では、定年制度が退職一時金制度によって支えられたことも指摘されている。実質的には退職後の短期の所得保障という機能で出発した退職一時金制度であるが、労働組合は、労働条件＝賃金としてとらえたので、労使関係調整の手段として、その時々の労使の力関係の中で場当たり的に水準が決められていったという。また、定年制度は、本人も含めた家族の多就業、引退後の子供による扶養への依存という仕組みに頼らざるを得なかったといい、当時の日本の社会保障システムの不備との関係も指摘されている。

（3）定年延長の諸課題

日本では、平均寿命が伸びると定年延長の法制化が後に続いた。近年の安部政権では、人生 100 歳時代に向けて 70 歳定年の話が話題になり、2021 年の関連法律改定に向っている。少子高齢化が進む中で労働力不足が予想される時代に、定年を向かえる高齢者の活用や女性の社会参加が強調されるのは当然の流れである。年金財政の破綻が予想される中で年金受給年齢をなるべく伸ばしたい政府の意図もあると思われるが、企業にとっては歓迎し難い次のような問題があることも事実である。

> まず、第一に、年功賃金制のもとでの定年延長は、企業の人件費急増に他ならない現実である。今までの定年延長でよく議論されたのは賃金ピーク制で、定年後の賃金をカットしていくという話であるが、それでも賃金の基本ベースが若者のそれより高いことは否定できないので、コストを抑えたい企業としては素直に受け入れ難い問題である。年功的な賃金体系のもとでは、能力や業績と賃金の乖離が進む可能性があり、退職金も重なるので、企業の賃金費が増え

るのは避けられないからである。

　第二に、アナログからデジタル時代に経営環境が変化することにより、知識や技能の陳腐化スピードが急激に早くなったので、企業としては高齢者の経験を高く買う誘引がなくなりつつある。一方では、先端の情報端末やデジタル世界のリテラシーに弱い高齢者に対して、適切な仕事を見つけて与えることも難しくなったという課題もある。

　第三に、定年延長は、即戦力になりつつある若者のモチベーションを下げる可能性が高いということである。高齢者よる人事停滞は若者のモラルダウンにつながることはもちろんのことで、どう考えても自分より能力や成果が落ちる先輩が高い年俸を受け取っていることを目の前にして不公平感を感じない若者はいないだろう。

　第四に、高齢者や若者に関係なく、労働者たちに訪れるかもしれない機会を台無しにする可能性があるということである。これは、バブル経済の崩壊後、いわゆる「第二の人生」というキャッチコピーと一緒に提起された問題であるが、定年制のもとでは組織と個人が別れる時期が遅すぎるという指摘と関係がある。どうせ別れるのであれば、より健康なときに、新しい何かにチャレンジできる強い精神を持っている間に別れたほうがいいという話は、当時の企業側の都合によって広まった論理であるが、それは、100歳時代を備えている今の時代の労働者側の立場からしてもおかしい話ではない。

　ともあれ、定年の問題は、労働力構成や人件費比率や財務状況などの企業の事情もあり、一概には言えない側面もあるので、長期的視野に基づいて対応していく必要がある。

04 雇用調整（リストラ）

（1）雇用調整の意義

　日本で雇用調整はリストラや整理解雇と同義語で使われる場合が多い。しかし、人的資源管理における雇用調整は言葉通りに労働力需給調整の意味合いで使う方が妥当である。白井（1992）によると、雇用調整という言葉は、1973 年の第 1 次石油危機以降の長期不況のもとで"減量経営"の名のもとにマン・パワーの削減が産業界で広く行われ、政府が雇用調整給付金制度の立法化をはかるなどの経緯を通じて普及するに至った。この雇用調整をめぐる日本企業の経験蓄積は、次のような日本の労使関係の特徴につながったという。

　　第一に、使用者側が企業内教育・訓練によって形成された熟練労働力の温存を最高の政策目標とすること
　　第二に、それが労働組合の解雇反対闘争の回避と産業平和の維持につながること
　　第三に、解雇をともなわないかぎり、雇用量ないし労働給付量の削減には労働者と労働組合の協力が得やすいこと
　　第四に、企業・工場内流動性の高さが企業内労働力資源の再分配を容易にすること
　　第五に、日本の賃金制度と賃金管理方式が労務費の固定性を緩和し雇用調整を容易にすること

　　第六に、定年制が解雇に代わる雇用調整制度として存在すること

　本来であれば、解雇を含む雇用調整は企業の経営権として保障される権利である。日本の労働基準法でも 30 日の予告期間を置くか、それに代わる賃金を支払えば、企業はいつでも従業を解雇できるようにはなっている。しかし、企業が経営上の理由で雇用調整目的の整理解雇を行うには、次のようないくつかの要件が必要となることが判例によって示されている。

　　第一に、人員削減が企業経営上の必要性に基づいている。
　　第二に、人員削減を実施する前に、解雇を回避する努力がなされている。
　　第三に、解雇される者の選定が妥当である。
　　第四に、労働組合、労働者に対する説明・協議の実施

　しかし、問題は、企業側がどのようにして、こういった要件が整ったことを立証できるかである。終身雇用が暗黙の前提になっている日本で、一企業がこの判例に満たす整理解雇要件を正当化することは事実上不可能に近いだろう。解雇による雇用調整が日本では事実上難しい状況であれば、企業は他の対策を考えるべきで、それは、雇用調整の本来の意味合いに戻って考え直すことから始まるのではないだろうか。実際に日本

でも図表 9-2 のような多様な手段が使われてきた。

（2）雇用調整の様々な手段

　雇用調整は、労働力の投入量だけに関心がありがちだが、大きくみると、そもそもビジネスそのものの調整から考えるのが自然な話である。また、景気回復の時のことを考えると人数の調整よりは、一時的な労働時間調整が役に立つ可能性もある。もし、人件費の削減が目的であれば、賃金体系を見直すことも選択肢の一つである。こういった観点から雇用調整の手段を整理したものが次の図表 9-2 である。

図表 9-2　多様な雇用調整の手段

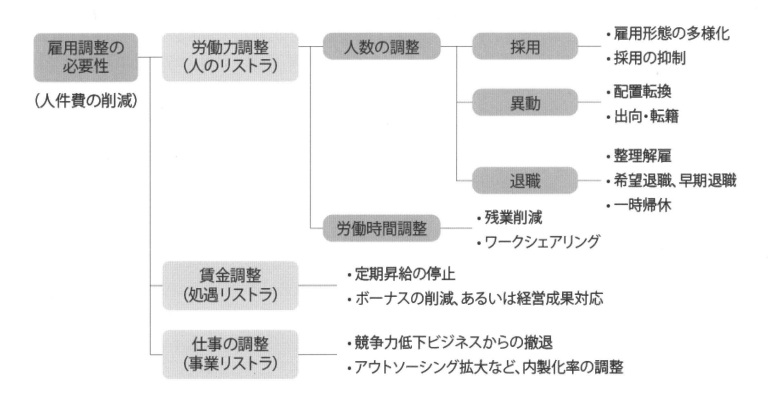

（3）ワークシェアリング

　ワークシェアリングとは、言葉通りに仕事を共有するという意味である。リストラの必要性が出た時に誰も解雇することなく、全従業員が一律に賃金と労働時間をカットして会社の危機を乗り越えるという趣旨のものである。

　菊澤（2016）は、このワークシェアリングの効果について、エージェンシー理論をベースに日米独の比較説明を行なったことがある。経営者をプリンシプル（依頼者）とし、エージェントを従業員にするエージェンシー関係を想定すると、両者の利害は不一致で、情報も非対称的である。経営者が特定の従業員を解雇するのではなく、全体的に賃金を下げ、共に仕事を分け合うワークシェアリング政策を実施した場合、日米独企業それぞれ効果が違うという。

　まず、米国企業の場合、不況対策としてワークシェアリングを実施すると、能力の低い従業員にとってはなお賃金が高く思えるので企業に残ろうとするが、能力のある従業員にとってはあまりにも低いものとなる。米国の労働市場では転職が比較的容易なので、有能な従業員は会社を辞めて転職しようとする。つまり、米国企業ではアドバース・セレクション（逆選択）を招く可能性があるため、ワークシェアリングが実施されることはほとんどない。

　ドイツの場合、解雇を制限するような法律が非常に充実しており、たとえ不況でも従業員を自由に解雇するには多大な取引コストがかかる仕組みになっている。このコストを避けるために、一般にドイツでは不況に対してワークシェアリングが展開されてきた。それゆえ、ドイツでは、米国と異なり、ワークシェアリングが効率的な方法となる。

　日本の場合は、IT関連産業では労働市場の流動性は非常に高いため、もしワークシェアリングを実施すると、アドバース・セレクションが発生する。しかし、伝統的な産業内の企業では、依然として労働の流動性は低いため、ワークシェアリングを実施してもそれほど大きな問題は起こらない。

　以上の話は、あくまでもエージェンシー理論の枠組みのなかでのケースで、国の特徴であるとは言い難い。状況によっては米国でもワークシェアリングが効果的である可能性もある。実際に、2020年、新型コロナウイルスが雇用に影を落とすなか、米欧で1人当たりの労働時間を減らして解雇を防ぐワークシェアリングの活用が急増していたという。米国では年初からの申請件数が100万を突破し、欧州も5千万人に達した（日本経済新聞、2020年6月10日）。ただし、これは、米国政府がワークシェアリングを実施する企業に対して失業給付制度を使って給与の目減り分を補填するという政策上の支援を行った背景があるので、一時的な効果に終わる可能性もあるし、アドバース・セレクションが起こらないとも言えない。

　また、シグナリング（情報発信）やスクリーニング（振るい分け）などのような、アドバース・セレクションを防ぐ事前対策を打つことにより、どの国でもワークシェアリングが成功する可能性はある。要するに、企業をめぐる環境そのものも変わる可能性があるし、経営環境が変わらなくても、企業の努力や戦略的な選択によって事情は変わるのである。

（4）雇用（従業員）シェア

　2020年の新型コロナウィルス事態の時に、JALやANAなど航空会社の措置で話題になった制度である。

　テレビ東京の報道（WBS、2020年12月18日）によると、2021年3月期の業績見通しで最大2700億円の赤字が予想されたJALの赤坂社長は、一時帰休や整理解雇を考えているかという質問に対して、そういう考えは全くないと答えながら、必ず航空需要が戻ってくることを前提にその準備をしなければならないという。その対策の一つが「従業員シェア」による雇用の維持である。実際に、JALは、自社の社員（客室乗務員）を通信販売の対応が増加していたテレコメディア（企業向けアンケート調査会社）のコールセンターに出向という形で派遣して一定の成果をあげたという。大手企業だけではなく、インバウンド関連などの業績が急激に落ちたベンチャー企業の経営者たちが手を組んで、EC関連などの人手が足りない企業にマッチングする「雇用シェアプロジェクト」を稼働させたという。

　こういった「雇用シェア」は、第8章で見てきた「出向」の形をとっているということで、リストラとは違う側面もあるが、社外（グループ・系列会社外）に広げた出向制度を通じて、事実上の雇用調整効果を引き出していることに違いはない。出向先から相応の報酬（出向代）を会社が受け取って当事者に給料として支給する仕組みになるので、結果的には従来の在籍出向と同じ形式である。実に日本的な発想であると言える。

05 退職管理と HR Tech

（1）勤怠管理システムの導入

2017 年に設立されたフレイド（HuRAid）社は、従業員の退職可能性を予測する AI サービスを提供している。会社全体・組織別・個人別の残業時間・遅刻早退回数・36 協定超過回数・打刻状況等の勤怠行動の詳細を把握し、長時間労働の防止や労働環境整備等の勤怠マネジメントの強化を図ることも可能にしたという。勤怠データをベースに独自開発の AI エンジンが従業員一人一人の離職リスクを高精度に予測することで離職リスクの高い従業員に効率的にアプローチすることが可能となっており、個別面談の実施・労働環境改善等の施策を実施することで、退職者を未然に防ぐことが可能であるという。しかし、労働者の立場からすると、出勤時の監視カメラで取られた顔写真データで自分の退職可能性が露呈することや社員証に組み込まれている何かによって自分の言動が全て監視される状況をどう受け止めればいいのだろうか。

図表 9-3　退職確率のイメージ

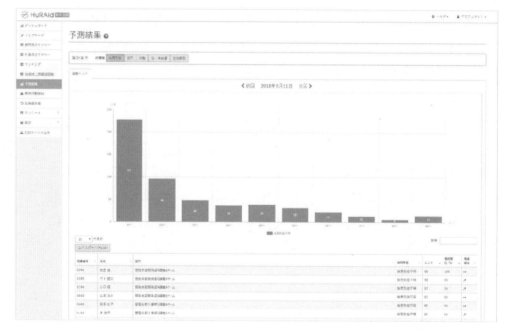

出所：フレイド社ホームページ

（2）退職予想 HR Tech と人事部

AIによる勤怠管理システムをベースに従業員の退職可能性を予測するということは、人事部としては望ましいサービスであるかもしれない。しかし、それが果たして会社のためにも従業員のためにも役立つものであろうか。

2002年に製作されたトム・クルーズ主演のマイノリティリポートという映画がある。予知能力者が未来の殺人を予測し、犯罪予防局が未然に逮捕することで犯罪が90%減少したという、2054年のワシントンが背景になっている映画である。AIによる従業員の退職可能性予測はその映画と何が違うのだろうか。映画の世界がいち早く現実になったようである。

退職管理は、優秀な人材を社内にとどめる目的もあるが、離婚しても仲良くなろうということにも関係がある。つまり、従業員との別れ方を綺麗にし、互いに恨みが残らないようにすることも重要なのである。100%の確率でもないのに、退職予測データを使って自分がその対象者になったことを認知した従業員はどのような気持ちになり、どのような行動をとることになるのだろう。

言葉にも影響力があるという意味では特定の言葉が1つのアクターになるかもしれない。例えば、何か物を買うときに、韓国では付加価値税が付き、日本では消費税がつく。同じ目的で同じ税率を適用し、同じ役割を果たしているとすれば、どちらの方が抵抗感が低いかは目に見えるはずである。人事部は、組織内ルール作りに大きく影響するアクターとして、自らが使う言葉にも注意を払う必要がある。出勤時の暗い雰囲気の顔写真から、退職防止のための離職可能性予測のようなものより、苦情処理の必要な種を見つけ、バーンアウトの防止や健康経営を標榜した方が良いのではないだろうか。同じ材料を使っても名品と粗末な製品が出るのと同じく、人事部自ら人的資源管理の名品化のために、キャッチコピーや言葉使いなどにも工夫が必要なのである。

HR Techを使った勤怠管理システムも新たなアクターネットワークであることに違いはない。つまり、せっかく新たなネットワークを構築するのであれば、やるべき翻訳プロセスを辿って仲間を増やさないといけない。人事部が導入する新たなネットワークが定着するためには、ベンダーだけではなく経営陣や社員たちの共感を得ることも大事である。もちろん、アクターとして参加する勤怠管理システムそのものについても、人事部の意図通りに結果が出るように、設計段階から基準（OPP）を明確にしておく必要がある。

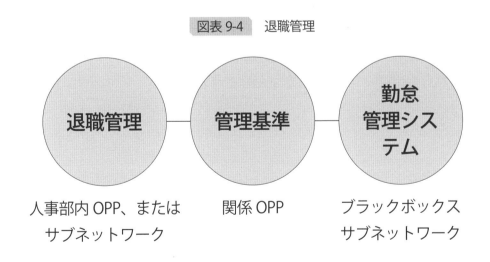

図表 9-4　退職管理

人事部内 OPP、または　　　　　関係 OPP　　　　　　　ブラックボックス
サブネットワーク　　　　　　　　　　　　　　　　　サブネットワーク

 # Discussion

1. 定年制度について考えてみよう

　日本では、70 歳までの就業機会確保のため、2021 年 4 月に高齢者雇用安定法の改正が行われた。企業に義務付けられたものではないが、企業内でも定年延長をめぐる議論が活発になるだろう。米国の場合、1978 年に定年法を施行したが 1986 年に廃止しており、イギリスは 2006 年に 65 歳定年法を施行したが、2011 年に廃止したことがある。

　みなさんは、定年までの雇用保障と強制退職という二重の意味がある定年制についてどう思いますか。日本ではこれからも定年制を維持していくべきであると思いますか。

2. 雇用シェアと副業（兼業）について考えてみよう

　2019 年の働き方改革関連法案の施行と関連して従業員の「副業や兼業」の問題が浮き彫りになっている。翌日の円滑な仕事のために心身ともにリフレッシュを求め、副業禁止を常識としていた企業としては大きなチャレンジである。また、新型コロナウィルス問題で経営が悪化した会社を中心に行われた「雇用シェア」の問題が話題になっている。

　これらの問題について、みなさんはどう思いますか。それぞれのメリットやデメリットについて各自の見解をまとめ、グループ内で議論してみましょう。

第10章　労働時間と労働環境

<u>学習目標</u>

1. 労働時間管理の意義を理解する

2. 労働環境の重要性を理解する

3. 働き方改革について説明できるようになる

01 労働時間と空間マネジメントの意義

「時間と空間に縛られない働き方」の実現は、テレワークという言葉が出て以来の合言葉であるような気がするが、インターネットとモバイルワークの普及によってようやく現実になり、2020年の新型コロナウィルス問題でオンラインでの仕事や在宅勤務などが強いられ、拍車がかかった。

時間と空間に縛られないという言葉の響きは良いが、ベルトコンベヤシステムをベースに回る生産現場、つまり、ブルーカラー労働については関係のない話である。ITの進化や自動化などにより、一部の組み立てラインを除いてブルーカラー業務がホワイトカラー化したことに異論はないが、まだ残っているブルーカラーの仕事には、こういったキャッチコピーが向いていないことは事実であろう。周知のように、大量生産・大量消費の時代であった20世紀は、ブルーカラーの時代であり、ブルーカラー労働力は労働時間の長さでその生産性が測られた。ブルーカラー労働力のマネジメントを象徴するものが科学的管理法の生みの親であるテイラーが使ったストップウォッチであったように「労働時間（労働量）＝生産性」の考え方は前世紀を貫いていまだに続いている労働現場の支配的パラダイムである。オンライン作業が進んでいる今でも労働時間で労働者を拘束しようとしていることがその証拠である。それは、経営側が労働時間以外に労働者の行動をコントロールする方法をまだ見いだしていない状況であるからだ。労働者の行動ではなくその行動の結果（成果）をコントロールする方法も色々と試されてきたが、問題は、具体的な数字でその成果を表示で

きないホワイトカラーの仕事がたくさんあることである。

労働の量ではなく質が大事であると言われるこれからの時代に前世紀の遺産であるストップウォッチは意味がないと言いたいところだが、問題はそう簡単ではない。IoTと言われても地球村の隅々までカバーできるまでにはまだ遠いし、目に見えない創造性や効果性より直接コントロールできる労働時間などの効率性追求手段を重視することによって成功可能な分野もまだたくさん残っているからである。AIなど道具の進化により、一人ひとりの貢献度を正しく評価できる手法が定着するだろうという予想もできるが、それまでは、労働時間マネジメントの問題はずっと続くだろう。

一方で、新型コロナウィルスの影響もあり、労働空間のマネジメントが大きな節目を迎えているに違いない。労働空間と関連して前世紀に企業の関心が集中したのは生産ライン、つまり、ブルーカラーの作業場であった。その結果、ベルトコンベヤシステム、ベイ型、セル生産方式など、ブルーカラー労働者の作業効率を高めるための様々な作業空間が考案されてきた。21世紀に入ってからはIBMなどの先進的企業で、営業部隊を中心にモバイルワークが進められた。ブルーカラーの仕事がホワイトカラー化したこともあり、コストの面からも労働者の多数を占めることになったホワイトカラーの作業場を整理（オフィス空間の効率化）する必要性が出たからだ。ホワイトカラー労働空間改革の始まりである。

02 労働時間に対する認識の変化

（1）労働時間の短縮

　イギリスで起きた産業革命により形成された初期資本主義のもとで、熟練労働や肉体労働が機械に代替され、資本家たちは安く使える女性と児童労働を求めるようになった。資本間の競争がどんどん激しくなり、低賃金、長時間労働、労働強度強化が進み、労働環境は悪化し続けた。

1830～1850年代の労働者の一日平均労働時間は16時間程度で、なかには、20時間も継続して働く場合もあったと知られている。図表10-1でみるように、1日8時間労働が定着したのは、それほど昔のことではない。

図表 10-1　労働時間の短縮

年度	国家	主要内容	備考
1833	イギリス	工場法 (12 時間)	
1847	イギリス	10 時間法	
1892	米国	連邦公務員 8 時間法	
1911	日本	工場法 (少年 / 女性 11~13 時間)	
1914	米国	ポード社 1 日 8 時間、週 5 日勤務	
1923	日本	工場法改定 (少年 / 女性 10 時間)	
1947	日本	労働基準法	
1953	韓国	勤労基準法 (8Hr/ 日、48Hr/ 週)	2003、40Hr/ 週

1886.5.1.(メーデー)；米国 . 最初の 8 時間は仕事のため、
次の 8 時間は休憩のため、残りの 8 時間は好きなことのため。

日本の場合、戦後 1947 年に制定された労働基準法で 1 日 8 時間、週 5 日勤務制度が施行されたが、遵守されていたとは言えない。1970 年代初期のオイルショックを経て、1975 年には年間労働時間が 2 077 時間に至るなど、増加傾向をみせ、1987 にはピーク（2120 時間）を迎えた。1992 年には週休 2 日制が導入され、年間労働時間が 1972 時間に減り、史上初めて 2000 時間を切った。1992 年に発表された生活大国日本 5 カ年計画では、1998 年までに年間労働時間を 1800 時間に短縮するという目標が提示された。また、1993 年の労働法改定では、1 年単位の変形労働時間制が認められ、裁量労働制、フレックスタイム制などの弾力的労働時間制度が企業の間で本格的に導入されることになる。2007 年には、育児や介護などのための短時間正社員制度も導入された。そのあとは、後に見る 2019 年の働き方改革関連法案の施行に至る。

（2）労働時間の構成

日本企業の労働時間は、所定労働時間と所定外労働時間から構成されている。所定労働時間とは、労働者が働くべき時間として、就業規則などで定められたものである。具体的には、終業時間から始業時間を引いて、さらにそこから休憩時間を除いた時間となる。

所定外労働時間とは、所定労働時間を超えて働いた時間である。一般的には残業時間あるいは超過勤務時間と呼ばれるもので、休日勤務などを含む。労働基準法では、1 日 8 時間、週 40 時間を法定労働時間の上限としており、この上限を超えて働かせる場合は、労働者の過半数を超える団体と協定を結ぶ必要がある。1998 年の労働基準法の改定で、1 週 15 時間、1 ヶ月 45 時間、1 年 360 時間が所定外労働時間の上限となったが、

のちにみる 2019 年の働き方改革により変わることになる。所定外労働時間に対しては割増賃金を支払わないといけないが、その割増率は休日労働や深夜労働などによって異なる。管理監督者には残業手当や休日手当を支給する義務はないが、企業としては、管理監督者に該当するかどうかの基準を明確にしておく必要がある。

一方、休憩時間の場合、労働時間が 6 時間を超えると少なくとも 45 分、8 時間を超えると 1 時間の休憩時間を与えなければならない。また、労働者が 6 ヶ月勤務すると 10 日の年次有給休暇を付与するように定められている。年次有給休暇は勤続年数により最大 20 日までとなっている。

（3）労働時間管理の柔軟化

労働基準法の労働時間規制は基本的にブルーカラー労働を想定して作られたものであるが、産業構造の変化やホワイトカラーの増加などによる裁量度の高い仕事の増加に対応するために、柔軟な労働時間管理制度が導入されるようになった。代表的な制度としては、変形労働時間制、裁量労働制、フレックスタイム制などがある。

変形労働時間制とは、企業の労働力需要の変動に対応するためのもので、1 週間、1 ヶ月、1 年間単位で運営することになる。

裁量労働制とは、労働時間を実際の労働時間ではなく、「みなし労働時間」で管理しようとするもので、業務の遂行方法や時間配分について労働者の裁量に委ねたものである。最初は研究開発職、デザイナー、プロデューサーなどの専門業務型に限定されたが、2000 年からは企画業務型（企画、立案、調査分析）にも適用されるようになった。

フレックスタイム制は、労働者が自分の生活リズムや業務の進捗状況に合わせて労働時間の配分を行うことができる制度である。つまり、図表 10-2 のように、一定の範囲内で出勤と退勤時間を自由に選択できるようにしたものである。

労働時間管理の柔軟化は避けられない傾向であると思われるが、労働力需要の事前予測ができるかどうか、企業側の裁量なのか、労働者の裁量なのか、裁量の幅はどこまでなのかなどを考慮し、運営パターンを決めていく必要がある。

図表 10-2　フレックスタイム制

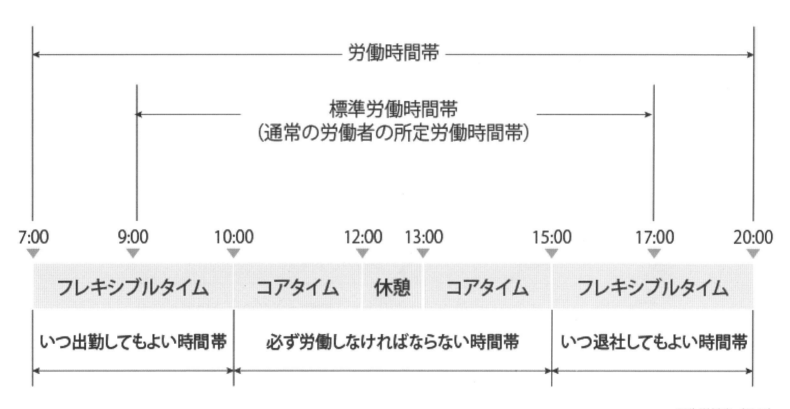

厚生労働省（2001）

（4）労働時間の質

　大量生産・大量消費、ベルトコンベヤーなどに象徴されるブルーカラー時代の20世紀とは違って、21世紀は、「労働時間＝生産量」が成立しないホワイトカラーの時代である。ホワイトカラーの仕事は、目標業務量や作業のプロセスが不明確であり、多くの利害関係者が絡む複雑な仕事が多く、担当する人によってその成果が全く違うからだ。

　一方で、我々は何かに夢中になると時間の流れを忘れてしまう傾向があるのは確かである。好きな漫画や映画をみながら徹夜した経験のある人なら誰でも感じたことがあるだろう。企業でも社員たちが仕事に没頭すれば当然その成果も違ってくる。仕事に集中しているときに電話などで邪魔されたら元の集中状態に戻るには相当の時間がかかるということで、「集中勤務時間帯」を設定し、その時間には電話も会議もしないように定めている会社もある。しかし、大事なのはそのような人為的な集中より自発的な没入（コミットメント）の方である。1日24時間、誰にも同じ量の時間が与えられている状況のなか、集中時間、没入時間が増えるということは、時間使用の質を高めることにつながり、人生がより豊かになる可能性が高いことはもちろんのこと、企業の成果も上がっていくことになるだろう。

図表 10-3　アインシュタインの時間

創造的な仕事は
集中して一気にやるのが効率的、
そうでない仕事は
決まった時間内に続けて
やるのが効率的。

やさしい女性と一緒に過ごす2時間は2分のように感じられ
熱い暖炉の上での2分は2時間のようである
-アインシュタイン-
時間の長さは没入（コミットメント）に反比例

（5）労働時間管理変化の方向性

　労働時間のマネジメントは、労働者側からすると闘争の歴史である。つまり、労働時間の変更などは眼中になかった資本家としての経営側が、労働条件をめぐる紛争を経験しながら労働組合との交渉に応じて修正してきた歴史なのである。しかし、現在は経営側自ら労働時間マネジメントにメスを入れているケースが多く知られている。その背景には、「労働時間＝労働量＝生産量」という図式が通じないホワイカラー時代になったこともあるが、昔とは違ってほとんどの企業が「経営者＝資本家」ではない状況もある。もっと重要な要因は、個人の労働生産性が千差万別であることに経営者側が気づいたからである。

　日本では慢性的な長時間労働問題で勤務時間の柔軟な運用に対する企業と従業員のニーズが高く、近年、それが「働き方改革」という流れで改善が進んでいる。多様性（ダイバーシティ）マネジメントやワーキング・マムの活躍を助けるための短時間勤務制度もその一例である。

　また、個人のコミットメント（没入）によって成果が違うということで、従業員が仕事に集中できるよう組織的な雰囲気造成に努力する企業も現れた。何より目立つ傾向は、働く空間への配慮である。集中にはエネルギーが必要なので、集中時間を増やすためのリフレッシュを念頭においた変化でもあるが、ITの進化により労働そのものが時間と空間の制約から解放されたことを積極的に活用しようとする試みでもある。

図表 10-4　労働時間管理変化の方向性

闘争から革新へ

勤労時間の柔軟化

没入のマネジメント

集中時間の管理

集中のためのエネルギー管理

時間 / 空間の配慮

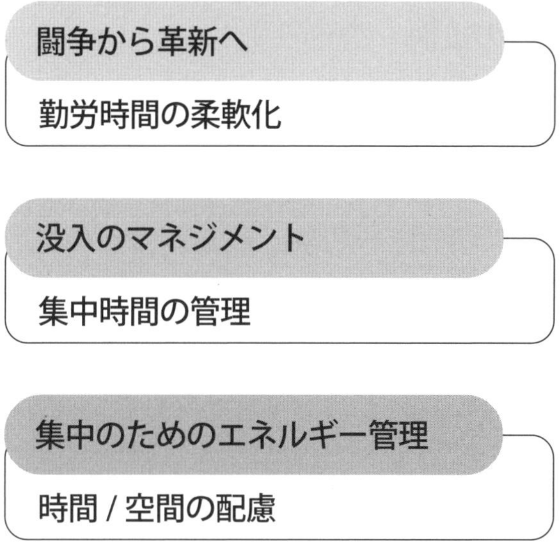

03 労働空間（オフィス）の改革

（1）オフィスの役割・機能の変化

　ブルーカラー中心のマネジメントが行われた20世紀にはホワイトカラーの働く空間であるオフィスは主要管理対象にはならなかった。しかし、21世紀に入ってからは放置してはいけない大事なマネジメント要素になりつつある。ホワイトカラー的な仕事が多くなったこともその一つの理由にはなるが、より重要な理由は、オフィスのような空間要素が生産性向上の要因になりうることに経営陣も気づくようになったということである。

　池田（2011）も指摘しているように、パソコンの前に終日座って作業をする労働者が監視を受けている（モニタリングされている）点においては、オフィスもブルーカラーの作業場と変わらない。つまり、ベンサムのいう「パノプティコン（Panopticon）」の世界に他ならなかったのである。功利主義者として知られているベンサムが提示いたパノプティコンは、近代監獄のモデルで、監視の思想が空間の形態に具体化されたものである。図表10-5でみるように、中央に配置された最小人員の監視者で全体空間を効率的に支配できるように設計されたこのパノプティコンは、ミシェル・フーコーによって監視社会の象徴物として広く知られている。モバイルワークや在宅勤務が日常化しても、このような監視の思想がなくなるとは思われない。

図表 10-5　ベンサムのパノプティコン

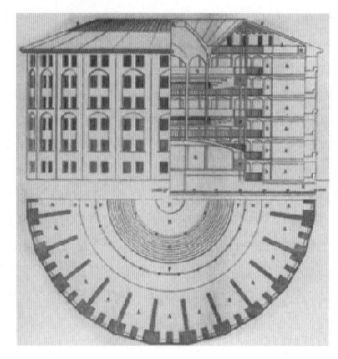

出所：ウィキペディア

どのようにして効率よく仕事を処理するかという方法論を重視するのが 20 世紀的経営であるとすれば、より付加価値の高い製品やサービスを創出しないと生き残れない 21 世紀の創造経営時代には、急変する経営環境の中でやるべきことを的確に見出して目的設定に反映し、結果を出していくことが重要である。この場合、監視の対象は、労働者の行動ではなく、作業の内容や結果に変わることになる。

当然ながらオフィス環境もこういった方向性に合わせて変化していかなければならない。そのためには、まず、全ての従業員を同じ存在とみなして、なるべく不必要行動をしないように物理的に労働者の行動を監視しやすい環境を作ろうとする旧態から脱皮することが経営陣に求められる。IT の進化と多様な機能を持つ事務機器の導入により、オフィスにも業務の効率を高める場所としての意味が追加されたが、それに留まってはいけないのである。今までにはなかった製品やサービスを創出し、新たなビジネスモデルを作り出す場所としての意味がより重要である。つまり、これからのオフィスは知識創造の場（Field）として機能しないといけないのである。

知識創造のための空間を作るためには、全体最適も重要ではあるが部分最適や個人最適にも注意を払う必要がある。例えば、照明の照度や室内温度などは個人毎に最適であると感じるレベルがバラバラなので、一律に標準レベルで固定しておくことは望ましくない。LED 照明の登場で照度の差別化は可能になったし、個別空調のための技術的課題も既に解決できていると知られているので、個々人に最適なオフィス空間を造成することは経営陣の意思決定次第であると考えられる。

図表 10-6　オフィスの役割変化

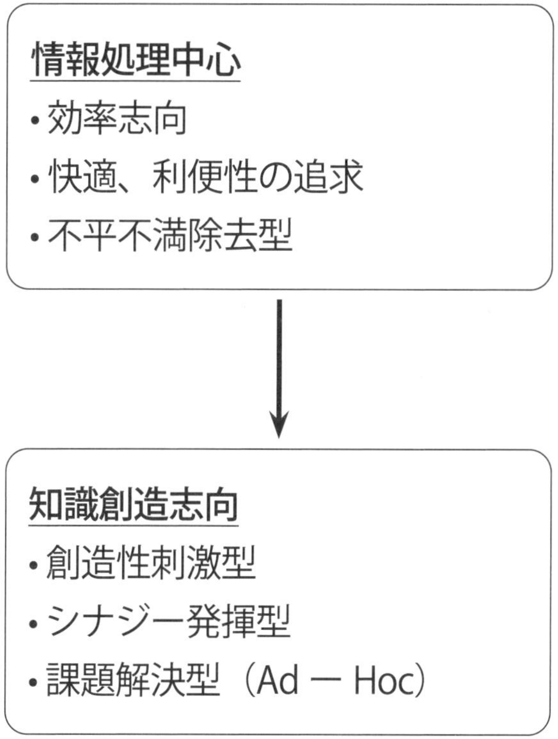

情報処理中心
・効率志向
・快適、利便性の追求
・不平不満除去型

↓

知識創造志向
・創造性刺激型
・シナジー発揮型
・課題解決型（Ad － Hoc）

出所：李炳夏・박세정・조현국（2013）

（2）生産性と空間管理の諸要素

　空間関連の研究結果を踏まえると、個人及び組織の生産性に影響する空間的要素としては、構成員間の物理的な距離、視野（Visibility）確保、事務空間内の視覚的環境などが考えられる。

　まず、第一に、物理的距離はコミュニケーションの回数とチームワークに影響する。ここでの物理的距離は、距離と移動にかかる時間を含む概念である。大阪から東京まで新幹線で行く人は、バスで移動する人より大阪ー東京間の物理的距離が近いと感じるはずであるからだ。物理的に遠くなるほどコミュニケーションに必要な努力の程度も増加するし、相手との偶然のコミュニケーションの可能性も低くなる。ITを利用した意思疎通も物理的な距離が近く対面接触の多い人の間でもっと頻繁に行われる。

　第二に、開放的環境が相互作用を促進する。個人の視野に入ってくる人の数が多いほど相互作用の頻度が高くなる。構成員たちの距離が近く配置されていても、パーテーションなどで視野が開放されていない場合は構成員同士のコミュニケーション促進効果はない。これはサイバー空間でも同じであるが、連絡先や友達リストに登録されていない人の場合、意図しなかったコミュニケーションが起こる可能性が低くなる。

　第三に、壁の色彩など空間の視覚的環境が創造性と生産性を左右する。自然展望（Natural Views）や窓で外の状況が観察できる空間、自然素材のデスクや食物などが創意性の発揮に役に立つ。その他、青色は創意性と関係があり、赤色は繊細な作業に効果的である。

　こういった内容に関連して、実際に一部の企業では様々な努力を重ねてきた。多層オフィスをアトリウム（Atrium）式に改造して層間視野を確保したり、エレベーターの代わりに層間エスカレーターを設置し、層間移動をしやすくした会社も、事務空間を個人の好みによって自由に飾るようにした会社も登場した。

　一方で、構成員同士の物理的距離を近くし、互いに確認できる視野を確保することは、確かに相互作用を促進するメリットがある反面、業務集中を妨害したり、プライバシーが保護されないというデメリットもある。これは、開放性を最大限維持しながら、他人の騒音などに妨害されず仕事に集中できる空間を設計することによりある程度は解決できる。ともあれ、企業がビジネスや仕事の目的に最適のオフィス環境を作ることは、以前の世紀における生産ラインの設計と同じように重要なテーマなのである。

（3）オフィスの類型

　効率性が求められる生産ラインとは違ってオフィスの場合効果性が重要であるが、それを可能にする個人最適の仕事環境はバラバラなので、企業は、それぞれ置かれている状況の中で色々と工夫していかなければならない。既に様々な試行錯誤の結果が知られており、一定のガイドラインも提示されている。池田（2011）は、オフィスの変化形態について、次の図表 10-7 のように 5 つの類型を提示した。

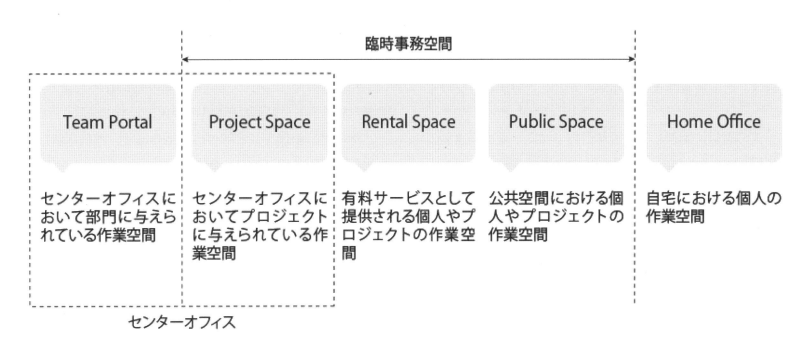

図表 10-7　オフィスの類型

臨時事務空間

Team Portal	Project Space	Rental Space	Public Space	Home Office
センターオフィスにおいて部門に与えられている作業空間	センターオフィスにおいてプロジェクトに与えられている作業空間	有料サービスとして提供される個人やプロジェクトの作業空間	公共空間における個人やプロジェクトの作業空間	自宅における個人の作業空間

センターオフィス

インフォメーション・プラットフォーム

仕事に直結する整理された情報

ワーカーの状況に関する情報

出所：池田（2011）

図表 10-7 と関連して注目すべきポイントは、センターオフィスである。センターオフィスは、インフォメーション・プラットフォームの役割としても重要であるが、企業自体のアイデンティティを具体化するという象徴的な意味もある。どの会社でもオフィスのあるロビーにはその会社特有のイメージが演出されている。その意味で本社に新たに構築されるセンターオフィスは、その会社が志向する業務方式を代弁するといっても過言ではない。

センターオフィスの運営に関連して、近年目立つ傾向が変動座席制の導入である。欧米で「Hot desking、Non territorial office、Shared office、Hotelling office」などと呼ばれる変動座席制は、日本では「フリーアドレス制」として広まっている。元々は組織構成員たちが固定座席を持たずに在籍人数より少ないデスクを共同で利用することで、事務空間や家具の費用を節約するという目的で考案された、外出が多い営業職やサービス部門で多く採択される制度である。現在は、費用節約以外の効果が浮き彫りになり、多様な目的で変動座席制を導入している企業が増えている。今まで明らかになった変動座席制の効果は次のようである。

第一に、コミュニケーションの活性化：職位や部署の境界を超えた自由な座席取りで、普段は会えなかった人とのコミュニケーションが可能になり、自然発生的な非公式的会話の中から予期せぬビジネスアイデアが出る可能性もある。

第二に、協業の増加：当日の仕事に必要な人たちと自由にグルーピングでき、適当な座席に集まって協業可能であるため、知的生産性向上の有効な手段であるという認識が広まった。

第三に、保安（Security）の強化：毎日座席が変わることが原則なので、退勤するときにデスク上の書類や PC などの放置がなくなり、情報流出の可能性が低くなる。ただし、これに関しては、周りで関係のない人たちとの雑談などを通じて機密事項が流出される可能性があるという指摘もある。

第四に、リフレッシュ効果：業務環境が毎日変わることにより、無意識のうちに新鮮な気持ちで働くことになる。

その他、書類を減らす付加効果もあり、節約された空間の有効活用も重要なポイントである。

このような変動座席制が成功するためには、色々と運営上の工夫をしないといけない。業務内容によって仕事の場所が変わると他の人にはどこで働いているのか分からなくなるので、座席表のリアルタイムディスプレーなどを通じて簡単に確認できるようにしないといけない。また、人によって好きな場所があるので放置しておくと固定座席化する可能性もある。特に、マネジャーの方からよく出る不満であるが、確かに他部署などとの水平的なコミュニケーションは活性化されるが、上司と部下の垂直的なコミュニケーションや、同じ組織内のコミュニケーションが減少するという問題が生じる。これは、マネジメントにおいて非常に重要な問題なので、マネジャーたちに不便を強要するよりは、制度面やシステム的に補完策を提供しないといけない。結果主義の評価報償制度や、IT を利用したモニタリングシステムなどがそれである。

（4）知識創造行動

　野中郁次郎を中心とする日本の知識創造論者たちは、知識を組織的に創造する方法論として、暗黙知と形式知の概念を活かしたSECIモデルを考案し、発展させてきた。野中郁次郎研究グループは、2007年からは経済産業省の支援を受け、インテリア関連企業たちが参加した社団法人「ニューオフィス推進協議会」と一緒に「クリエイティブオフィス調査研究」を行ったことがある。その結果、オフィス空間のなかで知識創造と関連のある人間の行動として整理されたのが次の図表10-8で示された12の知識創造行動である。その後、多くの関連企業がこのコンセプトに基づいて、新しい事務環境ソリューションを提案している。

図表10-8　12の知識創造行動

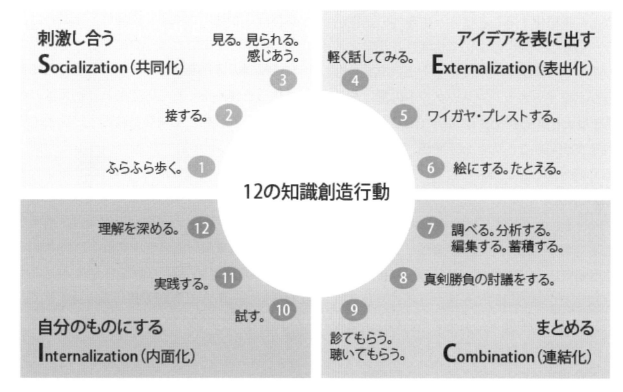

出所：https://www.mecyes.co.jp/library/watch/088

（5）同僚効果と非人間アクター

　現在、多くの企業でホワイトカラーの作業環境をマネジメントしようとするのは、これからの時代はホワイトカラーの生産性が企業の成果を左右する可能性が高いからである。中村・石田（2005）は、このホワイトカラーの生産性と関連してユニークな観点を提示している。長い間ホワイトカラー生産性に関する議論が行われたにもかかわらず結論が出ない混乱が続いている原因の一つは、我々が生産性を測定する問題に執着しているからだ。ブルーカラー工場であれば生産量を客観的に把握可能だし、工数、不良率、原価などを指標化することにより生産性の測定が可能であるが、ホワイトカラーの場合、何に基づいて生産性を測定するかに対する合意が得られ難いため、議論が終わらない。結局、PDCAのサイクルを上手く回せることがホワイトカラーマネジメントの鍵になるが、PDCAサイクルの効果性を極大化するためには可能な限り高い目標を設定し、構成員たちがこれを実現可能なものとして認識、それを達成するために自発的に努力する必要があるという。ここで、マネジャーが留意すべきポイントが同僚効果である。

　同僚効果（Peer Pressure、Peer Effect）とは、組織構成員たちが個人の意思決定に影響を与えることを意味する。もし、企業がビジネス目標を同僚効果の方向性に一致させることができれば、公式的に直接的なマネジメント無しで個人の意思決定を企業の目的に一致させることが可能である。つまり、組織構成員たちは、同僚効果によって自発的に企業へ有利な意思決定をしたり、上からの決定に自ら従ったりすることになる。企業がチームワークや協調性を重視することは、このような同僚効果に影響を及ぼそうとするからであるという。

　ANTの立場から、非人間アクターも同僚であるとすれば、どのような効果があるのだろうか。日立製作所が2016年に開発した「ディベート人工知能システム」はその可能性の一端を見せてくれる。このシステムでは議題が与えられたらその内容を解釈し、賛成あるいは反対意見の根拠になりうる事例を大量のデータベースから抽出して人々が受け入れやすい項目を再配列するか、表現を変えて提示する役割をするという（日経トップリーダー・日経ビッグデータ編、2017）。このシステムには大量のデータベース以外に独自に開発した「価値体系事典」と相関関係データベースが利用される。価値体系事典とは、人間が根拠や意見を述べる時の価値観をコンピュータに実装させたもので、多数の議題に対する賛成と反対の意見を登録したデータベースに基づいて価値とそれに関連する単語を体系化したものである。例えば、健康という価値に対して、運動は肯定的、病、肥満などは否定的など、単語間の関連性を体系的に整理したという。

　このような価値体系事典は、コーポレートガバナンスやコンプライアンスが強調される時代に大きな効果をもたらす可能性がある。Credoや会社のコアバリューに従って価値体系事典が整備されると、従業員の行動をある程度コントロールすることが可能になるからである。要するに、従業員は価値体系辞典を実装させたAIを相手に仕事をしながら自分も知らないうちにAIの同僚効果に飲み込まれてしまうのである。

04 働き方改革

（1）働き方改革の目的

　日本政府の主導で進められた「働き方改革」は、2019年4月1日から関連法案が実施されることになり一段落した。厚生労働省を中心に行われた約3年間にわたる作業の成果である。厚生労働省が産官学の有識者を集めて行った懇談会の結果をまとめ、2016年8月に公開した「働き方の未来2035」という報告書には、低出産高齢化社会の到来とAIなど技術革新のインパクトを前提に、一人ひとりが輝く2035年における働き方として次のような9つの項目が挙げられている。

① 時間や空間にしばられない働き方に：多くの物理的作業はロボットが担当し、個人は働く場所と時間の選択を通じて自分のライフスタイルを自ら選択

② より充実感がもてる働き方に：経済的理由だけではなく、社会貢献、相互扶助、自己充実感など、多様な目的で行動することを包摂

③ 自由な働き方の増加が企業組織も変える：一つの国家やコミュニティのような存在から、ミッションや目的が明確なプロジェクト推進体に変化。個人はプロジェクトにより自由に企業間移動

④ 働く人が働くスタイルを選択する：個人の希望とニーズによって複数の会社、複数のプロジェクトに同時従事することも可能

⑤ 働く人と企業の関係：兼業、副業、複業が当たり前になり、正社員の意味がなくなる。企業がどれくらいの機会と自己実現の場を提供できるかが鍵

⑥ 働き方の変化がコミュニティのあり方を変える：自律的個人が多様な価値観を持って自由に働く社会で帰属意識がなくなり、企業の類似コミュニティ機能が喪失、地域およびバーチャル・コミュニティが台頭

⑦ 世界と直接つながる地方の新しい姿：1、2、3次産業区分の意味がなくなり、多様なリソースが地方に移転され、真のグローカル時代へ

⑧ 介護や子育てが制約にならない社会：AIなどのによる自動化、ロボット化、ICT発展で、介護、子女教育、家事負担及び都市集中現象が解消

⑨ 性別、人種、国籍、年齢、LGBT、障がい、すべての「壁」を超える：多言語の間のハードルが低くなり、国家特有の慣行、制度、規制の意味がなくなる。

　以上のことが2035年で本当に実現できるかどうかはさておき、具体的なビジョンを示している点については高く評価したい。

（2）働き方改革の主要内容

　厚生労働省は、低出産高齢化による生産年齢人口の減少、育児と介護の両立など、働く人たちのニーズが多様化しているという状況認識の元で、投資やイノベーションによる生産性の向上とともに、就業機会の拡大、意欲と能力を十分に発揮できる環境の構築を重要課題として取り上げ、働き方改革は、このような課題を解決するためであると明示している。詳しい内容は厚生労働省のホームページに載ってあるが、重要なのは、実際に2019年4月から施行された働き方改革関連法の中身である。

　働き方改革関連法は、労働者がそれぞれの事情に応じた多様な働き方を選択できる社会を実現し、一人ひとりがより良い将来展望を持つようにすることを目指しているという。法案には働き方改革を推進するための3つのポイント、つまり、①長時間労働の是正のための労働時間法制の改定、②多様で柔軟な働き方の実現、③雇用形態に拘らない公正な待遇の確保のための措置が具体的に盛り込まれた。働き方改革関連法は、次のような8つのテーマに分かれている。

　　第一に、残業時間の上限規制
　　第二に、有給休暇の取得を義務化
　　第三に、フレックスタイム制の見直し
　　第四に、インターバル制度の普及促進
　　第五に、高度プロフェッショナル制度の新設
　　第六に、同一労働・同一賃金の実現
　　第七に、中小企業での残業割増賃金率引き上げ
　　第八に、産業医の権限強化

　以上の「働き方改革」に向けて、労働基準法をはじめとする働き方改革関連法令が多岐にわたって改正され、順次施行されているが、問題がないわけではない。

　まず、指摘しておきたいのは、労働時間の上限規制部分の不合理性である。この規制が残業を減らすための改正であることは確かだが、実際に上限まで働かせるという悪用事例が現れる可能性もあるし、何より、運用の面で労働時間の客観的な把握を企業に義務化したことは議論の余地がある。単純ルーティン作業なら問題ないが、従業員の創意性が求められる多くのホワイトカラー労働に対して、前世紀の遺物になりつつあると思われた「労働時間＝生産性」というブルーカラー中心のマネジメント手法に強制的に戻してしまったからである。高度プロフェッショナル制度の新設により日本版ホワイトカラーエグゼンプション（Exemption）を目指したことについては評価できるが、この制度の適用対象になるという特殊分野の年収1075万円以上の者だけが労働時間に関係ない創造的な仕事をしているとは思われない。

　もう一つ注目すべき項目が「同一労働・同一賃金」の実現である。キャッチコピーとしては良いが、実際の運用の面では、様々な問題が予想されるので、政府の意図通りになるとは思われない。既に「役割等級制度」のような逃げ道が用意されてあるので、男女機会均等法のときに総合職と一般職の区分で逃げたのと同じ現象が起こるのではないだろうか。

（3）働き方改革と企業の対応

　変化に対する企業の対応は、その企業が持っている危機意識の強さによって、また、短期的に見るか長期的に見るかによって違ってくる。こ

の危機意識のレベルと時間軸という2つの次元で企業の対応をモデル化したものが図表10-9である。「S」は、目に見えないソフトな対応を意味しており、従業員の意識教育や組織文化的な対応がメインになる。

「H」は、目に見えるハードな対応のことで、組織改編など物理的環境の整備や制度改革のことを意味する。小文字と大文字の区分は対応の強さである。「SH型」はソフト的にもハード的にも強い対策を打つことであり、「sh型」は両方ともに消極的に取り組んでいることを意味する。

具体的な例としてパナソニック社は、政府の働き方改革推進内容と関連して、まずは長時間労働を解決するために2017年1月の社長経営方針の表明を通じて①月80時間以上の残業者根絶、②20時には全員退社措置などを実施した。その過程で創立100周年を迎えたため、さらな

る100年のためには社員個々人の働き甲斐と会社の成長が連鎖反応を起こして多様な個性が輝く会社になるべきであるとし、ABWs（A Better Workstyle）プロジェクトを推進することになった。パナソニックが働き方改革関連法案の施行に先がけて長時間労働の解消に取り組んだのは短期的に危機感を強く感じた結果であり、その対応は強制的な時間制限という強い措置なので「sH型」であると考えられる。また、ABWsの推進は、長期的なスパンで会社の存続に対する危機意識を持ち、パラダイム転換ともいうべき抜本的な組織風土改革を推進している側面から「SH型」対応であると考えられる。

図表10-9　変化に対する企業の対応

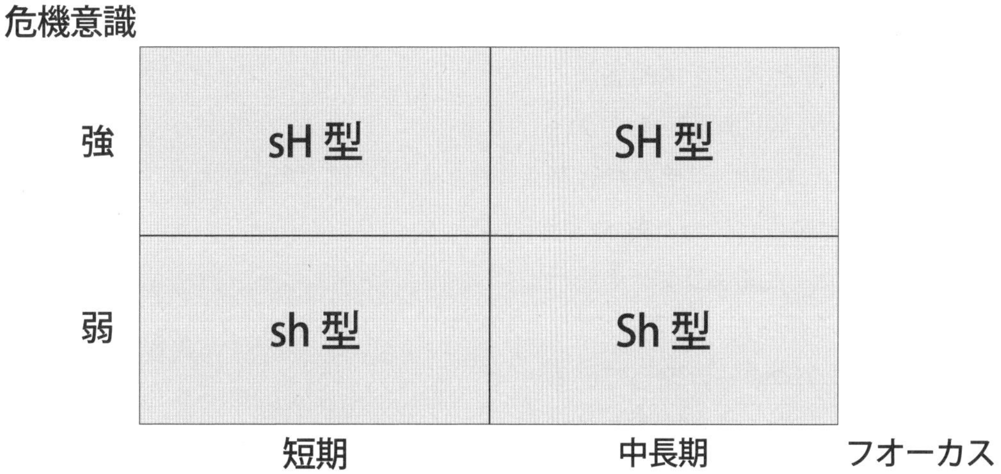

危機意識

	短期	中長期
強	sH型	SH型
弱	sh型	Sh型

フオーカス

（4）働き方と労働生産性

　図表 10-10 で示しているように、今までの労働生産性マネジメントは、主に賃金・労働時間・労働者数という変数を中心に行われてきた。つまり、一定の賃率をベースに、イノベーションや人事組織マネジメントによって所定のアウトプットに必要な労働時間を短縮したり、残業時間を増やしたり、労働者数を減らしたりすることが労働生産性向上のための方法として考えられたのである。労働分配率や労働装備率なども労働生産性マネジメントの考慮要素にはなるが、産業特性やビジネスの性格によって変わる部分が大きいので人事部の管轄事項にならない可能性が高い。問題は、これからの時代にも同じように考えるべきなのかである。

　ANT の観点からすると、何より関係性のマネジメントが大事であることは既に確認してきた。労働者の人的（人間アクター）・物的（非人間アクター）ネットワークは、労働生産性を考える上でも欠かせないファクターである。一時期強調されたゲートキーパー（Gate Keeper）の話がこれに当てはまる。ゲートキーパーとは、直訳すれば「門番」のことだが、経営学では、組織や企業の境界を越えて、その内部と外部を情報面からつなぎ合わせる人間のことを指すという。より高度な専門知識をもつゲートキーパーが存在する組織は、他の条件を一定とした場合、それが存在しない組織よりも研究開発パフォーマンスが高いという。ゲートキーパーという存在は、人間アクターに限定する必要はない。人間よりゲートキーパーの役割をこなせる AI も可能であると思われるからだ。重要なのは、企業が必要とする OPP のポジションにどういったアクターが座っているのかということである。資本の非人間アクターが OPP の役割を果たせるのであれば労働装備率も変わることになる。

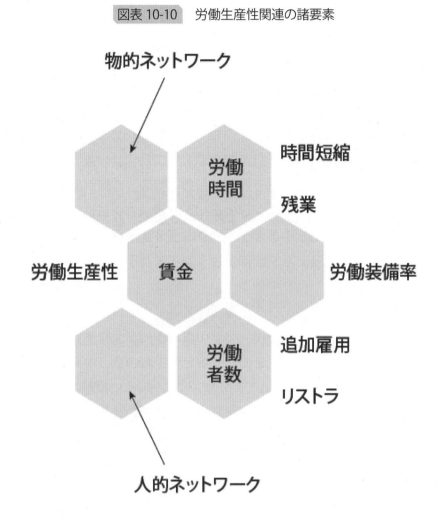

図表 10-10　労働生産性関連の諸要素

物的ネットワーク

労働時間　時間短縮　残業

労働生産性　賃金　労働装備率

労働者数　追加雇用　リストラ

人的ネットワーク

（5）働き方改革と人事部

　人的資源管理において働き方改革とは、労働時間と労働環境のマネジメント改革に他ならない。ANT の考え方をベースにもう少し概念を拡張すると、これからの時代における真の働き方改革とは、労働者の持つ人的・物的ネットワークを最大限活かせるよう、決まった時間と固定された場所に拘っていた伝統的な労務管理を再編成することである。つまり、現在の働き方改革関連法案で規定しているような労働時間管理規制を超える何か次元の違うマネジメントが必要なのである。例えば、労働時間で生産性を測れないホワイトカラーの労働時間を明確に把握するように義務付けられた部分については、「みなし労働時間」のコンセプトをうまく利用するなど賢く対応していくことが求められる。

　問題は、社内に限定されていない労働者の人的・物的ネットワークが拡張する中、個人の労働時間と場所のコントロールができない人事部がどのような仕組みをもって「労働」における OPP を維持できるのかということである。1つ、解決策があるとすれば、労働者の仕事ぶり（勤務態度）モニタリングや「管理、コントロール」という上からの目線ではなく、労働者のパートナーになっていくことである。つまり、データドリブン HR の考え方を経営層向け（ビジネスパートナー）だけではなく、労働者向けにも適用することである。例えば、労働者の成果を管理する何らかのシステムがある場合、そのコントロールを個人の自由に任せて、自分の仕事の成果は自分で管理できるようにすることである。

　例えば、仕事のプロセスや成果関連のデータが自動的に蓄積されるシステムがあるとすれば、期末に労働者がそれを利用して簡単な操作だけで自分のアピールポイントを整理できるようにすることは可能であろう。

CEO がモニター上のダッシュボードで事業部の成果など経営状況が一目でわかるようになっているのと同じく、労働者にも個人の仕事状況や成果が一目で分かるような仕組みを作り上げる必要があるのではないだろうか。人事部の役割はそのシステムを人事システムに連動させる接点（OPP）を掌握することにあるかもしれない。労働者のパートナーとして人事部の役割は、管理ではなくサービスの提供であり、自分の人事関連サービスを労働者自ら積極的に利用するよう、新たなネットワークの関係性をデザインし、翻訳することであろう。

Discussion

1. 労働生産性の問題を考えてみよう

　図表 10-10 で示されているように、労働生産性には様々な要素が関係している。それぞれの要素が労働生産性に与える影響は、産業構造の変化や時代的状況によってその比重が変わってきた。言い換えれば労働生産性の構成要素やその比重は企業によって様々なのである。

　みなさんは、これからの時代に労働生産性を左右する要素は何であると思いますか。企業の労働力が AI によって替わっていくことが予想される中、人間の労働力が生産性に与える影響はどのように変わると思いますか。

　まずは、自分の考え方を整理し、グループ内で議論してみましょう。

2. 働き方改革問題を考えてみよう

　2019 年の働き方改革法案の施行と関連して、多くの企業がそれに対応する形で何らかの対策を打ってきた。表面的には長時間労働を解消するなど、労働者のために作られた制度のように見えるだろうが、本当にそうなのだろうか。

　ウェブ上に公開されている企業の人事制度改革の事例を調べ、どの制度が働き方改革のケースに該当するのか見極め、その制度の実行によって企業や労働者の立場から得られるプラスの面とネガティブな面について検討してみましょう。

　グループ共同で対象企業を選択し、関連制度の具体的な内容を調べてから、企業側と労働者側にメンバーを分けて議論してみましょう。

第11章　賃金と福利厚生

01 賃金と福利厚生管理の意義

　賃金と福利厚生は、企業が労働力の対価として支払う代表的なもので、報奨管理のメインテーマである。企業の報奨管理は、総合的観点からのアプローチが重要である。総合的報奨は、英語の「Total Compensation」や「Total Rewards」に当てはまるもので、前者は、労働者が雇用関係を前提に会社から受ける金銭的報償及びベネフィット（賃金や福利厚生）を意味する。後者は、前者より幅広い意味で、雇用の安定や昇進昇格、挑戦的な仕事、学習と開発機会などの非金銭的報奨を含む総体的な報奨のことを指す。図表 11-1 は、このような総合的報奨管理の主要対象をまとめたものである。

　総合的報奨の観点は、企業側にも従業員側にも重要である。従業員側からすると、何より金銭的報償の水準が気になることは否定できないが、会社を信じて自分の成長を任せるかどうかも重要である。会社員になると、組織風土や仕事の面白さはもちろん、自分のキャリアに対するビジョンなども気になるはずである。入社初期に退職者が多く出てくるのは、金銭的な報償を期待して入社し、非金銭的な報奨に失望してからである可能性が高い。企業側からすると、労働市場で優秀な人材を確保するためにも、まずは、金銭的報償の水準で競争優位を維持しようとする努力が必要である。しかし、一部の高業績企業を除いて、普通の企業が金銭的報償の競争優位を維持することは簡単な話ではない。労働集約的な企業であるほど、なるべく人件費を抑えようとする圧力が高いし、よほどの理由がない限り、人事部がそれに勝ち続けることは難しい。ある意味

では、スタートアップや中小企業など、金銭的報償の水準で競争力のない企業、あるいは、市場賃金（賃金相場）さえ払えない企業においては、非金銭的報奨が重要な意味を持つかもしれない。それは、もし、そういう企業が非金銭的な報奨を目に見える形で積極的なアピールができるのであれば、優秀人材への十分な誘引になるからである。金銭的報償の水準ではなく、成長の機会を求めて入社した人の組織への忠誠心や役割へのコミットメントは高いはずなので、大手企業や高業績企業でも、総合的報奨観点からの報奨戦略は欠かせないマネジメント手段である。

　本章では、報奨戦略の中で金銭的報償の代表である現金給与制度と、一部の非金銭的サービスを含む福利厚生制度にフォーカシングすることになるが、当然ながらその水準だけが問題ではない。目に見える形である現金給与について魅力的な水準を維持することも重要ではあるが、従業員個人にとっては、個別賃金の水準がどのような基準に基づいて決められ、上昇していくのかということも大事である。また、賃金に対する従業員の納得性や受容性のためにも通勤手当など社会的通念に基づいた賃金項目の設定にも留意する必要がある。福利厚生制度の場合、金銭的な部分と非金銭的な部分があり、多様な使い道がある。多くの福利厚生制度は、個人の所得に加算されないため、節税対策にもなりうる。また、従業員共通にメリットのある生活支援サービスなど、規模の経済性を活かせることも可能である。

総合的報奨について体系的な説明を行ったのは、賃金関連の教科書として知名度の高い Milkovichi の著作である。図表 11-1 は、2010 年の第3版のプレゼン資料で、従来の賃金と福利厚生に関連する項目は「Total Compensation」として、その他の報償を含めた総合的報奨については、「Total Returns」としてまとめられている。注目ポイントは、認定と職位、雇用安定、挑戦的職務、学習機会などが「関係的報償」としてまとめられている部分である。

図表 11-1　総合的報奨の構造

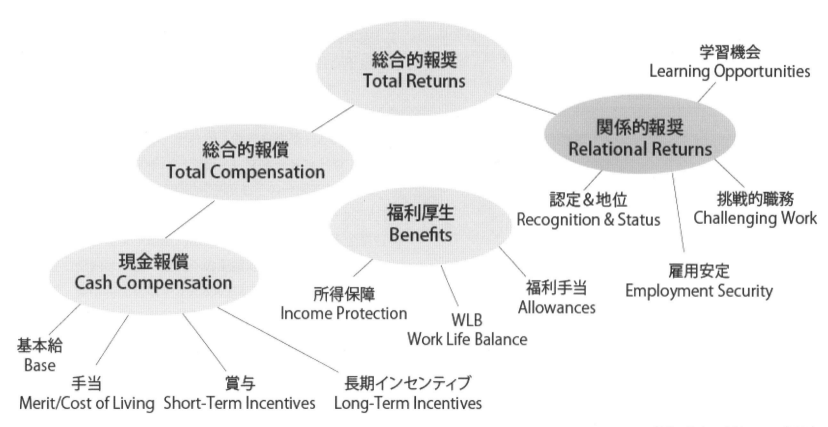

出所：Gerhart & Newman（2020）

02 賃金の目的と基準

（1）賃金の目的と基準

　賃金は、使用者にはコストだが、労働者には所得源であるため、基本的には労・使の利害が対立する分野である。しかし、経営陣の関心はあくまでも人件費、つまり、労働力を確保維持するために必要な全体的な費用にあり、個別賃金の運営は人事部に任されているのが一般的である。

　つまり、人事部は、経営陣に対して全体的には企業の支払い能力の範囲であることをアピールしながら、従業員のニーズに合わせた賃金制度を設計・運営していく必要がある。企業が置かれている状況により、賃金制度設計の目的や具体的な内容も変わるので、まずは、賃金の目的と基準を明確にし、優先順位を決めていくことが大事である。

図表 11-2　賃金の目的と基準

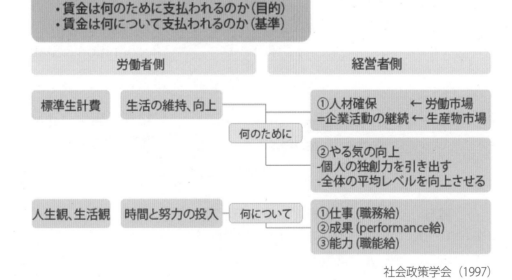

社会政策学会（1997）

（2）賃金鉄則

　労・使が共に満足できる賃金管理の原則は、「高賃金低人件費」である。つまり、従業員には高い賃金を払いながら会社全体としての人件費は低くするということである。人事担当者の間で「賃金鉄則」と言われるものである。一見して矛盾しているようだが、決してそうではない。人件費には福利厚生費などの様々な項目があるので、給料以外の項目を減らしても可能な話だが、それだけを意味する話でもない。答えは労働生産性にある。つまり、労働生産性を上げれば分配できるパイが大きくなるので、個人の賃金水準を高く設定しても全体としての人件費比率を下げることが可能なのである。

　しかし、労働生産性は、設備投資やビジネス環境などの他の要因によっても変わるものなので、景気が良い時には賃金管理制度と関係なく物事がうまくいく。問題は、間違った賃金制度のもとでは、景気が悪くなると人件費負担が大きくなりかねないことである。賃金は下方硬直性があるので、会社の都合によって簡単に調整できるものではない。通常の賃金管理システムの中に、労働生産性によって賃金の水準が自動的に変わる仕組みを整備しておかないといけないが、それは、図表11-3でみるように、賃金体系の構築によってある程度は解決できる。

図表 11-3　賃金鉄則と賃金体系

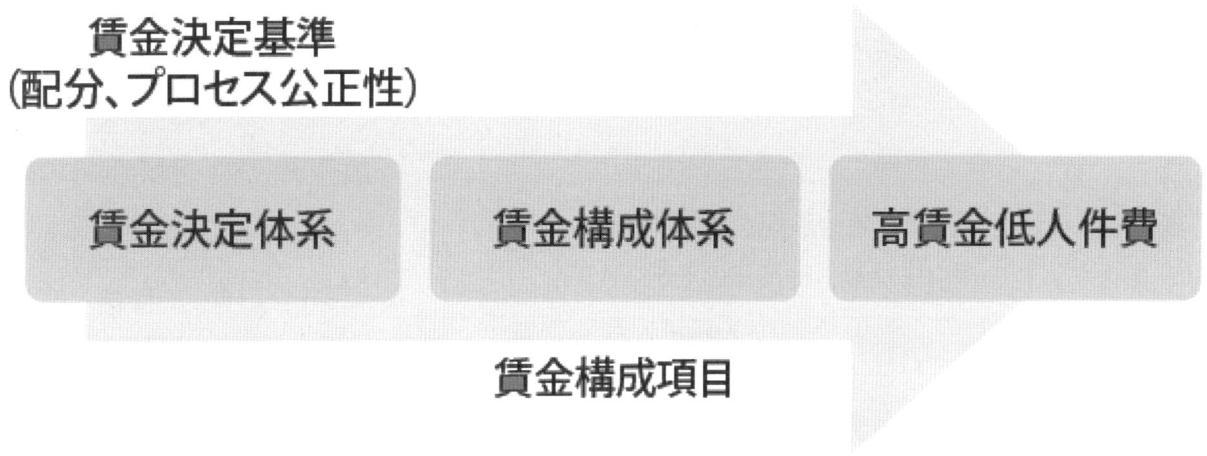

賃金決定基準
（配分、プロセス公正性）

賃金決定体系　　賃金構成体系　　高賃金低人件費

賃金構成項目

03 賃金体系

（1）賃金体系管理の意義

　賃金は、企業が労働力への対価として労働者に支給する第一の報奨なので、その形や中身が重要であることは言うまでもない。樋口（2001）は、賃金体系マネジメントの重要性について次のように述べている。

　　第一に、賃金体系が適切に設計されていなければ、高齢化などにより総額人件費の高騰を招く。
　　第二に、賃金体系いかんによっては、その企業が望ましいと考える人材が応募してこなかったり、あるいは応募してきてもすぐに辞めてしまう。
　　第三に、賃金体系設計の仕方や運用方法を間違えると、働くインセンティブを失わせるばかりか、ときには間違った方向に社員の行動を導く。

　要するに、賃金体系は、「高賃金低人件費」という賃金鉄則を維持するための手段問題に留まらず、優秀な人材の誘引になり、従業員のモチベーションにも直接つながる大事な人事制度なのである。賃金体系には、賃金水準の決定基準としての「賃金決定体系」と、賃金構成の項目に関連する「賃金構成体系」がある。賃金体系は、何が賃金水準の決定に重要な要素なのか、どのような部分をケアしないといけないのかに対する社会的含意や経営者の哲学と深く関係する。

（2）賃金決定体系

　賃金決定体系は、賃金が「何のために（目的）、何に対して（基準）」支払わるものなのかという問題に対する企業の答えである。企業の置かれている社会文化的環境によっては賃金決定の基準をどのように設定するのかによって、何のためにという目的自体が揺れる可能性もある。目的と基準の整合性を確保するためには、賃金決定における「公正性」問題を解決しなければならない。公正性問題は、図表 11-4 でみるように個人、企業組織内、外部労働市場という 3 つの視点で考慮する必要がある。

図表 11-4　賃金決定の公正性

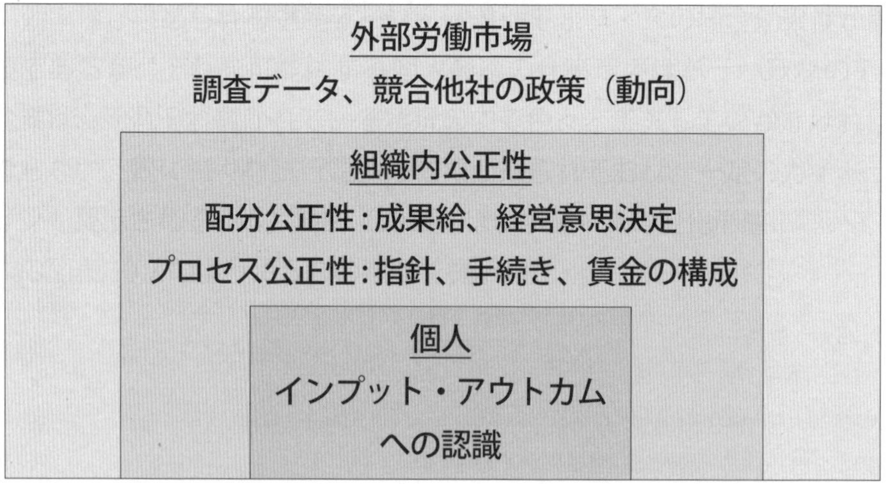

外部労働市場
調査データ、競合他社の政策（動向）

組織内公正性
配分公正性：成果給、経営意思決定
プロセス公正性：指針、手続き、賃金の構成

個人
インプット・アウトカム
への認識

賃金決定の問題は、賃金水準の決定に対する問題と、その水準の決め方（賃金の算定方式）の問題に区分できる。賃金水準は、戦略的選択の問題でもある。つまり、同種業界を先導する政策をとるか（Lead Policy）、競争相手を追っていくことにするか（Lag）、市場賃金の平均レベルにするか（Matching）などの選択問題である。もちろん、賃金水準に対して従業員が公正であると認識し、納得することが重要である。次に課題になるのは、その政策的賃金水準をどのように（何を基準に）決めていくのかである。これによって賃金形態が決まることになるが、賃金形態とは、賃金の構成項目（賃金構成体系）や支給時期、支給形態（月給・時給制など）も含まれるコンセプトである。図表11-5は、企業が賃金決定体系を構築するときに考慮すべき諸要素を整理したものである。

図表11-5　賃金決定体系の諸要素

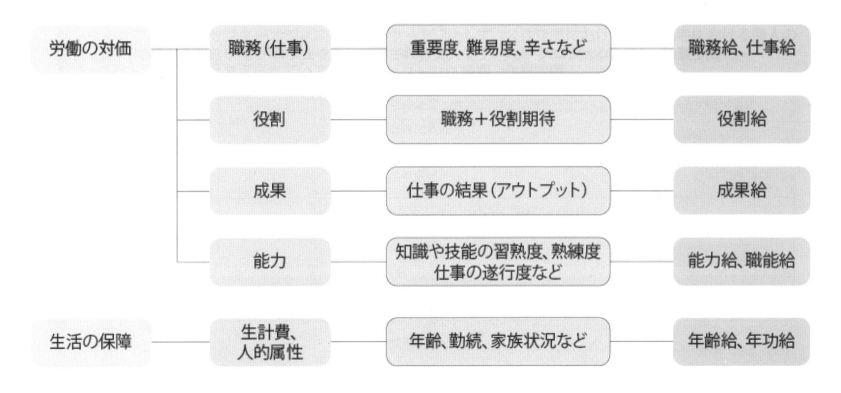

（3）賃金構成体系

　賃金の構成項目は、社会的ニーズと企業の経営方針などにより様々である。図表 11-6 は、労働費用の観点から具体的な項目を整理したものである。賃金体系に直接関係のある項目は現金給与の部分であるが、企業としては、退職金や福利厚生費を含む人件費、さらには、教育訓練費や採用・募集費などを入れた全体的な労働費用マネジメントの観点から賃金構成を考える必要がある。特に、現金給与の手当や法定外福利厚生費、特定の教育訓練費などは、賃金水準とは違う次元で優秀人材への誘因になる可能性が高い。

図表 11-6　労働費用の構成

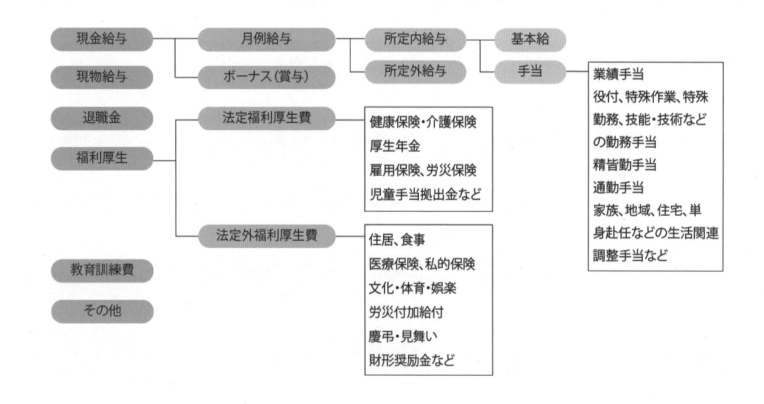

（1）年功賃金

　日本企業の賃金制度の特徴としてよく指摘されてきたのは、年功型賃金である。「年功」というものが「年の功」なのか「年と功」なのかに対する議論はさておいて、日本企業の賃金制度が終身雇用という日本的雇用システムと連携して機能していることは確かである。図表 11-7 は、日本的雇用システムの中での年功賃金の効果を示したものである。

　つまり、「A」の部分は、入社直後から一人前の社員になるまでの話で、低業績でも高い給料をもらえるので従業員が得をする部分である。「B」は、社員が給料以上の成果を出し続けている部分で、企業が得をする。「C」は、高齢化などにより能力の限界が出てくる部分で、労働者が得をする結果になる。これについては、八代（2019）によると、経済学的な説明も可能である。縦軸を「限界生産力」、横軸を「時間」にすると、ベッカーの人的資本論（Human Capital Theory）の企業特殊訓練仮説から「A」は人的投資期間、「B」は投資回収期間として説明できる。また、「C」の部分は、ラジアが提唱した定年制の経済分析（ゼロ利益賃金経路）で説明できるという。問題は、こういった考え方をベースにした賃金制度が現在日本の若者たちに魅力的ではないことにある。

　企業が終身雇用を暗黙的前提にしていても、状況によってはいつでもリストラの対象となることを 1990 年代以降の経験を通じて知らされたからである。社員たちが定年まで働く気にならない場合、「A と B」の部分について、会社との対立が起こりやすい。社員たちは「A」の部分をなるべく伸ばそうと思うし、企業側はなるべく減らそうと思うようになるからである。時価制賃金の発想もここから生まれる。

図表 11-7　年功賃金の構造

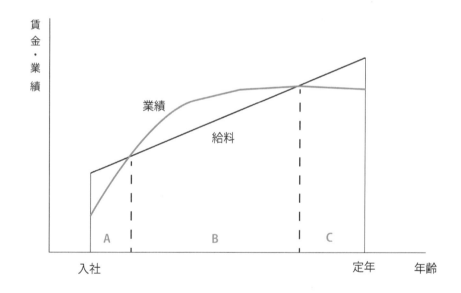

賃金カーブを描いてみると、賃金体系の特徴が現れる。日本の場合、厚生労働省が毎年実施している「賃金構造基本統計調査」からその詳細を確認できる。この調査は、1956年から似たような形式で実施されてきたので、賃金構造の歴史的変化を追うことも可能である。

　令和元年調査の学歴、性別賃金データでは、男性（平均）の大学・大学院卒が400.5千円、高専・短大卒が314.9千円、高校卒が292.9千円となっている。女性では、大学・大学院卒が296.4千円、高専・短大卒が

260.6千円、高校卒が214.6千円となっている。

　学歴別に賃金がピークとなる年齢階級（図表11-8）をみると、男性では、大学・大学院卒で50～54歳、高専・短大卒及び高校卒で55～59歳、女性では、全ての学歴において50～54歳となっている。学歴別に賃金カーブをみると、男女いずれも大学・大学院卒の賃金カーブの傾きが大きくなっており、男性は女性に比べてその傾向が大きい。

図表 11-8　学歴、性、年齢階級別賃金

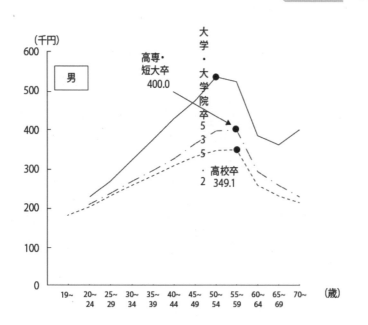
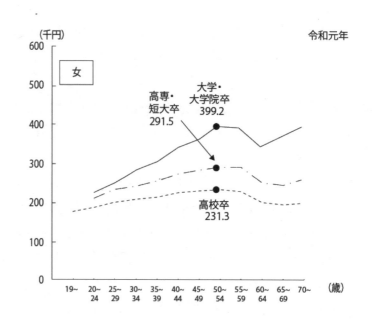

出所：厚生労働省（2019）

（2）職能給

　戦後、年功型賃金制度定着のきっかけを「電産型賃金体系」に求めるのは、そこに、生活保障給としての家族給と本人給という賃金項目が盛り込まれていたからである。職能給制度は、日本型人的資源管理の柱である職能資格制度をベースにした賃金制度であるが、電産型賃金体系の生活保障給の思想も年齢給や勤続給の形でそのまま受け継がれた。

　職能給は、職能資格別初任給をベースに、査定（人事考課）による昇給が前提であるため、個人別賃金差別化が可能な仕組みになっているが、運用によっては「年の功」賃金になってしまう可能性もある。査定による差が意味がない金額になったり、定期昇給金額の方が高かったりするからだ。

図表 11-9　日本型賃金体系

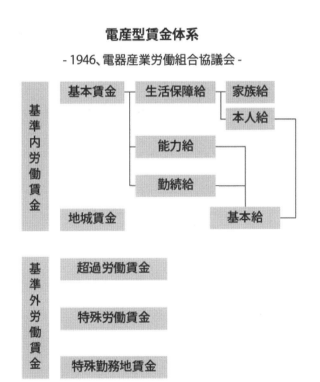

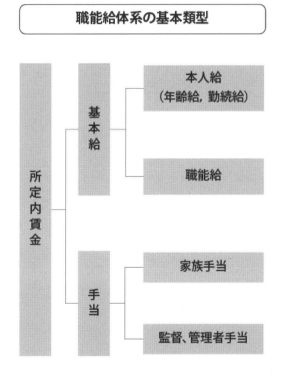

（3）ベースアップと定期昇給

　賃金体系が決まれば、自動的にそれに合わせて個別賃金の調整が行われることになる。日本企業における従業員個別の賃金の調整は「ベースアップ（ベア）」と「定期昇給（定昇）」によって行われるのが一般的である。この中で、日本型賃金の特徴としてふさわしいものが定期昇給制度である。

　ベースアップは、賃金テーブル（基本給）そのものが改定されることによって上がる部分で、定期昇給は、勤続を重ねることによって上がる部分のことである。日本企業では、基本給のベースアップは労使交渉の対象として、定期昇給制度は使用者側の査定権を広く機能させる有効な賃金管理手段として認識されてきた。一般的には号俸（勤続年次）別賃金テーブルをベースに査定結果を反映することになるが、その方式よっては「年の功」になってしまうケースもある。

図表 11-10　　ベースアップと定期昇給のイメージ

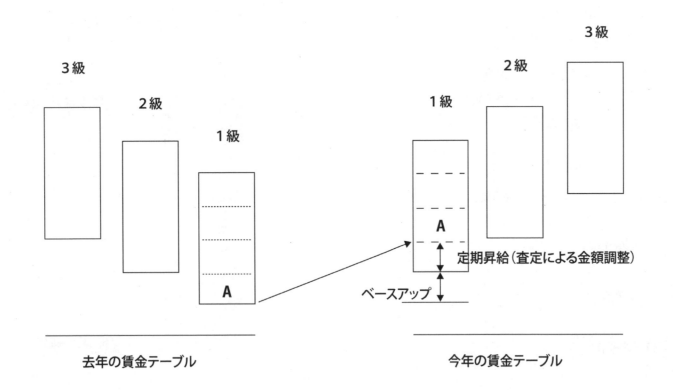

05 成果主義賃金制度

（1）成果主義賃金制度の重要性

　成果主義の時代であると言われるほど、多くの企業で成果主義人事制度に対する関心が高まってきた。この成果主義人事制度のコアになるのが成果給制度である。個人の担当する職務や役割、職務遂行能力などによって決まる基本的な報償に加えて、個人や集団の成果によって報奨を差別化するのが成果給である。

　企業が成果給に魅力を感じるのは、成果によって報奨すると従業員のモチベーションが上がることを信じたいからである。しかし、成果給の導入は企業において諸刃の剣である。目的通りの従業員動機づけによって生産性の向上に貢献する可能性がある反面、従業員同士の葛藤や不満を起こす可能性もあるからだ。実際に、成果給を導入して失敗した企業も、成功を収めた企業も多い。問題は、制度そのものではなく運用であるかもしれない。考え方次第であると思われるが、職能資格制度の下での職能給制度やボーナス制度だけでも、運用次第では成果給と同じような効果を引き出すことも可能である。

　ともあれ、企業の国籍を問わず、「成果に基づいて報奨をする」という明確なメッセージに魅力を感じた企業の間で成果給制度が広がっていることは確かである。それには、次のようないくつかの背景がある。

　第一に、将来のビジネスに向けて社内では育てられないコア人材の確保のためには、彼らにメリットのある成果主義人事制度を導入していることを明示的に提示する必要がある。

　第二に、多様な雇用形態が登場するなど、企業も従業員も互いに長期的な関係を求めない傾向が強まっている状況の中では、現在の成果に対する即時的な報償が魅力的になる。

　第三に、経営環境変化のスピードが速くなり、不確実性が高まるなか、企業の長期的成果や賃金の安定性が損なわれる可能性があるので、労・使が共同でリスク負担をするという考え方である。

　創意的仕事や内的動機づけが必要な仕事には成果給制度がむしろモチベーションを下げてしまう可能性も指摘されてはいるが、成果給反対圧力にまではなっていないようである。

（2）成果主義賃金の理論的背景

　成果給の導入にも様々な目的があり、それぞれ理論的根拠も示されているので、企業としては、自社の置かれている状況に適切な理論を充分検討した上で、実際の導入作業に取り組む必要がある。

図表 11-11 成果主義賃金の動機づけ効果に対する諸理論

	理論の内容	理論が示唆する点
期待理論 Expectancy	・成果実現に対する自信感や期待 ・成果と報償の連携 ・従業員が望む内容の報償	・成果達成のための教育と力量強化 ・成果による一貫した可視的報償 ・従業員が望む報償を提供
公正性理論 Equity	・自分の努力と比較した報償 ・他人の努力と比較した報償水準 ・比率が公正であると満足、違うと不満足	・公正性と評価の重要性 ・手続きの公正性 ・配分の公正性
目標設定理論 Goal-setting	・明確で達成可能な挑戦的目標 ・目標の設定がモチベーションに影響	・成果目標設定方法の重要性 ・成果と報償の連携
強化理論 Reinforcement	・期待しなかった報償の強力な効果 ・即時的な報償が効果的	・期待値を超える刺激強度 ・適時（Timely）報償の重要性
エージェンシー （Agency） 理論	・業務遂行に対する直接的なモニタリングができない場合、コントロール方法としての報償戦略 ・結果に対する報償で過程をコントロール	・個人の目標と組織目標の一致 ・職務による報償体系の差別化

出所：劉奎昌・朴祐成（2019）

（3）成果主義賃金とインセンティブ

　企業が労働力の対価として賃金を払っている以上、仕事の成果に基づいた報償は当たり前の話である。それが成果主義賃金制度という流行の言葉で話題になっているのは、一部の高成果者（もしくは自分には高成果を出せる能力があると信じている人）や経営陣が、賃金のもつ他の属性を無視して成果オンリーにするか、少なくとも業績や成果に偏重した賃金決定体系に、魅力を感じているからである。問題は、一言で成果主義賃金制度と言っても、その目的や運用次第で様々な形が存在しており、どのような形の成果給を導入するかも戦略的選択の問題である。成果主義賃金の代表的な存在はプロスポーツ選手の「年俸制」のようなものであるが、それだけでは将来の成果を牽引するモチベーションの誘因にならないので、未来に備えた多様な形の個人的・集団的インセンティブ政策が必要である。

　図表 11-12 で示した成果インセンティブの類型は、時間軸をベースに、個人と集団のインセンティブになりそうな制度を整理したものである。個人の成果を重視すると社内競争を招いてチームワークを損なう可能性があるので、成果基準を個人と集団に分けて整備しておくことは非常に重要である。また、短期的な成果を過度に重視しても長期成果に問題が起こる可能性があるので、いずれにしてもインセンティブ政策のバランスを維持することは人的資源管理の大きな課題である。もちろん、場合によっては、そのようなバランスを無視して特定のインセンティブに集中した方が望ましいケースもある。

図表 11-12　成果インセンティブ制度の類型

	短期	長期
集団	利益配分制 成果配分制	オプションプラン等
個人	賞与、一時金	ストックオプション等

以上で、賃金体系と成果給について述べてきたが、重要なのは、総合的報奨の観点で関連費用のバランスを考えることである。全体的には福利厚生費や教育訓練費などを含む人件費、その他トータル労働費用の観点から、業績悪化など企業の置かれている状況によってコストの調節の可能なシステムにしていく必要がある。

　特に、変動給としての成果主義賃金制度の導入は、賃金の安定性が損なわれる可能性が高いので、納得可能なレベルを巡って組織内合意が必要になるが、それは、よほどのきっかけがない限りなかなか難しい。図表 11-13 のようなサムスン電子のケースも会社が存亡の危機にさらされたアジア通貨危機を乗り越える過程で設計されたものである。

図表 11-13　成果給の運用事例

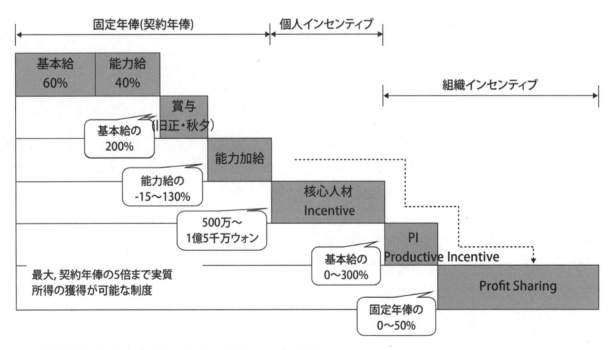

※ 固定年俸 ＝［(基本給+能力給+能力加給) x 12］+ 賞与

出所：李炳夏（2012）

06 福利厚生

（1）福利厚生制度の意義

　福利厚生とは、労働の対価として支給される賃金以外に、会社の従業員という身分に基づいて支給される金銭的報償や非金銭的サービスのことで、従業員が享受する賃金ではないあらゆる便益（Benefits）を指す。

　労働者個人の所得水準が低く、雇用保険や年金などの社会的保障制度が整備されていなかった時代には、企業が提供する福利厚生が、労働者たちの相互扶助と同じく大きな社会的役割を果たした。また、企業の様々な福利厚生制度はウェルフェアキャピタリズム的企業などで、労働組合運動の対抗馬としても活用された。その後、福利厚生制度の目的や機能も多様化し、労働者の所得水準が高くなった先進国でも企業福利厚生の存在意義はまだ健在である。現在、企業経営において福利厚生制度のもつ意味を整理すると次の通りである。

　第一に、税制上のメリット：ほとんどの国家で個人所得に対する税制は累進課税である。つまり、個人所得が一定のレベルを超えると現金給与より必要経費として認められる福利厚生制度を利用することは、企業側にも労働者にもメリットになる。

　第二に、規模の経済性：保養所や体育館施設など、企業の資産にもなりうる大規模の福利厚生施設が大手企業の売りになった時期は終わりを告げたと言われているが、専門サービス業者との企業集団割引契約などは依然として有効である。

　第三に、人材の確保と維持：独身寮や附設学校などが昔の技能工確保の手段になったことと同じく、WLB関連の福利厚生制度は女性人材確保の手段として活用できる。競争相手との賃金差別化には限界があるが、福利厚生制度の差別化は企業のHRブランドにもつながる。

　第四に、組織文化的役割：同じ福利厚生制度を享受することから来る連帯感の向上、職位に関係なく平等で利用できるものなどは、成果主義人事制度のショックに対するバッファー（Buffer）としても機能する。

　第五に、個人のニーズに合わせて良く設計された福利厚生制度は労働者の組織へのコミットメントを増やして生産性の向上に貢献できる。

　伝統的には従業員の生活支援の意味が強かった企業の福利厚生制度は、以上のような意味合いでどんどん進化しているので、多くの企業が福利厚生関連費用の増加という課題に直面していることも現実である。また、国家や民族文化などによって福利厚生制度に対する社会一般の反応や受け入れ方も違ってくるし、それぞれの制度について従業員が認識する重要度もバラバラであるので、それらに合わせて適切なマネジメントをしていく必要がある。

（2）福利厚生制度の類型

　企業の提供する福利厚生には、雇用保険や厚生年金など、法律的に義務付けられている「法定福利厚生」と、企業が独自に運用する「法定外福利厚生」がある。法定外とは、企業の裁量に委ねられている部分で、日本の場合、ほとんどの企業が採択している退職金制度や企業年金制度なども法定外になっている。

　法定外福利厚生に関連して普及されているのが選択的福利厚生制度（カフェテリアプラン）である。この制度は、企業ではなく、従業員自ら必要な項目を選択できるということで、従業員の満足度が高いし、企業としても費用のコントロールが可能な制度として肯定的に評価されている。しかし、従業員の特性に合わせた選択的福利厚生制度を設計するためには、多くの費用と時間を必要としており、予想外に費用が膨らむ可能性もあるので、実際の導入にあたっては十分な事前検討が必要である。また、法定福利厚生の比率が高い場合は、予算の問題で意味のないサービスになる可能性もあることに注意が必要である。

　少子高齢化社会として慢性的労働力不足を予想されていたコロナ以前の日本では、働き方改革だけではなく、従業員の WLB（Work Life Balance）支援に対するニーズが高く、関連の福利厚生制度に多くの関心が寄せられ、育児や介護関連の短時間勤務制度や一時休業制度などが多く導入された経緯がある。

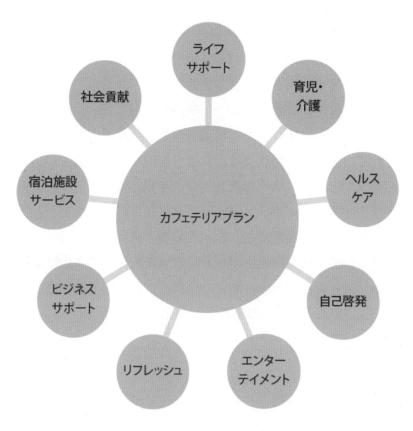

図表 11-14　選択的福利厚生の例

出所：http://www.akatsuki-sr.jp/

Discussion

1. 金銭的報償と非金銭的報償について考えてみよう

　アマビールやダニエル・ピンクは、クリエイティブな仕事における内的動機を重視したが、外的報償も創造的成果に貢献できるという主張もある。外的報償は当該の仕事が重要であることを組織内に示す証であり、努力と報償に対する学習効果もあるという理由からである。外的報償には、金銭的・非金銭的報償があるが、従業員の創意性を高めるには、上司や同僚からの称賛、認定、肯定的なフィードバックなどの非金銭的な報償の方がより効果的だという話もある。しかし、忙しすぎる現代企業のマネージャーにとって、対面面談などを通じて直接褒めたりするのは手間暇かかる仕事だし、照れくさくて表現できない人も多いはずである。お金でわかってくれるなら簡単であるが。「これくらいしかもらえないだろうからこの程度にしておく」、あるいは、「こんなにもらってるんだからもうちょっと頑張らなくちゃ」。どっち派が多いのだろうか。労働に対する報償が少ないほど何らかの意味付けが必要になるかもしれない。最初はお金目当てで仕事を始めても、その仕事に慣れていく内に何らかの意味を求めるのが人間ではないだろうか。

　まずは、自分の考え方を整理し、それをベースにグループ内で議論してみましょう。

2. 福利厚生制度の必要性について考えてみよう

　福利厚生制度は企業のマネジメントにおいて様々な役割を果たしてきたが、それについても賛否両論がある。役職員が同じ社内食堂で同じものを食べることで連帯感が生まれるという意見もあれば、米国の大手企業でよくみられる役員の福利厚生的な特典（PERKs）については差別であるとし反発する意見もある。

　自分にとって魅力的な福利厚生制度を選択し、グループ内でそのメリット、デメリットについて議論してみましょう。

第12章　人事考課

学習目標
1. 人事評価の重要性を理解する
2. 人事考課のプロセスについて説明できるようになる
3. 人事考課の限界を理解する

01 人事考課の意義

　人事考課は、評価制度の1つで、欧米の「Performance Appraisal」に該当する言葉であるが、日本の人事考課制度は少し複雑である。Appraisal の代わりに、Evaluation や Rating などが使われるのと同じく、人事評価、人事評定、業績評価など、企業によって様々な形で使われている制度でもある。ともあれ、人事考課とは、一般的に賃金や昇進昇格などの報奨管理へ反映するために、従業員の日常的な勤務態度や仕事の成果を評価することを意味する。

　人事考課制度は、最も重要な人的資源管理制度でありながら、その運営が最も難しいと言われている。実際に人事考課は、能力主義人事や成果主義人事マネジメントのコア部分であり、多くの場合、成果主義人事制度の失敗は、この人事考課制度の運営問題である。評価のない人事とは考えられないし、知識・情報社会になればなるほど個人の能力と成果の差が大きくなるので、適切に評価しないといけない側面もある。しかし、人事考課行為は、評価者の主観的判断に左右される可能性が高いし、置かれている状況の影響を受けやすいという問題もある。また、業務遂行の結果について、個人的な要素とシステム的な要素の区分が難しいので、全体の成果に対する個人の貢献度を明確に特定できないという問題もある。さらに、評価制度に対する誤解で人間が人間を評価することに拒否感を持っている評価者もあれば、同じルールで評価してもその結果が素直に受け入れられる場合もあれば、受け入れられない場合もある。

　成果主義人事制度の普及により、人事考課制度に対する企業の認識も変わっている。つまり、人事考課制度を単純に従業員の成果を測定するものとして考えるのではなく、企業の戦略的な目標を達成するために従業員個々人の成果を管理するシステムとしてみなすことで、いわゆるパフォーマンスマネジメントにつなげようとする試みである。パフォーマンスマネジメントにおいて人事考課制度は、マネジャーとメンバーが共同で目標を設定し、成果達成あるいは成果改善のために関連情報を相互伝達するコミュニケーションプロセスとして考えられる。

　日本では、パフォーマンスマネジメントのような言葉は使われなかったが、実際には欧米の企業に先かけて、似たような人事考課制度を運営してきたと考えられる。というのも日本企業では、早くから選抜ではなく育成の論理を人事考課制度に適用してきたケースが少なくないからである。欧米企業の「Performance Appraisal」は日本企業の人事考課制度の「業績考課」に当てはまる用語であり、日本企業の能力考課や態度考課というコンセプトは含まれていないケースが多い。後に欧米企業でコンピテンシー評価制度が流行ることになるが、それは、日本企業の能力考課や態度考課制度での評価ポイントを高成果者（High Performer）の行動特性に置換し、その評価方法を精緻化したものに他ならないような気がする。ブルーカラーとホワイカラーに似たような人事考課制度を適用していることも日本企業の大きな特徴である。

02 人事考課の対象とプロセス

（1）人事考課の対象

　成果主義人事の浸透により一部の企業ではコンピテンシー評価制度などの欧米式評価制度を導入している企業も出てきたが、多くの日本企業では次の３つの項目を人事考課制度の評価対象にしている。

　第一に、一定の期間中の業績（成果）。これを評価対象にした人事考課は一般的に「業績考課」と言われるもので、半期毎、あるいは年１回のペースで評価が行われる。

　第二に、成果につながる保有能力（力量）。職能資格制度のもとでは職務遂行能力という表現が一般的で、概ね、一定期間の学習や職務経験を重ねることにより向上するものであるとみなされ、「年功」との差別化が難しく、年功序列を正当化する役割を果たした側面もある。いずれにしても保有能力が高いということは、将来の成果に対する期待をもたらすことに違いはない。ということで、「能力考課」には、年１回のペースで「業績考課」とは違う時期に行われるのが普通である。

　第三に、仕事に臨む態度（姿勢）。一般的に勤務態度のことで、出退勤状況、仕事への意欲（積極性）や誠実さなどが評価対象になり、「態度考課」あるいは「情意考課」という名目として「業績考課」と同じタイミングで行われるのが普通である。

（2）人事考課制度とグレーゾーン

　日本企業の人事考課制度は、前述した「業績考課」、「能力考課」、「情意考課」等の３つの考課から構成されているのが一般的で、それぞれの関係を整理したものが図表 12-1 である。問題は、従業員が保有している能力がなぜ成果につながらないのかということである。その要因としてまず考えられるのは、不合理なルールや組織風土など、何らかの組織的問題で従業員の労働意欲や勤務態度に支障が発生した場合である。次に考えられるのは、組織内外部の環境要因と本人要因で、図表 12-1 の「変数」の部分である。従業員の保有能力が優れていて、意欲や態度も申し分ない状況であっても、それが成果にそのままつながることを保証できないのが、この変数の存在のためである。

　組織的に万全を尽くしても穴が出るグレーゾーンが存在する。例えば、大きな地震や台風など天変地異のような状況や季節的な要因など外部環境の問題である。また、天気予報に従って季節用品を多く用意したのにそれが当たらなくて在庫が多くなった場合、良い成果には繋がらないのである。

　組織内においても、上司の贔屓など、組織共通のルールだけでは規制できない部分がある。同じ能力と態度であっても、担当する仕事の重要性や担当マーケットの違いなどによって成果が違ってくるのは当然である。良い上司に恵まれても、同僚の協力を得られなかったり、部下の能

力や頑張りが足りなかったりして、仕事がうまく進まないケースは、組織の中ではありふれている。

また、本人要因のことだが、人間は機械ではないので、病気などで体調を崩す場合もあるし、家族の問題など何らかの理由でスランプに陥るケースも少なくない。こういった本人要因は、意欲や態度に現れるケースも無くはないだろうが、判断が曖昧な部分については仕方ない。

要するに、人事部が完璧な人事考課制度を設計したとしても、運営状況や関連する変数によってうまく機能しないケースがあまりにも多いので、評価者の主観的な判断を排除できないのである。多くの企業で「考課者訓練」教育プログラムなどで評価者間のギャップを解消しようとする努力がなされているが、それにも限界がある。

図表 12-1　人事考課制度の構成

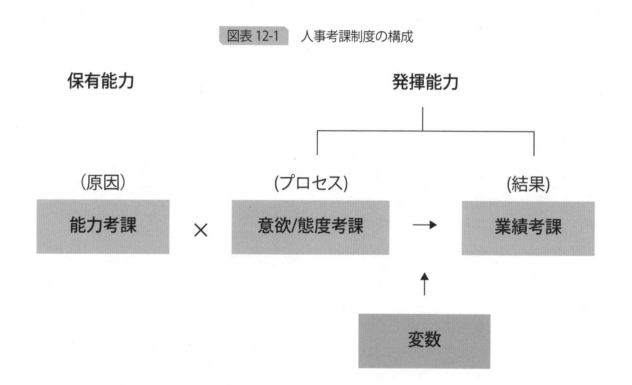

図表 12-2 で示された人事評価基準は、日本企業の典型的な考課項目に対する簡単な解説である。実際には会社の特性により様々な形の人事考課表が使われている。成果主義人事制度の普及により欧米式の評価制度を導入するなど、日本企業の人事考課パターンも多様化したが、1990年代半ばまでは、成績（業績）評価と、情意（態度）評価を合わせて「業績考課」として半期ごとに、能力考課は9月〜10月頃に年1回実施するケースが一般的であった。

図表 12-2　人事評価基準（例）

郡	評価要素	係長格の人事評価基準例
成果評価	業績目標達成度	該当等級にふさわしい難易度の目標数値（通常は期首に設定した目標数値）
	課題目標達成度	該当等級にふさわしい難易度の課題解決によって達成したい状態（期首に目標管理表に定義）
	日常業務成果（目標管理以外）	目標管理以外の日常的な業務、組織貢献、人材育成等の成果。当該等級にふさわしい成果実績を評価
能力評価	企画・計画力	自チーム全体の業務遂行について、その業務負担の先読みをしつつ、チーム全体の作業効率を上げていける計画を立てることができる
	実行力	自チームが担当している日常業務全体について、独力で遂行できるとともに、後輩の育成ができる
	対策立案力	時折発生しがちな例外処理について、前例を参考に、かつ関係者とも相談しつつ、主体的に処理することができる
	改善力	自チームが担当している日常業務について、主体的に改善に向けた問題意識を提案できる
情意（態度）評価	責任性	担当している業務について困難な事態が発生しても、粘り強く取り組み、それでも困難なことに出くわした場合は、タイミングを外さず、助けを求めている
	積極性	自チームの日常業務遂行にとって有効であれば、未経験の方法でもそれを試そうとしている
	協調性	後輩の仕事ぶりを見ていて、大変なようであれば、自ら進んで手助けをしている

出所：https://www.rosei.jp/jinjour/

（3）人事考課のプロセス

業績、態度、能力などの人事考課対象が決まったら、次は、概ね図表12-3のような3段階の選択プロセスで実際の評価を行うことになる。まず、考課対象行動の選択問題であるが、最も重要なのは、考課の目的に相応しい行動を選択することである。人間は神様ではないので自分と同じ人間を評価できないという考え方は考課対象行動に対する誤解から来るものである。考課対象になるのは従業員の全人格ではなく、職務遂行に関連する行動のみ、その対象になるからである。能力や態度考課の場合も、評価の対象になるのは、人間の行動として表れた部分に対してである。コンピテンシー考課の対象が高業績者のとる行動特性であることを思い出してほしい。

考課項目の選択は、考課対象行動を当該考課の目的に相応しい項目別にまとめることである。もし、「創意性」という考課項目があるとすれば、職務や部門ことに必要とされる創意性の概念に違いがあるかもしれないし、実際に創意性があるかどうかを確認できる人間の行動もバラバラであるはずなので、社内で一定の基準を設定しておくことが必要になる。コンピテンシー評価方式でよく活用されるのは、コンピテンシー・ディクショナリーのような考課対象行動リストと考課項目を連携させたものの中で、考課者が自分の部署に該当する項目を選択する方式である。

図表12-3　人事考課のプロセス

考課対象行動の選択　→　考課項目の選択　→　考課等級の決定

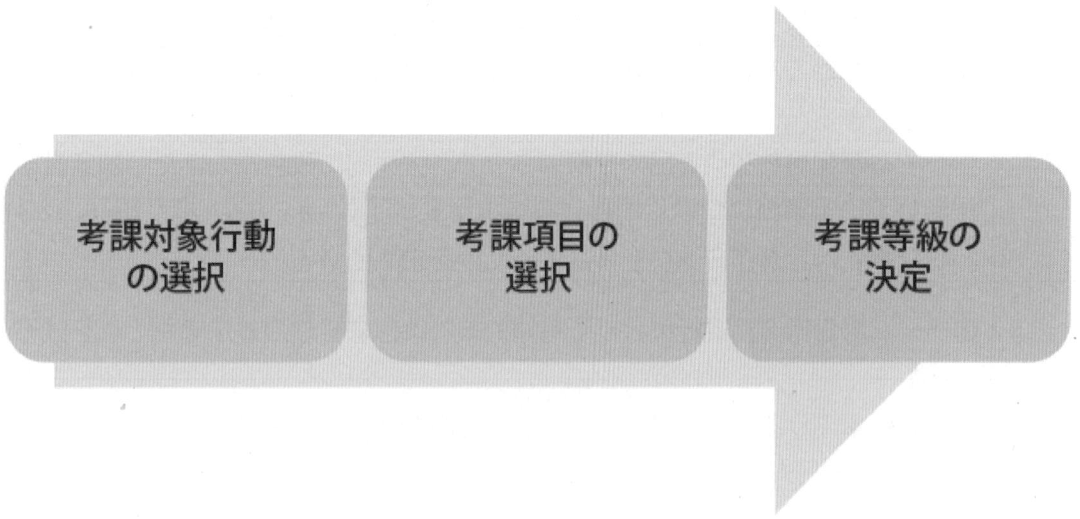

（4）考課等級の決定

人事考課の最終等級は、賃金や昇進昇格など、あらゆる人事制度に活用されるもので、労働者がその企業に勤めている限り、生涯の付き物である。問題は、評価制度の類型（評価方法）により考課等級の決定が左右されることであり、それぞれ賛否両論がある。

評価制度の類型は、図表12-4のように大きくみると絶対評価と相対評価方法に分けられる。日本の職能資格制度が求めるのは絶対評価であるが、決まった予算内での考課昇給など、配分の問題を考えると相対評価にしないといけない。多くの企業で妥協されたのが、考課対象行動と考課項目については1次考課者（1次上司）が絶対評価にし、それを総合的にまとめた最終等級は、2次・3次考課者が相対的に決めるというやり方である。

図表 12-4　絶対評価と相対評価

	相対評価（Relative evaluation）	絶対評価（Absolute evaluation）
評価制度の類型	序列法、双対比較法、強制割当法	尺度法（行為基準）、目標時間管理制、叙述型
長所	・昇進、解雇、成果給など、人事決定に適切 ・低成果者との区分が明確 ・寛大化傾向の阻止	・結果より過程にフォーカシングできる ・成果に対するフィードバックと改善が可能 ・過度な競争を抑制し、協業に容易
短所	・結果に執着しすぎ ・過度な競争を誘発し、協業を妨げる ・大多数の中間人材の士気低下	・寛大化傾向など、評価エラーが起こる可能性が高い ・評価制度が有名無実になる可能性が高い
適合状況	・成果主義人事慣行の定着が必要な場合 ・個人間競争を通じた動機づけが必要な場合 ・優秀人材と低成果者の区分が必要な場合 ・マネジャーの管理能力と評価能力が足りない場合	・競争より構成員間の協力が必要な場合 ・構成員たちの能力と士気を高める必要がある場合 ・人材の区分が曖昧、あるいは区分の意味がない場合 ・マネジャーの管理能力と評価能力が足りない場合

出所：劉奎昌・朴祐成（2019）

相対評価であれば、具体的な評価方法が何であれ、最終的に考課者の納得のいくランク付け（比較評価）でいいので、現場では、マネジャーが考課等級を先に決めてから考課点数を逆算していくケースもある。しかし、社員の立場からすると、明確な評価基準が示されないと納得がいかないので、考課対象行動や考課項目と同じく、考課等級決定基準についてもオープンにしておく必要がある。そうでないと、考課結果（等級）が他の人事制度に活用されればされるほど社員の不満を買うことになる。

図表 12-5 は、絶対評価の時に、社員たちにオープンできる評価基準の例示である。事前評価（目標設定度）と事後評価（目標達成度）のマトリックスで評価する方式で、納得しやすい表になっているが、これも、

上下の間に目標をめぐる事前・事後考課面談が正常に行われているかどうかによって社員の効果結果に対する受容性は大きく違ってくる。

最終考課等級の決定について一時期よく議論されたのが加点主義人事である。会社が本当に必要とするのは、八方美人のような存在ばかりではなく、他の分野では平凡であっても自分の長所を活かせる特定の分野で優れた業績を残せる人であれば良いという考え方である。具体的な評価方法としては、「ランチェスター戦略」として知られている考課項目別点数の二乗式評価方法が提示されたこともある。

図表 12-5　マトリックス評価の例示

| | 達成度 (事後評価) | | |
	目標以上 (A)	目標水準 (B)	目標以下 (C)
設定度 (事前評価)　能力以上 (A)	S	A	B
能力水準 (B)	A	B	C
能力以下 (C)	B	C	D

（5）人事考課エラー（バイアス）

　今までの人事考課は、考課者という人間に評価が委ねられていたので、人間の心理や限界に基づいた考課誤謬（エラー、バイアス）が起こる。図表 12-6 は、人事考課にあたって考課者が陥りやすい様々な考課誤謬を示したものでる。企業は、こういった考課エラーを無くすべく、事前に考課者訓練などの実施を通じて考課者間の考課基準統一を目指しているが、完璧に排除することは難しい。こういったことから、近年、話題になっているのが AI による評価システムの導入であるが、これについても賛否両論がある。

図表 12-6　　人事考課エラー

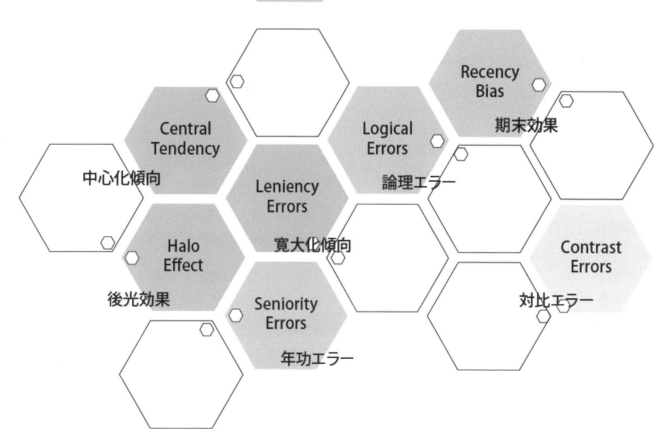

03 人事考課制度をめぐる多様な試み

　合理的な人事考課制度の設計と運用は、人事部の永遠の戦いになるかもしれない。外部環境や従業員構成の変化により人事考課に対する受け入れ方も変わっていくからである。成果主義人事制度への関心が高まってきた近年の動向に触発された形で、従業員の組織への貢献を正しく把握するための人事考課制度に焦点が当てられているのは当然の流れであるが、それ以前にも人事考課制度をめぐる人事部の改善努力がなかったわけではない。人事考課制度の企画と運用をめぐって今まで議論されてきた主な内容には次のようなものがある。

　第一に、双方コミュニケーション：上司による一方的な評価や指示のような考課面談にならないよう、人事考課表に自己申告（自己評価）欄や自己観察・指導観察コメントを書く欄を設ける。

　第二に、考課項目・評価基準の変更：現実的な評価になるよう、考課項目を単純化したり、評価方法を点数式ではなく叙述式にしたりする。

　第三に、考課権の移譲：1次考課者の意見がなるべく尊重される形にするため、上位考課者（考課等級調整権者）の数（考課段階）や調整権限を減らす。

　第四に、考課等級の適性配分：状況により、上位考課や下位考課等級の比率を減らしたり増やしたりする。ある企業では、自社社員の中で普通以下はあまり存在しないと考え、上位考課比率を半数近くに調整したこともある。

　第五に、人事考課の周期調整：考課者の負担を減らす目的で人事考課を年1回に統合するか、業績（情意考課も含む）と能力考課をそれぞれ年1回にする。

　第六に、人事考課結果の公開：密室考課であるという非難を避けるために、考課等級を公開する。

　第七に、新入社員や昇進昇格初任者の評価猶予：新入社員や昇進昇格初任者が先輩社員の上位考課バッファーにならないように対象者の人事考課を最初の1回は実施しない。

　第八に、多面評価制度の導入：上司からだけではなく、下からも横からも評価できるようにする「360度評価」制度を導入する。

　第九に、考課結果活用の調整：考課等級を賃金と昇進昇格などにどれくらい反映するか再検討する。

　その他、統制範囲（Span of control）を考慮した評価対象人数の調整など、多くの企業は人事考課制度の改善のための様々な努力を重ねてきたのである。

　従業員のモチベーションに直結する人事考課は何より公正でなければならない。しかし、人事部が公正な人事考課制度の設計のために努力しても、現場での運用に問題があれば台無しである。人事考課制度の成功的な運営のためには、現場マネジャーの役割や管理能力が重要なのである。

04 人事考課と HR Tech

（1）評価（アセスメント）ツール

　人事考課制度と関連して現在広がっているのはアセスメント・ツールである。図表 8-6 で確認した米国発のジョブフィットシステムもそれに該当するものであるが、図表 12-7 でみるようなヒトラボジェイピー社が提供する「マシンアセスメント」というものもある。こういったツールは、コンピテンシーの評価をベースにしているので、能力考課制度を機械（AI）に任せることは可能ではあるようだ。しかし、問題は、単なる能力だけ

ではなく人間としての資質まで評価しようとしている部分である。これは、従業員の全人格ではなく、職務遂行に関連する行動のみ考課の対象にすべきであるという、人事考課制度の本質を超える領域である。

　今まではアセッサー（評価専門家）による評価データが役員昇進などに参考資料として使われたことはあるが、AI の導入で全社員を対象にすることも可能になりそうである。

　業績考課の場合、個人の成果を判断するツールはまだ活用されていな

図表 12-7　マシンアセスメント（ヒトラボジェイピー社）

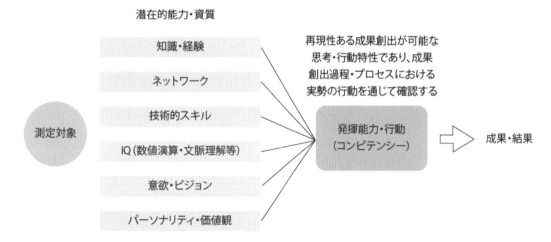

出所：月刊人事マネジメント（2019 年 11 月）

い状況である。これは、個人の仕事関連行動に対するビックデータの収集・分析、全ての成果の見える化（組織の成果から個人の貢献度を明確に分離）などが進まない限り、実用化されることはないだろう。

（2）人事部の役割

　経営陣には忠誠心や将来への期待から人事考課ではない人材評価に対するニーズはある。実際に、プロセスより結果を大事にする欧米の企業でも役員クラスに対しては第三者（コンサル会社などのアセッサー）によるアセスメントを実施しているケースが多い。労働者の場合はどうだろう。現在の仕事に満足するのであれば必要ないが、昇進など将来のキャリアを考える人であれば、アセッサーの力を借りて自分の強みや弱みをしっかり把握し、上のポストに必要な能力を開発していくことが可能なので、良い選択肢になる。

　AIなどテクノロジーを活用すると、1〜2時間程度の従業員インタビューだけで、現時点でのコンピテンシー評価が可能であるという。問題は、この評価データをベースに将来に向けたキャリアプランやチャレンジテーマを見出すことであり、ここに上司や人事部の介入余地がある。つまり、人事部は、コンピテンシーベースのキャリアコンサルタントにもなり得るのである。もちろん、この役割を人事担当者が担う必要はない。システム化して個人の選択と上司の指導で自動的に作動するようにすればいいのである。

　AIなどによるアセスメントの導入は、一つの新たなアクターネットワークの構成に他ならない。人事部がこのネットワーク構築に成功し、ブラックボックス化していくためには、経営者と従業員の理解を求める翻訳プロセスとOPPに対するマネジメントが必要である。表面的には、経営者やマネジャー向けのコンピテンシー評価レポートや労働者向けのコンサルレポートの自動発行機能のようなものがそれに該当する作業になる。しかし、更に重要なのは、そういったデータの継続的な蓄積と個人別の追跡評価・分析である。その結果を適材適所人事や人材育成・キャリア開発に繋げられるのであれば、会社にも個人にも役立つ1つのネットワークとして人材データプラットフォームのようなものを構築することになるだろう。

Discussion

1. AI による人事評価について考えてみよう

　韓国の場合、20年前から電子領収書が公的（税務上の証明など）に認められてきたが、日本ではまだ手書き領収書が求められるなど、日本人はまだ機械より人を信用しているようである。人事考課の場合、人による評価は、どうしてもバイアスがかかってしまうので公正でないと思う人がいる反面、機械的な定量データだけでは確認できない定性的評価の側面で強みがあると思う人もいる。これからもし仕事場で人間のバイオデータが収集できるのであれば、いずれは定性的評価も AI によって可能になるかもしれない。

　みなさんは、自分の能力や成果に対して、機械と人間のどちらから評価されたいと思いますか。それぞれのメリット、デメリットにはどのようなものがあると思いますか。まずは、自分の考え方を整理し、グループ内で議論してみましょう。

2. 絶対評価と相対評価について考えてみよう

　相対評価は、評価対象者たちの相互比較を通じて優劣を見分ける方法であり、絶対評価は、事前に定められている絶対的な評価基準をベースに、評価対象者がその基準をどれくらいクリアしているのかをみる方法である。多くの企業では、絶対評価を一次的に行った後、その結果に基づいて相対評価をするケースが多い。図表 12-4 で示されているように、絶対評価と相対評価にはそれぞれ長所・短所があり、どちらが絶対的に良いとは言えない。

　みなさんが経営者であればどのような評価手段を選択したいですか。また、みなさんが労働者であればどのような方法で評価されたいですか。まずは、自分の主張と根拠をまとめてからグループ内で議論してみましょう。

第13章　人的資源開発

<u>学習目標</u>

1. 人的資源開発の重要性を理解する

2. 人的資源開発の諸領域について説明できるようになる

3. 企業特殊的教育訓練の意義を理解する

01 人的資源開発（HRD）の意義

　人的資源開発（Human Resource Development；HRD）は、大きくみると人的資源管理（HRM）の範疇に入るが、学問の領域でも各論として十分発達しており、大手企業でHRD関連部署は人事部とは独立された部隊として活動するケースが多い。それは、HRDがHRMとは少し違う考え方をベースにしているからだ。HRMはコストとして認識される場合が多いが、HRDは投資のコンセプトで受け入れられるケースが多い。効率性と効果性のマネジメントからすると、HRDの方が効果性に近いとも言えよう。経営の様々な場面でHRMはHRDにブレーキをかける役割を担っていることも事実である。

　HRDは、教育訓練（Education & Training）と同義語で使われる場合が多いが、経歴開発（Career Development）や組織開発（Organizational Development）までを含めて議論される場合もある。もちろん、教育訓練を広義に捉えると、経歴開発や組織開発もそれに含まれるので、「HRD＝教育訓練」といっても間違いとは言えないだろう。

　外部労働市場が発達している欧米の企業と、終身雇用を暗黙的前提としている日本企業における人的資源開発は、その方向性や中身が全く違う。新卒を大量に採用して、特別な事情がない限り定年まで連れて行こうとする発想のもとでは、個人は会社が設計した教育訓練プログラムに従っていけばよい。もちろん個人の選択が全く無視されるわけではないが、会社を辞めてもあまり行く場所がないという弱い立場に置かれている個人としては、概ね人事部や上司の意思に従わざるを得ない。

　教育訓練にはその結果が会社のためになるものと、会社のためにも個人のためになるものがある。企業独自の教育訓練であれば前者であり、語学やマネジメントスキルなどは他の会社に転職しても通じるものなので後者であると言えよう。多くの欧米企業では標準化された職務に適切な人材を外部労働市場から調達するのが一般的であるため、企業特有スキル以外の教育訓練についてあまり興味がない。ただし、教育訓練で向上可能な企業特有スキルについてはその企業独自の判断に基づいたものが多いので、両者の境界線は非常に曖昧であることも事実である。

　日本の場合も、1990年代以降の流れから、会社としては定年までの雇用保障は難しいと認識するようになったし、従業員たち、少なくとも若者たちは、条件さえ整えばいつでも会社を辞める準備ができていると考えるようになってきた。したがって、人的資源開発に対する日本企業の今までの考え方がこれからも通じるとは考え難い。第4次産業革命とも言われる今の時代こそ、日本企業にとってはまさに人材育成のパラダイムシフトが必要なのかもしれない。ここで大事なのは優秀人材に対する自社なりの定義である。欧米企業の中でもGEのような会社は潜在力の高い人材を発掘して育成していく人事政策をとっているように、日本企業だからといって、職務遂行能力だけに注目する必要もないのである。

人的資本（Human Capital）という表現が久しく用いられているが、人的資源が資本としての役割を果たすためには、HRMとHRDの連携が不可欠である。資本という決まった資金を効率よく使うことも大事だが、企業の持続的な成長のためにはROAを高めることにより資本そのものを増額していくことも必要であるからである。資金なら一定の条件のもとで出入り自由になるが、人的資本になると、タイムラグが存在するため、HRM側の忍耐力が必要になる。HRDでも人的資源開発の方向性がなるべくHRMのそれから離れないように注意する必要がある。HRMかHRDか関係なく、人的資源開発を通じて組織力を引き出すことの障害になってはいけないのである。

　組織力の考え方は、「1＋1＝2」ではないことから始まる。つまり、「一人＋一人」は二人分の成果になるのではなく、三人分にも四人分にもなりうるし、マイナスになる可能性もある。図表13-1に示されている内容は、二人の成果を2倍、3倍にしていく手段だけではなく、そういった成果を生み出す一人ひとりの力を高めていく意味合いもある。

図表 13-1　　人的資源開発の諸領域

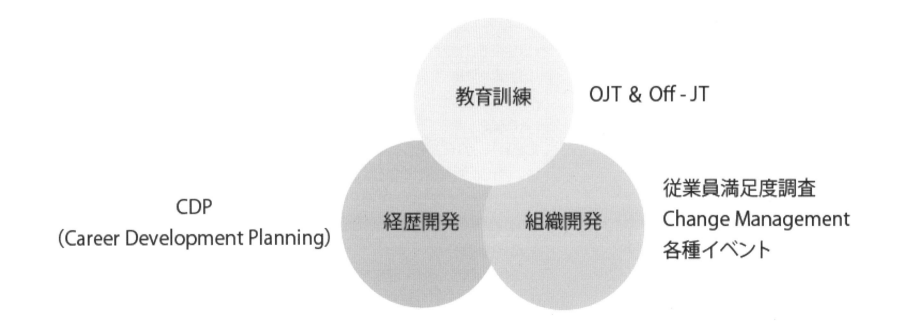

CDP
(Career Development Planning)

教育訓練　　OJT & Off-JT

経歴開発　組織開発

従業員満足度調査
Change Management
各種イベント

02 教育訓練

（1）OJT と Off － JT

　教育訓練は、社員の能力開発のために行われるもので、Off － JT と OJT（On the Job Training）のやり方がある。

　つまり、個人の能力開発が仕事そのものを通じて行われるのか、そうでないのかの区分である。それぞれの方式にはメリット、デメリットがあり、両方ともに活用するのが一般的である。入社から離職するまでの Off － JT、OJT の内容をまとめたのが図表 13-2 である。

図表 13-2　能力開発（教育訓練）方式

	入職前	見習い中	在職中	転職時
Off － JT	①基礎職業能力獲得としての Off － JT（家庭・学校） ②入門資格としての Off － JT 専門一般知識獲得	実習 （類似 OJT）	③入職後必要となる知識・技能獲得のための Off － JT ・短期研修（社内・社外） ・追加資格取得 ・職場での勉強会 ・自己啓発	・再訓練 ・自己啓発 ・研修
OJT	－	実習 （類似 OJT）	実務経験（現在・後の仕事に役立つものすべて。付き合いの仕方や協調性の向上など含む）。職業能力を高めたり広げたりするもの ① 日常業務の内容 ② 職場内移動 ③ 職場間移動（昇進・配転を含む） ④ 企業外移動（転社）	今までの実務経験の一部を活用

出所：仁田・久本（2008）

（2）教育体系

Off－JTの場合、仕事の現場から離れて集中研修を行うケースが多いので、教育課程企画及び運用のための直・間接費用も無視できないが、何より教育期間中の労働力損失という機会費用（Opportunity Cost）問題が大きい。したがって、人事部としては、そういった教育の必要性について経営陣にアピールしないといけない。その手段としても企業独自の合理的な教育体系の確立は重要なテーマである。

図表 13-3　教育体系（例示）

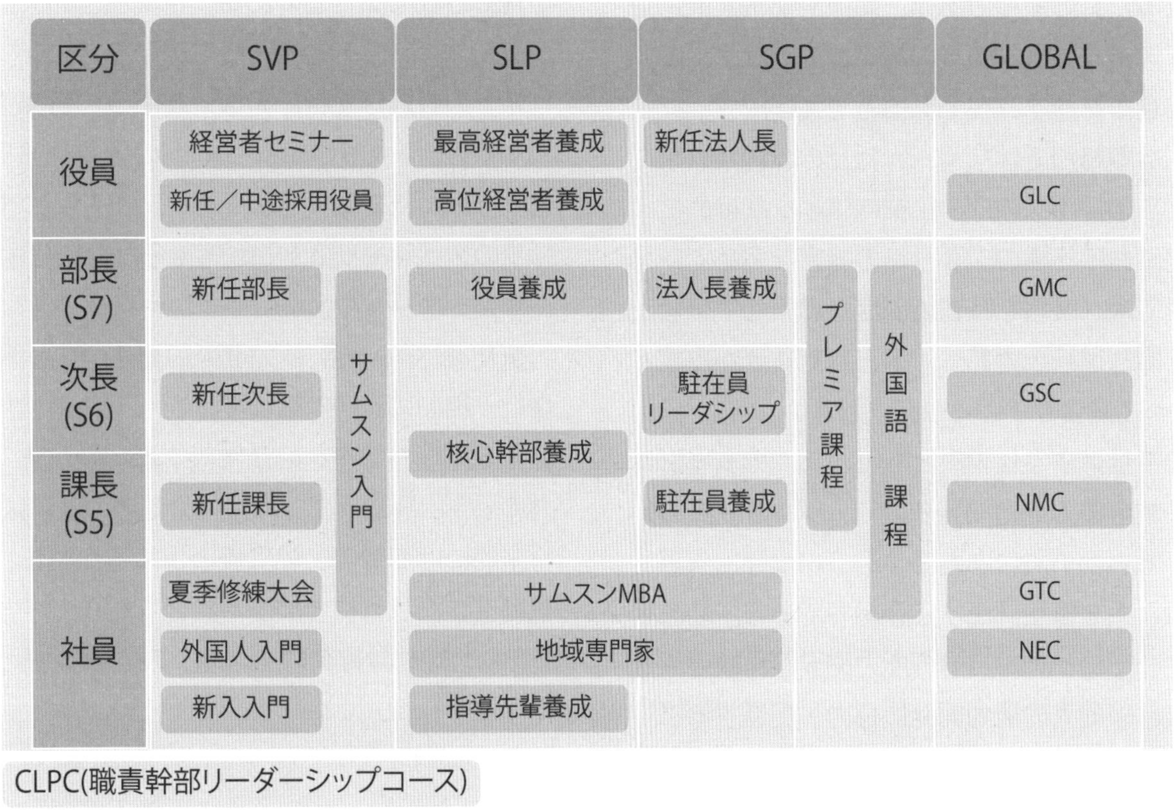

区分	SVP		SLP	SGP			GLOBAL
役員	経営者セミナー 新任／中途採用役員		最高経営者養成 高位経営者養成	新任法人長			GLC
部長 (S7)	新任部長	サムスン入門	役員養成	法人長養成	プレミア課程	外国語課程	GMC
次長 (S6)	新任次長	サムスン入門	核心幹部養成	駐在員リーダシップ	プレミア課程	外国語課程	GSC
課長 (S5)	新任課長	サムスン入門	核心幹部養成	駐在員養成	プレミア課程	外国語課程	NMC
社員	夏季修練大会 外国人入門 新入入門		サムスンMBA 地域専門家 指導先輩養成				GTC NEC

CLPC(職責幹部リーダーシップコース)

出所：サムスン人力開発院プレゼン資料（2009）

（3）能力開発と HRM

仁田・久本（2008）は、企業内での能力開発・人材形成と深く関わる仕組みとして日本企業の人事処遇制度について次のように言及している。

第一に、企業内能力開発を阻害しない管理枠組みとして、「長期安定雇用、職務の大括り採用、賃金と職務の分離」という3つの項目を挙げている。まず、安定雇用は、企業内移動（異動）を通じて職場が変わることを受け入れるための前提であり、同僚や部下と進んで仕事を教えるという OJT のあり方は、自分の雇用が安定せず、同僚や部下が自分の雇用や賃金を脅かす存在であると思えば成立しない。次に、日本では具体的な職務別ではなく、大括りの職種系（事務系、技術系、製造系など）の採用なので、企業内移動を制度的に容易にしており、能力開発における横の広がりへの障害を弱めている。また、多くの日本企業では、厳格な職務給制度は導入していないし、現在の職務ではなく職務遂行能力をベースとして賃金が支払われているので、移動によって賃金が下がるリスクがない。

第二に、企業内能力開発を促進する仕組みとして、2つのタイプがあるという。一つは、企業全体の能力開発制度で、ジョブ・ローテーション、計画的な OJT などがそれにあたる。もう一つは、人事考課制度を通じて従業員個々人を直接評価する仕組みである。これは、さらに2つに細分化されている。①自分の能力開発が直接個人に反映される職能資格制度、②他人の能力開発に協力・促進することが自分の承認・賃金上昇・昇進につながることである。②の場合、そのような仕組みをどう構築するかが問題であるが、職場内の後輩や仲間の間で競争させるのではなく、他の職場と競争させることで、ある程度は解決できるという。

以上のような日本的人的資源管理の仕組みが社員の能力開発に役立つことについては否定できないが、果たしていい側面ばかりあるのだろうか。

まず、一番大きな問題として指摘しておきたいのは、スペシャリストが育てられないことである。企業独自のスペシャリスト育成までは可能かもしれないが、社会一般に通じる（エンプロイアビリティ）スペシャリストの育成は期待できないだろう。日本企業でリストラ対象になった人が他の仕事を探す時に、前職の課長や部長など、肩書きしか履歴書に書けなかったという話はその証である。つまり、ジェネラリストか、大括りのスペシャリストしか育てられない日本企業の人事処遇システムは、従業員をより強く企業に従属させるシステムになっているのである。

また、多くの場合、能力開発の責任所在が明確でないことである。特に、全社一律的に曖昧な職能要件をベースとした能力開発は、何がどこまで職務遂行能力関連なのかに対する判断が難しい。例えば、外国語会話能力の場合、製造ラインの末端労働者の職務には活かせない能力であるが、将来的には海外の工場に派遣されるかもしれないので、会社費用の語学教育プログラムに参加することを阻止できない。計画的であれ非計画的であれ理屈付けは何でも可能なのである。

（4）LMS と人事部

　LMS（Learning Management System）とは、言葉通りに学習管理システムである。具体的には e-Learning を実施する際のプラットフォームとなるシステムで、教育担当者は、LMS を通じて、学習教材、進捗状況、学習成果などを一元管理できる。一方で、教育を受ける受講者は、受講、受験、教育担当者への問合せなど、学習に関する一連の活動を企業専用のポータルサイトなどから行うことができる。

　LMS は、サービスプロバイダー各社が独自の仕様で設計してきたため、それらの間に互換性がなかったが、SCORM（Sharable Content Object Reference Model）という標準規格が世界中で広く採用され、LMS 間の相互利用が可能になっている。また、LMS は、社内ポータルサイトや人事データベースとの連携なども可能であると知られている。LMS は、既存の e-Learning システムの発展形で、AI の活用などによりその可能性が広がっているといえよう。

　人事部としては、LMS を利用した教育訓練も 1 つの新たなアクターネットワークであるので、翻訳や OPP、ブラックボックス化などに注意を払う必要がある。特に、職能資格制度のもとで「職能要件」を整備しておいた企業であれば、LMS をそれに連動させないといけない。SNS やコミュニティ機能を LMS に統合すれば、社内学習者のネットワークを社外に広げることも可能なので、様々なアクターたちのニーズや接点を OPP として定義し、HR 戦略の次元でマネジメントしていくことが求められる。

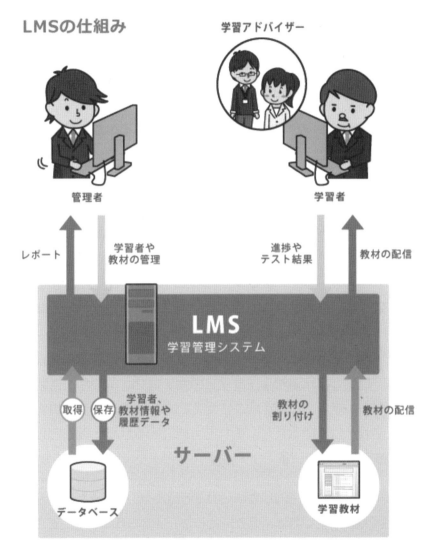

図表 13-4　LMS

イメージ出所：https://satt.jp/

03 経歴開発

（1）キャリア開発の責任

　従業員の経歴開発（Career Development）を、企業はなぜ必要としているのだろうか。キャリア開発の責任は企業にあるのか、個人にあるのか。終身雇用の神話は誰も信じないながらもそれを暗黙的な前提として動いているような日本の企業社会でも、労働者たちが「自分の将来は自分の責任」という表現に違和感を感じなくなったのは、成果主義という、企業側の洗脳工作の成果であると言いたいところであるが、果たしてそれでいいのだろうか。

　Robbins（2005）は、今日では、キャリア計画を行うのは雇用主側ではなく、ますます従業員個人で行わなければならない状況に変わっているし、常に最新のスキル、能力、知識を身につけ、将来必要となる新しいタスクに向けて準備を進めることは、今や従業員に課された責任であると言う。しかし、先進的なキャリア開発プログラムでは、従業員が継続的にスキル、能力、知識を向上させていくための支援を提供することを重要な使命としているとし、それを可能にする組織的責任として次のような支援策を挙げている。

① 組織の目標や将来的な戦略を明確に伝える：従業員が組織の方向性を理解していれば、それに合わせて自分の計画を策定できる
② やりがいのある仕事経験など成長機会を作り出す
③ 奨学金制度など金銭支援を提供する
④ 従業員に対して学ぶ時間（時間的余裕）を与える

　また、自分のキャリアについて自分自身が責任を持つようになるためには、次のようなことに心がけしないといけないと言う。

① 己を知る：個人のキャリア計画は、自分自身に正直になることから始まるので自分の長所と短所を把握する
② 自分の評判を管理する：自慢に注意しながら自分自身と自分の業績をアピールする
③ 人脈・ネットワークを構築・維持する
④ 最新の技術を身につける：特定の組織でのみ通用するスキルは避ける
⑤ スペシャリストとしての能力とゼネラリストの能力をバランスよく身につける
⑥ 自分の業績を記録する：自分の能力を客観的に証明する
⑦ 選択肢を広げておく：代替案を常に準備しておく

　以上のように、キャリア開発については組織と個人がそれぞれ果たすべき責任があるが、急激な環境変化で先が見えない状況であるほど個人の責任が強調されていくだろう。

（参考）個人の性格診断

　キャリア開発おいて「己を知る」ということは、自分の性格を診断・分析し、長所と短所、興味を引く領域などを把握することによって開発が必要な部分を見出すことに目標がある。MBTIという診断道具は実際に多くの先進企業でも使われているものなので、チャレンジしてみて欲しい。

図表 13-5　MBTI

 16 Personalities （無料診断）https://www.16personalities.com/ja/（日本語）

（2）日本企業のCDP

　日本企業の場合、図表13-6に示されているような職能資格制度をベースにした職群編成とその基準が従業員キャリアマネジメントの基本になっている。一時期流行っていた総合職・一般職の「コース別人事制度」などもその範疇から離れた制度であるとは思えない。従業員のキャリア開発は、会社主導では限界があり個人の自律性やキャリア開発へのモチベーションを上げるための工夫が必要になる。内部労働市場の活性化を目指した社内公募制度もその手段の1つだが、近年、成果主義人事制度の普及とともに、さらに個人の成果や能力に注目した制度が登場している。

　ソニーがプロスポーツ選手に適用されるFA（フリーエージェント）」制度を応用した人事制度を導入したことは代表的な例である。従来の社内公募制度が特定部署の求人に社員が応募する形だとすれば、求人がなくても従業員が行きたい部署への異動希望が出せる制度が通常の社内FA制度であるが、ソニーは、もっと本格的である。業績評価が上位約3%に入る優秀な社員の中で現部署に3年以上在籍している者を対象に「FA権」を付与、その権利の行使を希望する者に対し、全社的に新たなチャレンジをサポートする制度である。その結果、本人が考えもしていなかった部署からオファーを受け、新たな可能性に気付く機会ができるという。いずれにせよ、自分のキャリアに対する従業員の主体性や積極性を引き出すことが目的であるようだ（月刊人事マネジメント、2018）。

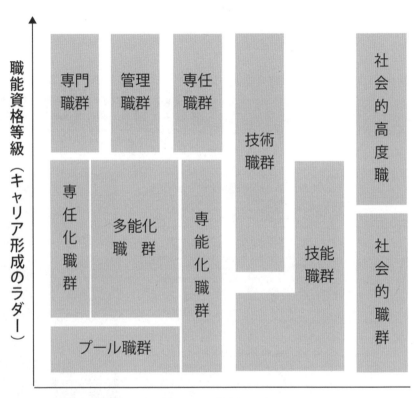

図表13-6　職群編成の基準

職能資格等級（キャリア形成のラダー）

専門職群　管理職群　専任職群　技術職群　社会的高度職

専任化職群　多能化職群　専能化職群　技能職群　社会的職群

プール職群

仕事（職種、勤務場所、勤務時間）

能力（伸ばし方のパターン － 人材要件）の種別

出所：楠田（2003）

04 組織開発

　組織開発（Organizational Development）とは、簡単にいうと「組織力を引き出すために組織を変えていくこと」である。組織デザインや制度の改革から組織と個人に対するカウンセリングまでを含むチェンジマネジメント手段の総称としても使われている。組織構造や制度の面を除く、企業が従業員の行動変革を目指して行う手法としては、組織診断とフィードバック、感受性訓練、プロセスコンサルテーション、チーム・ビルディング、組織間開発などがある。これらについては、人的資源管理論よりは組織行動論の領域になるので、ここではグローバル企業の間で用いられている組織診断の代表的なツールとして認識されている GPTW（Great Place to Work）のフレームのみ簡単に紹介しておきたい。

図表 13-7　GPTW 診断フレーム

＊日本では「働きがいのある会社」ランキングとして紹介されている診断ツールで、米国のロバート・レベリング博士を中心に開発されたものである。GPTW、つまり、最高の職場とは、上司と経営陣に対しては高い信頼を、業務と会社に対しては強い自負心を、同僚の間には面白さと連帯感を感じながら働く職場であるという。（https://hatarakigai.info）

Discussion

1. 自分のキャリア形成について考えてみよう

「彼を知り己を知れば百戦殆うからず」という言葉がある。図表 13-5 のような性格テストを踏まえて自分の適性を確かめた上で、キャリア形成など、将来のことを考えてみることが必要である。

各自の MBTI テスト結果をベースに、それぞれの類型についてグループ内で議論してみましょう。

2. エンプロイアビリティについて考えてみよう

エンプロイアビリティ（Employability）とは、「雇用され得る能力」と訳されるが、社内外に広く評価されるプロフェッショナルとして所属企業を超えて雇われ続ける能力のことを指す。日本のように外部労働市場が活性化されていない状況の中でも、従業員がエンプロイアビリティを高めていくことで企業の枠を超えて継続的雇用が保障されると考えられる。エンプロイアビリティは企業独自の能力やスキルの問題とは反対側に存在するもので、企業側も労働者側もキャリア形成をめぐって選択に迫られる時期が訪れる。受益者負担の原則からすると、企業側としては企業独自の能力以外の教育訓練投資については消極的になる可能性が高い。

みなさんは、ある企業の従業員として自分のエンプロイアビリティを高めるためには何が必要であると思いますか。企業がそれを支援する必要があるとすれば、どのような理由が背景にあると思いますか。まずは、個人的な考え方を整理し、グループ内で議論してみましょう。

第14章　労使関係

学習目標

1. 労使関係管理の重要性を理解する

2. 日本的労使関係の特徴について説明できるようになる

3. 個別的労使関係について理解する

01 労使関係管理の意義

労使関係管理も人的資源開発と同じく、狭義の HRM からは独立的な領域である。日本企業でよく言われている「労務管理」とも違う部分がある。それは、労使関係が個別的な雇用関係ではなく、従業員集団をマネジメントの対象にしているからだ。使用者と個別労働者の関係を指す個別的労使関係という表現もあるが、一般的に労使関係と言えば、集団的労使関係を指す。ただし、年俸制などの成果主義人事の普及により、労働者の賃金や労働条件などが上司と部下関係で決められるケースが増えているので、集団的労使関係による規制が弱体化しているのも事実である。要するに、これからは、個別的労使関係の諸問題が集団的労使関係のそれより労使の主要関心事になる可能性が高いのである。

産業民主制の発展により、組織内ルール、つまり、労働者に対する人事処遇制度などは、経営側と労働側の協議や交渉（Negotiation）という双方向のコミュニケーションによって決められるようになった。労働側とは、主に労働組合を指す場合が多いが、組合を持たない企業もたくさんあり、従業員代表制や労使協議会制などを導入している企業もあるので、一概には言えない。一般的な企業であれば何らかの形で従業員の意思を取り入れる仕組みを持っている。

周知のように、日本国憲法では国民の労働基本権が保障されている。その中で、労働三権と呼ばれるものが「団結権、団体交渉権、団体行動権」で、これに対応している法律が、労働組合法、労働関係調整法などの労使関係法である。もともとは労働契約の弱者になりがちな労働者を保護

するために長年の組合闘争を通じて確立された法律であるが、個別的労使関係が重視されるこれからは、むしろ、企業と従業員双方の足を引っ張る可能性もある。労使関係は、言わば労務管理の前提的な仕組みになっているので、その前提が間違っているとすれば、後の調整が難しくなるからである。

労使関係は、よくゲームに例えられる。もし、とある企業の労使関係が、使用者と労働者というプレイヤーが法律や団体協約のような一定のルールに基づいて関係を結び、それぞれ自分の効用を極大化するために頑張っていくゲームに似ているとすれば、「囚人のジレンマ」が働く世界を想定することも可能である。しかし、繰り返されるゲームであれば、行為者たちは互いに協力することが最善であることに気付き、囚人のジレンマは働かなくなるはずだが、反復される団体交渉というゲームでは、簡単にそうはいかない。労・使の間に根強い不信感が存在するからだ。そもそも使用者の不当労働行為への抵抗と闘争から形成された集団的労使関係で、何より感情的に、信頼は期待できないかもしれない。だからといって、信頼を放棄すると永遠に囚人のジレンマに陥るだけである。少なくとも労・使が互いに同意した約束（ルール）を守って行こうとする努力を重ねていくうちに信頼が生まれることを期待するしかない。しかし、決まったルールが時代や環境の変化により、互いの事情に合わなくなったにもかかわらず、昔のルールにこだわることも問題である。

02 労働組合

（1）労働組合の組織形態

　日本の労働組合法によると、労働組合とは、労働者が主体となって自主的に労働条件の維持改善その他経済的地位の向上を図ることを主たる目的として組織する団体又はその連合体であると規定されている。産業革命以降の労働運動の結果、生み出された労働組合の組織形態には次のようないくつかのパターンがある。

　第一に、職業（職種、職能）別組合（Craft union）で、同じ職業に従事する労働者たちが産業や企業の枠を超えて横断的に組織した組合である。1職業1組合が原則である。

　第二に、産業別組合（Industrial union）で、職業を問わず、同じ産業で働く労働者たちの企業横断的な組織である。1産業1組合が原則である。

　第三に、一般組合（General union）で、職業や産業などを問わない組織である。歴史的には職業別組合への加入を認められなかった非熟練労働者を中心に組織された。

　第四は、企業別組合（Enterprise union）で、企業別あるいは事業場別に組織された組合である。日本の労働組合の代表的な組織形態である。

（2）ショップ制

　ショップ制とは、労働組合員の資格と従業員資格の範囲や関係について、労・使の間で協定を通じて決めたもので、次のような3つのパターンがある。

　第一に、オープン・ショップ（Open Shop）：従業員の労働組合への加入が自由な形態で、労働組合員と組合員でない従業員の間に、労働条件などの処遇の違いはない。

　第二に、クローズド・ショップ（Closed Shop）：産業別組合が主流である国で一般的なパターンで、企業は、労働組合員の中から雇用しないといけないという制度である。労働者が組合員の資格を失ったときには、企業はその労働者を解雇することになる。

　第三に、ユニオン・ショップ（Union Shop）：企業が採用するときには組合員の資格を問わないが、採用された労働者は、一定の期間内に労働組合員にならないといけないという制度である。組合員の資格を失ったときは解雇されるのが原則である。

　日本の場合、公務員（職員団体）が法律によりオープン・ショップ制になっていることから、一般企業のほとんどもオープン・ショップ制をとっている。

（3）日本の労働組合

　周知のように、日本の労働組合は、戦後一貫して企業別組合という形で発展し、定着してきた。企業別組合とは、言葉通りに当該企業の従業員のみ組合員としての資格を持つ独立した労働組合組織の形態である。白井（1992）は、このような企業別組合の成立根拠として、労働者間の主要な共通利害にもとづく連帯意識の形成の場が、特定企業と工場・事業場における職場で、欧米諸国のように職業、産業、地域、階級、宗教、政治的イデオロギーではないからであるといい、その特徴を次のように整理している。

　第一に、組合員資格（Membership eligibility）とその範囲（Coverage）：企業別組合の組合員資格は、ごく少数の例外を別として、特定企業の本雇い、ないし正規従業員資格をもつ労働者で、排他的、閉鎖的組織である。欧米流の職能別組合（Craft or Occupational unions）や産業別組合（Industrial unions）や一般組合（General unions）ならば、組合員資格は特定の職業や産業や地域で働く労働者ということであるから、所属企業やそこでの地位に関係なく、労働移動をしたり失業などで離職をしても組合員資格はそのまま維持される。

　第二に、組合役員のあり方：企業別組合の役員は特定企業の従業員資格を保持したまま一時的に組合役員の任務につくため在籍役員と呼ばれる。会社の業務を離れて組合業務に専従する場合は在籍専従役員である。この組合役員の存在形態は、彼らの処遇や身分保障に影響するし、彼らのものの考え方や行動様式にも影響する。

　第三に、主権の独立性：欧米の職業別組合や産業別組合や一般組合の組合員は、全国組合の組合員であって、全国組合と個人組合員の間に直接の権利・義務、統制・非統制の関係が生ずるのに対して、日本の企業別組合の場合、組合員であるのは企業別組合の段階までである。つまり、単産（産業別組合）と個人組合員の間には直接の権利・義務関係が生じない。

　日本の労働組合の最小単位は1企業1事業場であるが、複数の事業場を持つ大手企業の場合、各事業場の組合を単一組合と呼び、それらの集合体（パナソニック労連など）を企業連といい、事実上、単産扱いを受けている。日本の代表的な単産には電気連合、自動車総連、鉄鋼労連などがあるが、その加盟単位は、個人ではなく企業別組合である。単産が集まる全国レベルの連合体としてはナショナルセンターがある。これには、総評（日本労働組合総評議会）、同盟、新産別、中立労連などがあったが、1989年に再編成が行われ、民間労組と官公労組を含む新たな全国中央組織として日本労働組合連合会（連合）が結成された。また、それに批判的な組合が結集して全国労働組合総連合（全労連）を結成した。その他、共闘組織として結成された全国労働組合連絡協議会（全労協）もある。

　このような日本の企業別労働組合は、協調的労使関係のコア組織として、年功制や終身雇用など日本的人的資源管理と密接な関係を持ちながら日本企業の成長に貢献してきた。

（4）日本の労働組合運動

　歴史的にみると洋の東西を問わず、労働組合の結成とその活動の定着には、労働運動に積極的な人たちの多くの犠牲があった。また、労働運動が成功するためには、それを支持しながら見守る市民意識の向上や政治社会的なニーズの変化も必要であるとも言われている。

　日本でも、労働組合の結成と労働運動が本格化したのは戦後であるが、戦前にも労働運動がなかったわけではない。戦前の場合、まだ労働組合の役割や機能に対する社会的な認識が確立されていない状況の中で、経営陣と政府が労働運動に敵対し、社会不安要因扱いで抑圧しようとしたのであれば、労働運動が失敗するのは当然のことである。状況が変わったのは、終戦直後である。1945年9月～10月にかけて発表されたGHQ（連合軍総司令部）の日本民主化のための基本政策のなかで、労働組合結成の奨励が戦後改革の柱の一つとしてみなされたのである。それまでに自主的な労働組合運動を抑圧してきた治安維持法や特別高等警察が廃止されるなど、制度的障害物が除去され、12月には労働組合が合法化されることになる。自主的な労働組合の結成・活動を妨害する使用者の行為を不当労働行為として禁止する労働組合法がGHQによって公布されると、日本の各地で労働組合が結成され、全国レベルでの労働組合組織化の動きも始まったのである。

　熊沢（2013）によると、戦後の労働運動は、天皇制の含意であった「四民平等」という建前を「国民平等」、「従業員平等」に実体化するものであり、天皇のもとでの万民の平等という建前が記憶されていたからこそ、戦後の運動は、天皇制下の平等な「臣民」を生活スタイル上の「1億総中流」に変えようとしたという。さらに、熊沢は、その「従業員としての平等」から派生する「工職差別の撤廃、年齢給、解雇反対」が戦後労働組合の三大要求であったとし、図表14-1で示されているように、戦後労働組合運動の展開について分析を行なっている。

　具体的に見ると、戦後労使関係の争点として提起されたのは次の4つの問題である。

　　第一に、賃金問題（賃上げ、賃金体系、賃金格差）、つまり、日本の賃金というのは何を基準に支払われるべきかをめぐる争点である
　　第二に、働き方・働かせ方で、労働者の働きぶりをめぐる職場の主導権の帰趨である
　　第三に、解雇への対応で、企業別組合としての戦いの宿命的な困難さに関わる領域である
　　第四に、組織形態の選択で、企業の従業員構成の変化を視野に入れた職場組織の発展形態（産業別か企業別か）の問題である

　熊沢は、以上のような問題意識から戦後の労働組合運動を大まかに4つの時期に分けて、それぞれのテーマが労使間でどのように争われ、どのように決着したかを説明しながら、「企業の枠を超えた賃金の標準化や個人別賃金標準化の挫折、非正規・非組合員・ジェンダー差別の解消」などは、日本の労働組合がついに達成できなかったことであるという。

図表 14-1　戦後日本の労働組合運動

	第1期 (1945 ～ 1954 年)	第2期 (1955 ～ 1974 年)	第3期 (1975 ～ 1993 年頃)	第4期 (1993 年頃～　　　)
特徴	・労働運動の高揚と経営者の反撃	・高度経済成長期 ・春闘の定着と労働組合の現場規制衰退	・低成長期 ・Japan as No.1 ・労使対立時代の終わり	・円高基調 ・バブル崩壊、平成不況 ・経済のグローバル化
賃金問題	・年齢別賃金・自動昇給 vs. ベース賃金(支払総額)・職階別賃金の対立 ・1952 年、電産争議で査定付き昇給に決着	・1955 年、春闘の発足による日本型パターンバーゲニング成立 ・職務給の試みと職能給への収斂	・経済整合的な管理春闘に変質 ・企業の業績が賃上げの基準になり、企業規模間の賃金格差が拡大	・春闘の形骸化(ベアゼロ、定昇のみ) ・成果主義による昇給の分化 ・業績連動の賞与
働き方・働かせ方	・経営権の奪還 vs. 人事労務管理における組合の規制擁護 ・1953 年、日産争議以降に争点化	・日本的能力主義管理の普及(1965 年以降) ・工職差別の撤廃と全社員のランク付 ・労働のフレキシビリティ	・労働者間の競争深化で過労死頻発(1988 年) ・1970 年、国鉄職場闘争 ・1975 年、公労協のスト権スト	・労働条件決定の個人処遇化(査定の強化) ・目標管理の普及 ・法制度による差別の再編成(女性、非正規)
解雇への対応	・1953 年、三池炭鉱労組の戦いと人員整理撤回 ・組合分裂(第二組合)	・1960 年代の産業(炭鉱)合理化 ・職場闘争(保安ルール、輪番制、生産コントロールなど)と経営権強化	・有期非正規雇用の増加 ・正社員中心の組合組織率低下	・希望退職制度の普及 ・解雇反対闘争の意味がなくなる
組織形態の選択	・多様な形の組合乱立 ・企業別組合に収斂する過程	・労働組合運動の衰退 ・学生、市民、社会運動の展開	・未組織・非正規労働者対象のコミュニティユニオン登場(1983 年)	・非正規若者のワーキングプア化 ・第二次コミュニティユニオン運動(2006 年)

出所：熊沢(2013)から筆者作成

03 団体交渉と労使協議制

（1）団体交渉

　団体交渉（Collective Bargaining）とは、労働条件に対して労・使の間で交渉を行う集団的取引のことである。労働者は、団体交渉を通じて自分の雇用・労働条件の決定に参加するようになっているが、問題は、具体的に何を交渉の対象にするかについては定められていないため、交渉事項の範囲が個別企業の労使関係に任されている部分にある。経営側は経営権や人事権などの名目で、なるべく交渉事項から外そうとするだろうし、組合側はなんでも交渉事項として持って行こうとする動機があるからだ。実際に、次のような項目が交渉事項として挙げられているが、全ての職場でそれが実現できているのかどうかは疑問である。

　　第一に、労働条件関連：賃金、労働時間、休憩、安全衛生、災害補償など
　　第二に、人事権関連：配転、懲戒、解雇の基準と手続き、人事考課の基準と結果の活用、ボーナス支給基準、採用の基準と手続きなど
　　第三に、経営権関連：組織の変更、工場や事業所の移転、生産方式の変更、新機械や設備の導入、アウトソーシングなど
　　第四に、労使関係の運営関連：労働組合の組織形態や活動内容、団体交渉の手続き、労使協議や労働争議の手続きやルールなど

　以上のことについて団体交渉で決まった事項を文書でまとめたものが「労働協約」で、就業規則の基礎にもなる。一方で、労働組合がない場合は従業員の過半数を代表する代表者と使用者の間で「労使協定」を結ぶことになる。団体交渉で合意が得られなければ労働争議に入り、労働紛争が発生することになるので、なるべくそこまで持っていきたくない企業としては労使協議制を重視する傾向がある。

（2）労使協議制

　労使協議制は、団体交渉とは別に労使間の諸問題について協議するよう設置された常設機関である。その特徴は、利害が対立する団体交渉とは異なり、労使の利害が一致する項目も含めて協議するようになっていることである。労働組合のある企業で労使協議機関が設置されている場合は、労使協議の主体は団体交渉の主体とほとんど同じで、案件の区別も明確でないことも日本企業の特徴である。もし、労働組合員数が従業員の過半数に至らない企業で労使協議制を運営する場合、新たに過半数代表を選任する必要がある。

04 日本の労使関係と人的資源管理

（1）集団的労使関係と HRM

　日本的労使関係のベースは、企業別に組織されている日本の労働組合である。日本の企業別組合の特徴は、「工職混合組合」であるが、ブルーカラーとホワイトカラーが一緒に同じ組合員であることは、欧米ではなかなか考えられないことである。

　労働組合であれ、従業員代表制であれ、人事部としては一定の社内ルール作りをめぐって集団的交渉プロセスに注意を払う必要がある。Walton & Mckersie（1965）は、ルール作りに関する交渉過程を包括的に説明した行動科学モデルを提示したが、それによると、交渉のプロセスは四つのサブ・プロセスから成る。

　第一に、配分交渉（distributive bargaining）：双方の利害は対立し、一方の取り分は他方の損になるという関係にある。狭義の交渉とは配分交渉を意味する。

　第二に、統合交渉（integrative bargaining）：問題解決により双方の利益を増進しうる。少なくとも一方の利益が他方の犠牲より大きい。職場の安全問題のように統合交渉向きの問題、賃金体系など分配・統合いずれにも転化し得る問題もある。

　第三に、態度形成（attitudinal structuring）：交渉当事者間には、闘争的、融和的、協力的といった心理的関係が成立しており、それが交渉結果に影響を及ぼす。

　第四に、組織内交渉（intraorganizational bargaining）：交渉担当者と組織母体との関係、たとえば、労働組合リーダーと組合員の関係、労務担当者とトップ・マネジメントとの関係を指し、それらが交渉成果に重要な関連をもつとみなされる。

　あらゆる意思決定には多かれ少なかれこのような四つの交渉サブ・プロセスが関わっている。人事部が注目すべきプロセスは組織内交渉であるが、その特徴は、一般的な団体交渉とは違って、各行為者（アクター）の立場が固定されているものではなく、事情によって変わることにある。それには、行為者間の「権限のヒエラルキー」と「立場」の問題が関わってくる。権限のヒエラルキーとは、誰が誰に報告するのかという管理範囲の問題と関係があり、組織の序列と人の序列で決まる。組織の序列とは一般的に組織図で表現されているもので、意思決定上の公式的な手続きや順序に関する序列である。人の序列は、職級体系などの社内身分制度から出てくる意思決定におけるその人の影響力の問題である。日本企業の場合、同じ組織レベルであれば職位上の上級者の意思が強く反映されるだろう。つまり、企業内の意思決定過程での権限のヒエラルキーの問題は、組織ポスト（職責）と身分（職級、資格）の運営問題としても把握できるのである。

それでは、行為者間の立場の差による組織内葛藤問題を考えてみよう。人事部の場合、その葛藤は人事部の仕事そのものの性質、つまり、経営側の代弁者としての役割と従業員擁護者としての役割を共に遂行しなければならないという人事部の仕事の二重的属性から生じる問題でもある。特に、無組合企業の人事部は、この二つの相反した役割を積極的に遂行していかなければならない。すなわち、一方では、経営側の利益を代表して労働生産性を高めるための新たな人的資源管理制度の企画や定員管理などの仕事をやっていかなければならないし、他方では、労働者側の利益を代表しながら苦情処理、福利厚生などの従業員サービス関係の仕事もやっていかなければならないのである。

　経営側の利益を代表する立場は組織効率を重視する考え方であり、労働者側の利益を代表する立場は従業員満足を優先する考え方であると言えよう。組織の効率性を重視する立場では、労働者は経営資源の一つであり、組織目的を達成する手段としてみなされる。したがって、賃金や福利厚生などの問題も経営資源の再生に必要な制度として考えられるし、常に競争力や「コスト vs. ベネフィット」の問題を念頭に置かなければならない。一方、従業員の満足を優先する立場では、労働者はただの経営手段である資源ではなく、経営目的の一つとして考えられる。労働者個人を創造的意思をもっている自由な行動主体として認識し、それぞれの人間関係を重視する。したがって、個人の自律的な創造性を発揮させる方向に人事政策の焦点を置かなければならない。このような両者の立場は、多かれ少なかれ全ての組織、全ての意思決定過程に存在する。以上のような議論をまとめたのが次の図表14-2である。

図表 14-2　　組織内交渉と行為者の立場形成

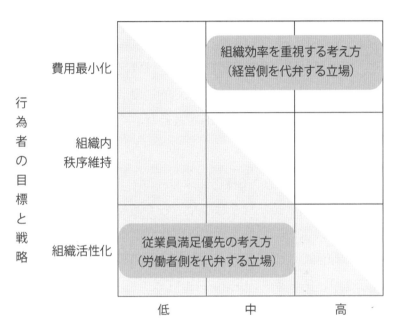

出所：李炳夏（2012）

（2）個別的労使関係と HRM

　労働組合や従業員代表制をベースにしている集団的労使関係は、弱者の立場にある労働者たちが、共通の利害を持つ集団を結成、組織化することにより、その組織力として企業側との交渉に臨むことで生まれた関係である。つまり、集団的労使関係において最も重要なことは、共通の利害である。しかし、問題は、経営環境の急変により、日本の企業別組合でさえ、従業員共通の利害集団であるとは言えない状況になりつつあることにある。集団的労使関係から個別的労使関係への変化傾向にあるのが現、日本の労使関係であるとも言えるが、それには、次のような背景がある。

　第一に、従業員構成の多様化により、同じ企業で働いていても、もはや共通の利害を持たなくなったことである。従業員の階層化が進んだとも言えよう。労働市場の外部化が進み、中途採用が増えたこともその原因の１つであるが、様々な形の有期契約正社員が増えたことにより、労働条件の更新において交渉の共通基盤が弱化した。また、組合員の資格は持たないが、同じ職場で働く非正規社員の比率が無視出来ないレベルに なったことも、集団的労使関係に影響を与えたとも考えられる。

　第二に、成果主義人事や年俸制の普及により、最も重要な労働条件の１つである賃金と福利厚生の問題が、上司との話し合いで決まるケースが増えたことである。つまり、賃上げなどが団体交渉や労使協議で決まるのではなく、上司と部下という個人の間で決まるという状況では、共通の利害の範囲が縮小せざるを得ないのである。

　第三に、ケースバイケースではあるが、個別労働者のパワーが増大したことである。IT や個人用情報端末機器の進化により、企業から支給される業務用の機材より優れたものを使いこなす個人が多くなったこともその原因の１つではある。最も重要な要因は、SNS などにより個人のグローバルネットワークが、イントラネットという閉鎖的なネットワークである企業とは違う形で職能パワーを持つようになったことである。また、近年の AI 関連人材争奪戦で見られるように、既存の人材ではカバーできない新規ビジネスなど特定人材に対する企業のニーズが増えていることも個人の交渉パワーを大きくする要因である。

　以上のような状況から企業内の労働組員数は減少する傾向にあり、集団的労使関係では解決できない個別的労使関係の問題点が顕在化しているのが現実である。もちろん、他の集団には影響しない個人に対する不当労働行為もあるが、職務能力や専門的能力のある個人の企業に対する不当行為とも言えるべき行動も問題であると言えよう。日本では、少子高齢化などの労働力不足の問題で働き方改革や副業を持つことが勧められており、情報の非対称性の側面からすると、個人の方がモラルハザードに陥る可能性、主業務と副業務の間で逆選択をする可能性が高くなっている。人事部としては、社内外を問わず社員個人の苦情処理システムやモニタリング及びアラームシステムを作っておく必要がある。

（3）人事部の役割

　組合のある企業であれ、組合のない企業であれ、人事部は自分の役割を正しく認識し、状況に合わせて柔軟な役割を遂行していく必要がある。

労使関係において人事部の役割は、Ulrich（1997）の言う「ビジネスパートナー」としての役割と「従業員擁護者」の役割に重みがあるだろうが、ANTの考え方からすると、両者ともにパートナーシップの形で動く必要がある。つまり、人事部は、労使両側のどちらかの代弁者ではなく、同じ目標に向けて協力する同じアクターネットワークのメンバーであることを前提に、それぞれの状況に合わせて人事部なりにネットワーク構築者としての選択肢を持つべきである。その意味では、労働組合を持つことも持たないことも戦略的選択の問題であるだろう。

　特に、個別的労使関係の状況では、上司と部下の間で人事部の調整能力が問われる可能性が高い。そうでないと、従業員は社内の問題を社外に持って行かざるを得ないからである。ある意味で個別的労使関係を左右するのは人事制度そのものの問題でもあるので、成果給とそのプロセスなど特定の人事制度の企画・運用については、個別的労使関係というアクターネットワークのOPPとして管理する必要がある。

Discussion

1. 労働組合の必要性について考えてみよう

　成果主義人事制度の普及などで労働者同士の共通の利害関係が薄くなり、上司と部下という個別的労使関係が注目を浴びている。つまり、労働組合の伝統的な役割について疑問符がついているところだが、依然として労働組合の役割を強調する議論もある。

　みなさんは、日本企業に労働組合は必要であると思いますか。もし、必要ないと思うのであればその理由は何ですか。自分の考え方を整理し、グループ内で色々と議論してみましょう。

2. 不当労働行為について考えてみよう

　日本でも一時期「ブラック企業」が話題になったことがあり、ウェブ上にそのリストが公開されたこともある。企業で働く労働者は自分も知らないうちにに不当労働行為の対象になるケースもある。

　①みなさんが思う不当労働行為にはどういったものがありますか。

　②ブラック企業として知られている企業のケースを調べ、非難を受けた企業がどのような行動をとったのか分析してみましょう。

第15章　グローバル化と人的資源管理

学習目標

1. グローバル人的資源管理の意義を理解する
2. 駐在員制度について説明できるようになる
3. グローバルタレントマネジメントの概念を理解する

01 グローバル人的資源管理の意義

　冷戦が終わり 1990 年代から急ピッチで進んだグローバル化は、インターネットや IT の発展に助けられ、国際ビジネスの底知れない拡大をもたらした。2020 年に入ってから新型コロナウィルスの影響で縮小したビジネス部門が出てきたにもかかわらず、国際ビジネスがまだ活発に行われている背景には、既に確立された物流網や SCM（Supply Chain Management）などのグローバルマネジメント関連システムや体制が崩れていないからである。

　グローバルであれ国内であれ、人的資源管理そのものの本質に変わりはない。しかし、海外でビジネスを展開していく場合、ビジネス慣習や文化の違いに適応しないといけないので、当然ながらグローバル人的資源管理の特殊性の問題を解決することが課題になる。例えば、現地国家の労働政策や労使関係、現地所得に対する税金関係、環境や安全に対する規制、社会的インフラストラクチャー、教育水準や市民意識など、幅広い側面から本国とは違う角度で様々な工夫をしていかないといけない。また、そういった措置のリスクが高いことも覚悟しておかないといけない。特に、間違った意思決定で民族的感情につながる労使紛争を招いてしまった場合、経済的な損失だけではなく、企業イメージに致命的な打撃を与える可能性が高い。しかし、グローバル人的資源管理をうまく進めると、ダイバーシティをベースにビジネス創造性を引き出すことができるなど、予想を超えるシナジー効果をもたらす可能性もある。リスクあるところにチャンスありであろう。グローバルビジネスは、企業の競争戦略や目標によって様々な形で展開されるので、グローバル人的資源管理もそれに合わせていく必要がある。Heenan & Perlmutter（1979）の EPRG モデルからすると、多国籍企業におけるグローバルビジネスのマネジメントは、概ね次の 4 つのパターンで行われる。

　① 本国志向（Ethnocentric）
　② 現地志向（Polycentric）
　③ 地域志向（Regiocentric）
　④ 世界志向（Geocentric）

　つまり、人的資源管理においても、こういった 4 つのマネジメント傾向に合わせて、グローバル人材マネジメントの最適化を図っていかないといけないのである。

　一方で、今までグローバル人的資源管理のメインテーマとして考えられてきたのは、優秀な現地労働力の確保と維持、駐在員の現地適応と成果管理、ダイバーシティあふれる労働者に対するモチベーションの維持などである。しかし、少子高齢化が進んだ日本の場合、日本国内で働いている外国人労働力の存在も無視できない段階にある。グローバル人的資源管理の重要課題の 1 つが、国家や民族特有のカルチャー問題であるとすれば、それは、日本で働いている外国人労働者にも同じく適応される問題である。

02 グローバル人事制度の設計と運用

（1）グローバル人事制度の構成

　グローバル人事に必要な制度の構成要素は国内人事のそれとさほど変わりはない。つまり、進出先従業員の身分体系（職級体系、格付け）をベースに、評価制度（人事考課）や報奨制度（賃金・福利厚生）を設計する必要がある。もちろん、人的資源開発の場合、グローバルローテーションを視野に入れる必要があるなど部分調整はつきものである。

　グローバル人事制度の構成要素の中で最も重要なのは、従業員の身分体系をどのように設計するかの問題である。それは、何をベースに従業員の格付けをするかによって、他の人事制度の設計や運用が変わるからである。多くの日本企業の場合、職能資格制度が社内身分制度の基礎となっているが、それをそのまま海外に持っていっていいのかどうかの意思決定が必要となる。

　グローバル企業の社員格付けで主流になっているのは、日本式の職能資格制度ではなく、ポスト（職責、役割）をベースにしたグレーディングである。ブルーカラー労働者の場合は、外部の調査機関やコンサル企業が提供する職務分析内容をベースにした、いわゆるジョブグレーディングシステムを使っているケースが多いが、ホワイトカラーの場合、グローバルコンサル企業であるヘイグループが提供する「ヘイシステム」を使うケースが多い。ヘイシステムは、ヘイポイントと名付けられている点数でポストのランキングが決まるわかりやすさでグローバル企業に多く受け入れられている。しかし、日本型の職能資格制度が全く意味がないとは言えない。欧米のグローバル企業の中でも日本の職能資格制度に似たようなものを設計して運営するケースもある。特に、グローバル企業の人事政策が、グローバル人材の発掘、育成にフォーカシングしている場合、職能資格制度でみるような、職務そのものではない「人の職務遂行能力」に注目しないといけないからである。

（2）人事制度の差別化と共通化

　現地の政治社会や組織文化に合わせるなど現地化に徹底するか、本社のものをグローバル共通に持っていくかの問題は、人事制度だけではなく、あらゆるビジネスの場面での意思決定が必要となる。図表 15-1 で示されているように、企業のグローバルビジネスパターンに合わせて、差別化あるいは共通化を進めることも重要なポイントではあるが、最も重要なのは、やはり、当該企業の経営哲学や経営戦略との連携である。現地拠点や現地スタッフを、ビジネス目的達成のためのリソースや手段として考えるか、共に成長していくパートナー、あるいは、本社と一体の共同運命体としてみなすかの問題でもある。

	輸出型企業	多国籍企業	グローバル企業
組織運営モデル	・国内で開発、生産した製品を代理店を通じて海外へ販売 ・国内中心の組織モデル	・国ごとに開発、生産、販売をフルセットでもつ ・国ごとの部分最適を徹底的に追求する ・1990 年代から発達する	・世界を一つの均質な市場とみなし、開発、生産、販売のプロセスをグローバルに標準化する ・国ごとの最適でなくグローバル最適を目指す ・1990 年代に出現する
業界の例	・造船／大型機械	・消費財	・IT、コンピュータ、コミュニケーション ・金融、証券、石油、化学、自動車
人事政策への意味合い	・国内中心の人事制度	・国や市場ごとの個性を重視した人事制度	・世界統一基準の人事制度（GE、IBM 等） ・業種や事業分野ごとに世界統一基準の制度（シティグループ）
目的	・国内中心の使命、ビジョン、戦略実現のサポート	・世界共通の使命、ビジョン実施のサポート ・国別の戦略実現のサポート	・世界共通の使命、ビジョン、戦略実行のサポート
基本構造	・国内中心の人事制度	・経営幹部に関するグローバル人事制度 ・マネジャー以下の制度は国別設計	・全社員を対象とするグローバル共通人事制度 ・人事機能のグローバル最適配置（アドミ機能のアジア移転など）
制度・仕組み	・海外出向者管理制度	・経営理念などのグローバル共通化 ・主要拠点の経営幹部ポストだけを対象としたサクセション計画 ・経営幹部対象の報酬制度	・グローバルポストグレーディング ・リーダーモデル ・グローバルサクセション計画 ・世界共通報酬制度 ・グローバル研修制度
本社の役割	・出向者の人事管理	・経営幹部に関する人事管理	・グローバル人事制度の管理と運営ノウハウの開発

出所：ヘイコンサルティンググループ編（2007）

03 海外派遣要員（駐在員）

（1）駐在員派遣の意義

　現地化が強く求められる場合、駐在員の派遣に異議が提起されることがしばしばある。海外拠点に派遣される駐在員は本社スタイルを追従するため現地化の障害になりかねないし、報酬のレベルが高くて現地スタッフとの間で違和感を造成する可能性もあるという理由からである。

　駐在員の派遣は基本的に企業の戦略に合致する形で決定されるべきである。例えば、販売法人であれば現地の市場状況や商慣習に詳しい現地のスタッフをなるべくたくさん活用したほうがいいかもしれない。しかし、海外生産法人の場合、製品のスペックや品質管理基準などについて、常に本社の開発部隊やマザー工場とコミュニケーションによる調整が必要なので、全て現地スタッフに任せることにはリスクがある。もし、生産現場で何か問題が発生した時にすぐに本社と連携して解決していくためには、本社の事情をよく知っていて、人脈もある駐在員に任せた方が仕事の効率性が高い。駐在員は、本社の戦略や政策をよく理解しているし、既に本社での関連業務を通じて検証された人材が派遣されるので、本社との調整役として機能しやすい存在である。また、多くの場合、駐在員は本社を代表しているという立場にあるので、否応なしに本社への忠誠心が高く、本社がコントロールしやすい側面もある。

（2）駐在員の選抜と管理

　駐在員の派遣は、海外ビジネス成功の鍵にもなるし、失敗の原因にもなりうるので、適材を選抜し、事前に様々な準備ができるようサポートする必要がある。

　駐在員派遣対象を選抜する時、一般的に考慮されるのは、現地でコミュニケーションができる言語能力であるが、それだけでは不十分である。言語能力は比較的に短期間で最低限のコミュニケーションができるようになるし、通訳要員を活用する方法もあるが、本社が期待するレベルの仕事の可能な人材は短時間では育たないからである。駐在員派遣の第一の目的が現地における業務の遂行を成功させることにあるので、事前に現地の担当職務について検討しておくことも大事だが、何より重要なのは、海外勤務への意欲のある人材を選抜することである。そのためには、駐在派遣が優秀な人材のキャリアパスであることを社内に認識させておく必要がある。派遣後にも駐在員が疎外感を感じる、いわゆる流刑症候群（Exile syndrome）に陥らないように制度的に工夫しておく必要がある。本社にメンターを置いたり、キャリアパスとの関連性から帰国後の職務に対する期待を持たせたりすることもその方法である。

　駐在員派遣準備としての派遣先の事情や異文化マネジメントなどの事前教育も重要であるが、それは当事者に限らない。家族同伴であれば家族のための教育計画も必要になる。

（3）駐在員の現地適応

駐在員が現地に着任したら、多かれ少なかれ「カルチャーショック」を経験することになる。Hofstede（2010）によると、馴染みのない文化的環境に足を踏み入れることになった人々は、程度の差はあれ、図表15-2のような文化変容のプロセスをたどることが多い。

第一は、多幸症期である。新婚旅行の期間のようなもので、長くは続かないが、新しい経験に興奮する時期である。

第二は、カルチャーショックを体験する時期である。

第三は、適応段階で、文化的変容が起こる。仕事をしながら新しい社会的ネットワークに組み込まれることになる。

第四は、安定状態で、成功と失敗の事例が出てくる段階である。アウトサイダーとして一貫する人も、現地にとけこんだケースも出てくる。

せっかく派遣した駐在員を途中で帰国させないためには、本人はもちろん、家族の文化適応状況も見守る必要がある。

図表 15-2　駐在員の文化変容

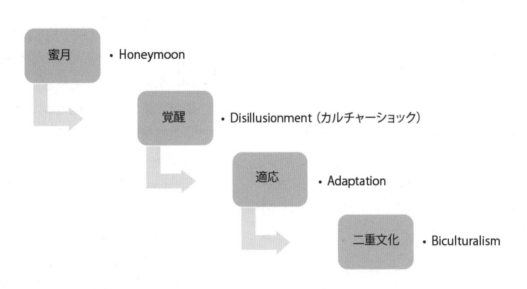

出所：Hofstede（2010）から筆者作成

駐在員の現地文化適応の結果は、成功あるいは失敗とは言い切れない様々な形で現れる。現地での文化変容が終わった後の駐在員の行動をパターン化してモデルを提示したのが図表 15-3 である。このモデルによると、駐在員は、親会社への忠誠心と現地オペレーションへの忠誠心の間で悩みながら、自らのスタンスを決めることになる。

①の自らをフリーエージェントとしてみなすケースは、どこにも忠誠心も持たず、与えられた役割だけをこなすタイプである。②の現地への土着化を果たす場合は、現地化偏りで本社の不満を買ってしまう可能性が高い。③の自らを二重市民としてみなすことであるが、一見してバランスの取れた感覚のように考えられるが、危機の時には選択に迫られる。④の心を本国においてきた駐在員は現地化の最大の敵ではあるが、本社としては使いやすいので本人の意思に反して意外と駐在員としての寿命が長く伸びる可能性もある。問題は、どの類型がベストなのかも一概には言えないことである。

図表 15-3　駐在員の現地適応

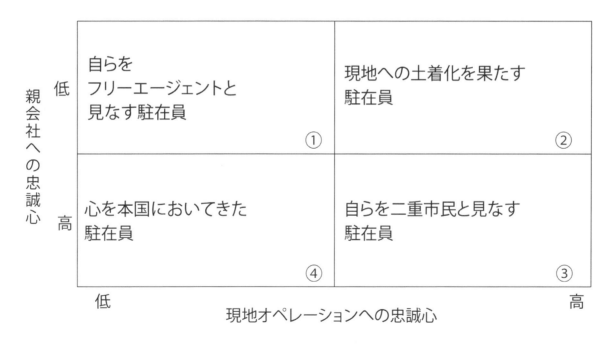

Black,Gregersen and Mendenhall（1992）

（4）駐在員の事後管理

　海外駐在員経験者は、企業がグローバルビジネスに携わる限り大事な人的資源である。経営者が本当にそう思うのであれば帰任駐在員に対するマネジメントにも力を入れるはずだが、現実はそうでないケースが多く、駐在員自身も本国適応に失敗することも度々発生する。

　多くの場合、海外駐在員は、本社で持っていた自分のポジションより大きい仕事を任される。つまり、本社の部長クラスが海外に行くと役員並みの仕事を担当することになる。特に海外法人長の場合、規模が小さくても会社の代表として、それなりに優遇されることになる。例えば、欧米のような先進国では難しいが、中国や東南アジアでは大手企業の駐在員は、大きな家を社宅として使いながら、家政婦、高級車に専用運転手まで雇って生活することが可能である。しかし、本国へ帰任すると、昇進でもしない限り、元のポストに戻り、処遇レベルも下がることになるので役割葛藤の状況に陥る。そうなると本社の仕事がつまらなく感じられ、モチベーションが下がる可能性もある。また、先進国駐在経験者の場合、個人の性向とも関係があるが、現地で享受していた趣味や文化生活などが本国ではできないことや、グルーバルスタンダードとは違って不合理にしか思われない仕事のプロセスに失望する可能性もある。

　こういった問題は本人だけのものではない。「帰国子女」と呼ばれる子供たちの本国適応問題はもっと大きい。未熟な母国語などの問題でイジメの対象になり不幸な事態を招いたケースも少なくない。

　駐在員経験者に本社でそれなりの役割が任されないと、優秀な人材であればあるほど本社の仕事を自分のキャリアパスから外してしまう可能性もあるので、企業は、様々な角度から帰任駐在員の逆カルチャーショック克服のための支援策を工夫しておく必要がある。そもそも優秀な人材を海外に派遣したとすれば、帰任されてもコア人材として優遇すべきである。帰任駐在員の社内での生き残り支援に留まるのではなく、組織内でのHERO（活躍モデル）作りが必要かもしれない。

04 グローバルタレントマネジメント（GTM）

（1）GTM の意義

「タレントマネジメント」は、日本の企業だけではなく欧米の研究者の間でも、「サクセションプラン（後継者育成）」との関連で理解されることが多い。しかし、そもそも「タレント」という言葉に後継者の意味があるわけでもないので、本書ではより幅広い意味合いで使いたい。つまり、とあるポストの後継者だけではなく、あらゆる仕事を対象にした「コア人材」であれば、言葉通りであると考えられる。グローバルタレントマネジメントについても、国籍を問わないコア人材という意味で捉えた場合、本社の人材だけではなく、現地スタッフ人材はもちろんのこと、企業外部の人材も対象になる。「白猫黒猫論」として知られている鄧小平の話のように、多国籍企業としては、その戦略的目標さえ達成できるのであれば、国籍や人種を問う必要が全くないのである。

現実的には、グロバール規模でコア人材を活用することに様々な障壁があることも事実である。しかし、今のような時代に、少なくともグローバル人材の活用について懐疑的な経営者はいないのであれば（心理的障壁の消滅）、一番難しいハードルは超えたと考えていいと思われる。残っているのは技術的な問題と具体的なマネジメント手法であるが、既に技術的な側面では解決策がある。

つまり、IT の進化でグローバルネットワークマネジメントが可能になり、IoT・Big Data・AI の登場で、別途の労働力を借りることなく、図表15-4 のようなグローバル人事情報システムの構築とマネジメントが可能になっている。

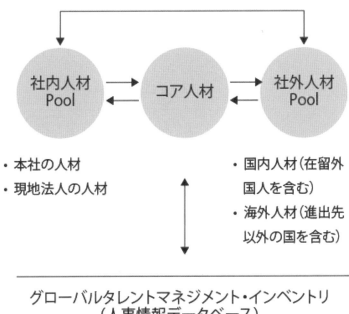

図表 15-4　グローバルタレントマネジメント

・本社の人材
・現地法人の人材

・国内人材（在留外国人を含む）
・海外人材（進出先以外の国を含む）

グローバルタレントマネジメント・インベントリ
（人事情報データベース）

（2）国際化人材の計画的育成と活用

　グローバルタレントマネジメントの対象を企業内に制限する必要はないとしても、やはり社内の人材を計画的に育成してグローバルに活用することに対する重要性がなくなることはないだろう。計画的な国際人材の育成は、企業の海外進出段階やビジネス戦略などにペースを合わせる必要がある。

　図表 15-5 に示されているのは、計画的に社内人材の国際化を進め、グローバルビジネスに成功した企業の事例である。まず、海外進出初期には何よりコミュニケーションの問題が大きいため、現地言語でコミュニケーションのとれる即戦力の育成がメインになるが、海外ビジネスが軌道に乗ると現地の商慣習や文化に溶け込むことの可能なグローバルビジネス素養を持つ人材育成に努力することになる。企業内外を問わず、グローバルネットワークが形成された後は、グローバル人材が本社人材のように働くことを前提に関連制度を整備するということである。

図表 15-5　国際化人材の計画的育成

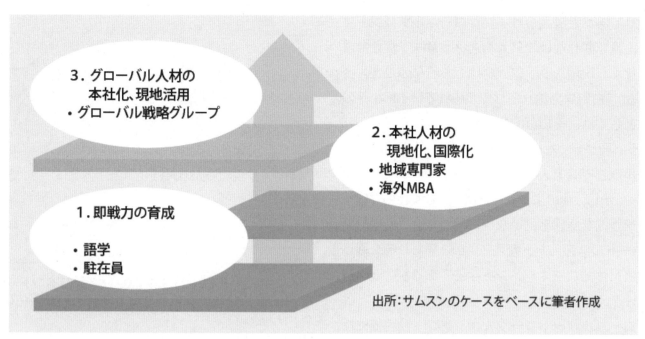

出所：サムスンのケースをベースに筆者作成

05 外国人労働者

日本の外国人労働者数は、政府が人手不足の対策として外国人労働者に対する受け入れ政策を積極的に進めたこともあり、近年、大幅に増加した。内閣府（2019）によると、10年前の2008年と比較して、2018年の外国人労働者数は、48.6万人から146.0万人へと97.4万人増加している。また、就業者に占める割合も0.8%から2.2%へと1.4%pt上昇している。しかし、労働力人口の2％レベルという数字は、OECD加盟国のなかでは最も低い水準であるという。

政策変化の中で注目すべきは、高度人材ポイント制など、専門的な技術や技能を持つ外国人労働者の在留資格の整備が行われたことである。企業としては3K労働力だけではなくGTMの考え方を実践しやすくなったとも言えよう。

図表 15-6　外国人労働者数と就業者全体に占める割合の推移

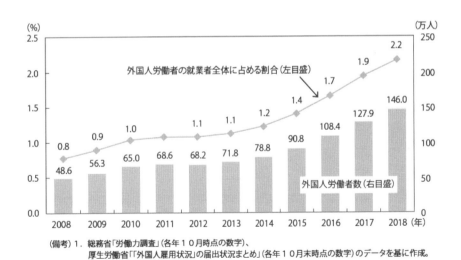

（備考）1．総務省「労働力調査」（各年10月時点の数字）、
　　　　　厚生労働省「「外国人雇用状況」の届出状況まとめ」（各年10月末時点の数字）のデータを基に作成。
　　　　2．割合は、外国人労働者数÷就業者数として計算。

出所：内閣府（2019）

\# Discussion

1. グローバル人材の条件について考えてみよう

　「企業は人なり」という表現があるが、どういう人材を確保するかも企業の戦略的選択である。韓国サムスン電子のイ・ゴンヒ元会長は「1人の天才が1万人を食べさせる」と言い、世界中から天才的な人材を確保するよう指示したことがある。まさにTalent重視の考え方である。一方で、日本電産の永守重信会長は「1人の100歩より100人の1歩」という言葉で凡材活用の重要性を語ったことがあるが、組織人としての忠誠心（Loyalty）やチームワーク重視の考え方であるとも言えよう。天才的な人ばかり集めても組織は動かないだろうから両方を大事にしないといけないという正論より、企業戦略として、どの方向性に重みを置くべきかという話である。それによって、マネジメントの基本スタンスが変わるし、制度や組織風土も変わるからである。

　みなさんが起業をし、社長になった場合、タレントと組織人のどちらをより重要視しますか。

2. 環境適応と文化牽引について考えてみよう

　経営環境を与えられた制約条件として受け入れるか、努力して変えられる可変的なものとして見做すかの問題である。どちらのスタンスを取るかは、海外に進出するときに特に課題になる。新しいビジネス分野に進出するときにも既存市場のルールに従うか、自社の論理を持ち込むかなど、大きな悩みの元になる問題でもある。特に目に見えない文化的な部分が厄介で、これに関連しても右の図のような対立する二つの議論があって、それぞれ説得的である。後進国に進出した多国籍企業の場合、現地適応は論外で、自分たちが遅れている現地の文化を牽引していくのだという使命感まであって、現地の伝統文化を壊してしまうという批判にさらされることもある。逆に、先進国に進出した後発国企業の場合は、現地適応を強いられ、困った状況に陥いるケースもある。みなさんはどう思いますか。

経営は、
風土の支配を受ける
文化拘束的活動
Environmentalists

環境論者

普遍論者

先進的経営管理方法は
環境と関係なく
最大の効率性を保障
Universalists (Global Standard)

おわりに

これからの人的資源管理を考える

2018年、Google社が社員行動規範として創立以来使ってきた「悪魔にならない（Don't be evil）」という項目を削除し、その代わりに、新しい会社のAlphabt（持ち株会社）の行動規範として「正しいことをやろう（Do the right thing）」という項目を提示したという。立場によって受け入れ方はバラバラだろうが、これからの時代のビジネス倫理観が問われる出来事である。

戦後、ユダヤ人虐殺の主犯として裁判にかけられたアイヒマン（Adolf Otto Eichmann）は、″百人の死は天災だが、一万人の死は統計にすぎない。私の罪は従順だったことだ″と自己弁護をしたという。官僚制組織の弊害を象徴するかのような話だが、これに痛烈な批判を下したのはドイツの哲学者ハンナ・アレント（Hannah Arendt）である。彼女が残した「思考欠如の責任（Sheer thoughtlessness)」という名言は、今の時代においても、我々考える力のある人間が、そうでない非人間アクターと同じ行動をしてしまう可能性に対する警告を鳴らしているような気がする。

現代産業社会の基盤になっている官僚制組織や「分業によるシステム化」は、放置すると因果関係に鈍感な人間を量産することになる。職務充実（Job Enrichment）などの名目で多くの企業が従業員に対して仕事の意味を探すよう促しているのは、代替できない自由意志を持つ人間の労働力を最大限活用するためであり、いつでも入れ替えできる機械の付属品のように使い捨てるためではない。徹底的な分業化のもとでは、人間の責任感が弱くなることは当然である。ユダヤ人虐殺事件に携わった人たちは、ユダヤ人の選別、移送、ガス室造りなど、それぞれ自分に与えられた仕事をした平凡な人達で、別に悪魔たちではない。官僚主義システムの犠牲者であるという見方もあるだろうが、だからと言って同じ人間としての思考欠如の責任からは逃れられないだろう。

現在、AIなどの最新技術を使った「HR Tech」を活用する人的資源管理システムが普及しているが、それで形成される新たなアクターネットワークは、結局ブラックボックスになるため、人事部も社員たちもその中身をよくわからないまま新しいシステムの生み出した結果を当たり前のように受け入れる可能性が高い。全体のシステム体系やその裏にあるアルゴリズムが正しいかどうかの判断もできず、自分の職務に関連する部分だけ認識して仕事を進めていく労働者は、自分も知らないうちにアイヒマンのような悪役をこなしている可能性もある。しかも、全てがデータベースの意思決定になるので文書第一主義の官僚制と変わりがない。思考欠如の責任を考えると、人事部としても人間アクターである労働者が非人間アクターと相互作用しながら自分の自由意志の発揮できる人的資源管理システムを構築していくことが肝要である。

最後に、本書の限界について述べておきたい。共著ではあるが、実務家出身である日本の大学教員がメイン筆者になって書いたため、学術的な側面での配慮が足りないことを認めざるを得ない。なるべく多くの参考文献や的確で最新の資料を提供することが教科書としての役目でもあるが、適当に逃げた部分が多いので、まともな教科書としては失格である。しかし、教科書というものは、研究者たちが産み出した過去の知識だけをまとめて提供するものではない。これからの時代に応用できるような知恵を身につけるよう、今現在、企業が置かれている状況やトレンドなどを踏まえて多様な素材を提供することも教科書の役割として重要である。筆者たちの関心は過去ではなく、現在と近未来のことにあるので、本書で言及できなかった多くの文献については他の研究者の著作を参考にしてもらいたい。また、本書は、ANT観点をベースに書いたものではあるが、既存人的資源管理論のテーマとの融合、または全体としての連携性を保つことに成功したかどうかについて、まだ検討の余地があると思われる。今後の改訂版で再検討していきたい。ANTの考え方は比較的新しい理論的観点であり、当然ながらANTの概念を応用した人的資源管理論はまだ市場に出ていない状況である。本書の内容の中で無理のある論理的飛躍などがあるとすれば、それは、紛れもない筆者たちの力不足によるものである。

　ともあれ、人事部という専門組織の存在とは関係なく二人以上の企業であれば「人事機能」は存在する。その人事機能を担当する人（若くはAI）であれば、右側の図表で示したようにあらゆるアクターのパートナーとしての役割をバランス良く遂行することを期待したい。本書を書くことは筆者たちにも挑戦的な課題であったが、阪南大学の「国内研究派遣制度」のおかげで何とかここまで整理する機会が与えられたことに感謝したい。また、本書の最初の読者として不適切な表現などを直して下さった吉城唯史先生にも感謝の気持ちを伝えたい。

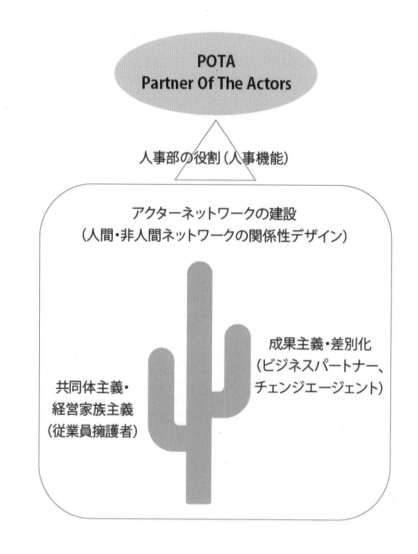

参考文献

アベグレン（占部訳、1958）『日本の経営』ダイヤモンド社

網倉・新宅（2011）『経営戦略入門』日本経済新聞出版社

井上智洋（2016）『人工知能と経済の未来』文藝春秋

大内伸哉（2015）「IT からの挑戦」『日本労働研究雑誌』No.663 労働政策研究・研修機構

池田晃一（2011）『働く場所が人をつなぐ』 日経 BP 社

今野浩一郎・佐藤博樹（2009）『人事管理入門』第 2 版日本経済新聞出版社

今田幸子・平田周一（1995）『ホワイトカラーの小心構造』日本労働研究機構

菊澤研宗（2016）『組織の経済学入門』有斐閣

楠田丘（2003）『職能資格制度』改訂 5 版経営書院

熊沢誠（2013）『労働組合運動とはなにか』岩波書店

佐口和郎（2018）『雇用システム論』有斐閣

佐口和郎・橋本秀一編（2003）『人事労務管理の歴史分析』ミネルヴァ書房

佐藤博樹・藤村博之・八代充史（2019）『新しい人事労務管理』有斐閣アルマ

白井泰四郎（1992）『現代日本の労務管理』東洋経済新報社

中村圭介・石田光男（2005）『ホワイトカラーの仕事と成果』東洋経済新報社

日本経済新聞出版社編（2019）『AI プロンティア』日本経済新聞出版社

日本経営者単体連盟（1995）『新時代の日本的経営』日本経営者単体連盟

仁田道夫・久本憲夫（2008）『日本的雇用システム』ナカニシヤ出版

竹地潔（2015）「スマート化する職場と労働者のプライバシー」『日本労働研究雑誌』No.663 労働政策研究・研修機構

藤本隆宏（2006）「日本企業の能力・知識・熟練・人材」『日本の企業システム第二期第 4 巻』有斐閣

藤本隆宏（2007）『ものづくりの経営学』光文社

古明地正俊・長谷佳明（2017）『AI(人工知能) まるわかり』日本経済新聞出版社

厚生労働省（2016）「働き方の未来 2035」（www.mhlw.go.jp）

内閣府（2019）「企業の外国人雇用に関する分析」（www.cao.go.jp）

月刊人事マネジメント 2018 年 6 月号、2019 年 11 月号

JILPT（2017）転勤問題調査資料（www.jil.go.jp）

八代充史（2019）『人的資源管理論』第 3 版中央経済社

ヘイコンサルティンググループ編（2007）『グローバル人事課題と現実』日本経団連出版

日経ビジネス (2016.10.31)「人事を IT 化（HR テック）」日経 BP 社

日経情報ストラテジー（1016.12)「オフィスワークもロボットにお任せ」

日経 BP 社

日経トップリーダー・日経ビックデータ編（2017）『AI が同僚』日経 BP
社

三上剛史（2010）『社会の思考－リスクと監視と個人化－』学文社リクルー
トワークス研究所（2016）「Works Model 2030」

李炳夏（2012）『サムスンの戦略人事』日本経済新聞出版社

李炳夏（2016）「組織改革のもう一つの次元、アクターネットワーク・ス
トラテジー」『阪南論集』Vol.51 No.2

李炳夏・蔡洙京（2018）「AI 時代の人事・組織マネジメント」阪南論集
Vol.53 No.2

李炳夏・朴세정・조현국（2013）『スマートオフィス』민음인（韓国語）

朴祐成・李炳夏（2016）「役割給の理論的検討と示唆点」『労働政策研究』
16－2韓国労働研究院（韓国語）

朴祐成・李炳夏・金相俊（2020）「技術革命時代の組織と人事管理：行為
者ネットワーク理論の理解と示唆点」『組織と人事管理研究』44－3
韓国人事管理学会（韓国語）

신동엽・최강식・양동훈・한준・朴祐成・노용진・박지순（2018）『第 4 次産
業革命、仕事と経営を変える』サムスン経済研究所（韓国語）

劉奎昌・朴祐成（2019）『リーダーのための人的資源管理』창민사
（韓国語）

朴哲洵（1999）「韓国財閥の競争力と戦略的な課題」『経営論集』33(4)、
277-294. ソウル大学校経営大学経営研究所（韓国語）

Alex. Pentland（2014）Social Physics 日本語版：矢野和男・小林啓倫訳『ソ
ーシャル物理学』草思社

Armin Falk, Andrea Ichino (2006) Clean Evidence on Peer Effects, Journal of
Labor Economics. 24(1), 39-57.

Barney, J.B. (1991) Firm resources and sustained competitive advantage,
Journal of Management. 17, 99-120.

Barney, J. B., & Wright, P. M. (1998) On becoming a strategic partner: The
role of human resources in gaining competitive advantage, Human
Resource Management. 37, 31-46.

Barney, J. B. (2002) Gaining and Sustaining Competitive Advantage, 2nd ed.
Upper Saddle River, NJ: Pearson Education. 日本語訳『企業戦略論』ダ
イヤモンド社

Barry Gerhart, Jerry M. Newman (2020) Compensation, 13th ed. McGraw-
Hill Education.

Becker, B. E., Huselid, M. A., & Ulrich, D. (2001) The HR scorecard. Boston:
Harvard Business School Press. 日本語訳『HR スコアカード』日経 BP 社

Callon, M. (1984) Some elements of a sociology of translation:
domestication of the scallops and the fishermen of St Brieuc Bay. The
Sociological Review, 32(1_suppl), 196-233.

Chandler, A. D.(1962), Strategy and Structure: Chapters in the History of the
Industrial Enterprise. MIT Press.

Child, J.(1972), Organizational structure, environment and performance: the
role of strategic choice.Sociology, 6, 1-22.

Dunlop, J. T. (1958) Industrial Relations Systems. HBS Press (1993, revised
edition).

Foulkes, F. K. (1980) Personnel Policies in Large Nonunion Companies.

Prentice-Hall.

Geert Hofstede（2010）Cultures as Organizations, 3rd ed. 日本語版（2013）『多文化世界』有斐閣

Heckscher, C. C. (1988) The New Unionism. Basic Books.

Hamel,G., & Prahalad,C.K. (1989) Strategic Intent, Harvard Business Review. May-June., 63-76.

Hamel, G., & Prahalad, C. K. (1994) Competing for the future. Boston: Harvard Business School Press. 日本語訳『コア・コンピタンス経営』日本経済新聞社

Henry Mintzberg & Mchugh（1985）Strategy formation in an adhocracy, Administrative Science Quarterly. 30 (2), 160-197.

Henry Mintzberg, Bruce Ahlstrand & Joseph Lampel (2009) Strategy Safari:The Complete Guide Through The Wilds Of Strategic Management, 2nd Ed. Pearson.

Hirschmann, W. B. (1964) Profit from the learning curve, Harvard Business Review, (January-February), 125-139.

Latour, B. (1987) Science in action: How to follow scientistsand engineers through society. Cambridge, MA: Harvard University Press.

Latour, B. (1999) Pandora's Hope. Harvard Univ. Press 日本語訳『科学論の実在 - パンドラの希望 -』産業図書

Latour, B. (2010) COGITAMUS. 韓国語版（2012）April Books Publishing.

Mabey, C. & Salaman, G. (1995) Strategic Human Resource Management. Blackwell.

Parsons, T. (1971) The system of modern societies. Englewood Cliff, NJ: Prentice-Hall.

Perrow, C. (1967) A framework for the com- parative analysis of organization, American Sociological Review. 32(2), 194-208.

Pitts, R. A. and Lei, D (2000) Strategic management, 2nd ed. South-Western College Publishing.

Porter, M. E. (1980) Competitive Strategy. New York: Free Press 日本語訳『競争の戦略』ダイヤモンド社

Porter, M. E. (1981) The contribution of industrial organization to strategic management, Academy of Management Review. 6, 609-620.

Porter, M. E. (1985) Competitive Advantage. The Free press 日本語訳『競争優位の戦略』ダイヤモンド社

Quinn, R. E., Faerman, S. R., Thompson, M. P., & McGrath, M. R. (1988) Becoming a master manager. New York: John Wiley & Sons.

Richard L. Daft (2019) Organization theory & Design, 13th ed. Cengage.

Rosenbaum, J.E. (1984) Career Mobility in a Corporate Hierarchy. Academic Press.

Sanford M. Jacoby（1985）Employing Bureaucracy. 日本語訳『雇用官僚制』北海道大学図書刊行会

Steen, J., Coopmans, C., & Whyte, J. (2006) Structure and agency? Actor-network theory and strategic organization, Strategic Organization, 4(3), 303-312.

Stephen P. Robbins（2005）Essentials of Organizational Behavior, 8th ed. 日本語版（2009）『組織行動のマネジメント』ダイヤモンド社

Soumyasanto Sen（2000）Digital HR Strategy, Kogan Page Ltd,.

Thompson, J. D.(1967), Organizations in Action: Social Science Bases of Administrative Theory. McGraw-Hill.

Ulrich, D. (1997) Human Resource Champions: The Next Agenda for Adding Value and Delivering Results. Harvard Business School Press.

Walton, R. E. & Mckersie, R. B. (1965) A Behavioral Theory ofLabor Negotiations, 2nd ed. ILRPress (1991).

Weick, K. E. (1979) The Social Psychology of Organizing, 2nd ed. New York: McGraw-Hill.

W. Chan Kim, Renée A. Mauborgne（2005）Blue Ocean Strategy. ランダムハウス講談社

Woodward, J. (1965) Industrial Organization: Theory and Practice. Oxford University Press.

著者紹介

李炳夏（リビョンハ）

1962 年生まれ。阪南大学経営情報学部教授。

東京大学大学院経済学研究科博士（2010 年）。

サムスン電子、日本サムスン、サムスン経済研究所常務を経て、2014 年から現職。

［主著］

『サムスンの戦略人事』（日本経済新聞出版社、2012）

『スマートオフィス』（민음인、2013）

『Jazz for Management（ジャズから学ぶクリエイティブマネジメントの鍵）』（博英社、2020）

朴祐成（パクウソン）

1962 年生まれ。韓国、慶熙大學校経営大学経営学科教授。

フランス HEC（Ecole des Huates Etudes Commerciales）経営学博士（1996 年）。

韓国労働研究院研究委員を経て、2001 年から現職。

[主著]

『労働市場の環境変化に対応するための人的資源管理』（韓国労働研究院、2016）

『第 4 次産業革命、仕事と経営を変える』（サムスン経済研究所、2017）

『リーダーのための人的資源管理』（ 창민사、2019）

人的資源管理論

初版発行 2021年8月9日

著　　者　李炳夏 朴祐成

発 行 人　中嶋　啓太

発 行 所　博英社
　　　　　〒 370-0006 群馬県 高崎市 問屋町 4-5-9 SKYMAX-WEST
　　　　　TEL 027-381-8453 (営業、企画) / FAX 027-381-8457
　　　　　E· MAIL hakueisha@hakueishabook.com
　　　　　＊営業、企画に関するお問い合わせ

ISBN　　　978-4-910132-13-6

ⓒ 李炳夏 朴祐成, 2021, Printed in Korea by Hakuei Publishing Company.

定　　価　2,640円 (本体2,400円 ＋ 税 10%)